被消失的中國史——鄭和下西洋到最後盛世

白逸琦◎著

故事，正要開始；歷史，仍在延續

「學歷史有什麼用？」

經常被人抱著不同的眼光，以不同的方式提出這樣的問題。

我通常默不作聲，或許一笑置之。

歷史還沒學好，哪能回答這樣的問題？

可是，不回答卻又不甘心！

後來，我決定說故事。

五千年的故事，好沉重！

或許我們可以這麼認爲：爲了證明那終究無法證明的眞理，人們開始研究人們曾經作過的事，於是產生了歷史。

打打殺殺的歷史，嘗試錯誤的歷史，學習教訓的歷史，學習不到教訓的歷史，只要是人們曾經作過的事，就可以替它冠上這個沉重的名詞：「歷史」。

「人」是一種奇妙的動物，總喜歡自認爲萬物之靈，喜歡主宰，喜歡操控，喜歡打打殺殺，這些行爲說穿了，與其他動物實在沒什麼不同。有機會逛逛動物園的話，也許有幸能夠在長臂猿島與關猴子的柵欄裡，看見類似的情形。

不久之前終於成功破解的DNA密碼告訴我們，作爲一種生物，人類與果蠅之間的差異，其實是微乎其微的。

生物學家大概不會高興吧！他們努力了幾輩子，結果只證明出，人類和所謂的「低等動物」，幾乎沒有什麼差別。

宗教家大概不會高興吧！人類是上帝的選民，是上帝照著祂自己的外型創造的，怎麼能與動物們相提並論？

財閥們大概會不高興吧！我擁有數也數不完的金錢，享受著無與倫比的物質生活，你竟然告訴我，我和一隻果蠅差不多？

政客大概會不高興吧！當他動員了無數支持的群眾，在他面前高喊著：「凍蒜、凍蒜！」的時候，他竟然必須思考，究竟他與動物園裡的猴子有什麼不同。

那麼人類究竟有什麼好驕傲的呢？

人類懂得把自己的行爲記錄下來，分析自己到底幹過什麼蠢事，以後盡量不要再犯，這大概就是人類值得驕傲的地方吧！

果蠅永遠會鑽進爛水果裡，猴子永遠是力氣最大的稱王，人類卻有機會，證明自己懂得記取教訓，懂得從前人的錯誤中學習，懂得繼承過去的文化，開拓一個比較光明的未來，而非僅靠著本能生存。

正因爲這個機會，讓人們被比喻爲「笨豬」、「死狗」，甚至「豬狗不如」的時候，會有不高興的感覺。

所以，「學歷史有什麼用？」

我的回答是：「沒什麼用，只想給自己一個驕傲的機會。」

可是，現在的我，根本驕傲不起來呀！

於是，我決定說故事。

故事，正要開始；歷史，仍在延續。

CONTENTS

目錄

被消失的中國史8：鄭和下西洋到最後盛世

第三章 閹黨、倭寇與滿清入關

第四章 最後的盛世

第一章：明朝的擴張與封閉

經由政變奪得皇位的明成祖，個性像極了父親，也把父親所建立的朝代推向另一個新的高峰，這位明朝最好大喜功的皇帝，在位期間透過陸路與海路的各種擴張，讓大明帝國的聲威遠播，疆域擴張，萬邦來朝，一片盛世氣象。

三保太監鄭和七次下南洋，是中國有史以來第一次將經略的眼光從陸上轉向海上，可惜的是，在鄭和之後，這種難得一見的大規模海上活動就此告終，而這個人口超過一億的大國，再度回到封閉而保守的傳統世界，且由於社會、經濟、政治等種種問題日漸滋生，表面強大的國家，隱憂日漸加深……

誅十族的方孝孺

靖難之變後，明朝新皇帝的登基大典在洪武三十五年（建文四年），公元一四〇二年六月十七日舉行，地點就在應天府方受祝融之災的皇宮，明成祖接受百官朝賀，以皇帝身分公布各項政治措施：建文以來祖宗成法有更改者，一律恢復舊制，刑法訴訟一律依照《大明律》審判。

他打著恢復祖宗家法，維護藩王權益的旗號起兵。現在成了皇帝，為安撫人心，明成祖恢復了所有被建文帝削去爵位的藩王地位。

他當然知道這樣對他的天下並不妥當，因爲難保這群藩王當中不會又出現另一個自己，但是這些都是以後才要解決的事，如今當務之急，乃在安定人心，穩固局勢。

他希望能夠展現一個帝王該有的氣度，除了當初「清君側」時就準備要肅清的幾個對象——黃子澄、齊泰這些人非殺不可之外，其他的京官他大多打算饒恕。尤其當初起兵之前，道衍和尚對他的叮嚀：「殿下誰都能殺，就只有方孝孺不能殺，如果把他殺了，天下的讀書人恐怕都會失去信心。」這句話他一直牢記在心。

想不到就是這個方孝孺讓他原有的一絲氣度也喪失殆盡，變成一個比他父親朱元璋更爲兇殘的殺人狂。

南京城陷落之時，建文帝不知所蹤，方孝孺在宮殿外痛哭流涕，被燕軍士卒擒獲，明成祖記起了道衍的話，對他十分禮遇。待明成祖登基那天，需要一份漂亮的詔書以宣示天下，群臣異口同聲舉薦方孝孺，明成祖乃召見他前來晉見。

一看見方孝孺，明成祖就皺起眉頭——滿心歡喜的登基日裡，方孝孺竟然披麻戴孝，當著百官的面嚎啕大哭，口中不時喊著：「皇上，皇上您在哪兒？」

左右士卒見狀想上前摀住方孝孺的嘴，被還是燕王的明成祖攔下，他好言安慰道：「先生不必哭泣，我只不過是效法周公輔佐成王而已。」

方孝孺質問道：「成王在哪裡？」

明成祖愣了一下，「他……他已自焚而死。」

「那爲何不立成王之子？」

「國家需要年長的君主。」

「那爲何不立成王之弟？」

幾句話問得咄咄逼人，明成祖張口結舌，總不能直接承認：「我就是要篡位，你想怎麼樣？」他走下座位，柔聲勸道：「這是我們朱家的事情，先生不必太過費心。」朝左右使了個眼色，左右端上筆墨紙硯，「只是這即位詔書，得要請先生執筆。」

方孝孺接過紙筆，在上面隨便寫了幾個字：「篡位者人人得而誅之」，把筆一扔，說道：「要殺要剮隨便你，要詔書，辦不到！」

明成祖生氣了，陰陰的說道：「要你死很容易，你難道不怕誅九族嗎？」

「你就算是誅我十族，又能把我怎麼樣？」

明成祖氣往上撞，眼睛幾乎冒出火光：「你不要以爲我治不了你，來人！」他指著方孝孺，「把他這張臭嘴給我刨開！」

士卒聽命行事，眞的用刀去戳方孝孺的嘴巴，整個臉頰都被割開，嘴巴裂到耳朵旁邊。

「關起來！」明成祖怒道：「誅十族，難道我辦不到嗎？」

方孝孺鮮血淋漓的被拖下去，明成祖下令逮捕方孝孺的九族，「那第十族該怎麼算？」沒有人知道，最後明成祖想出來了，「把他的門生、朋友也一併逮捕！」

九族的範圍已經很大，幾乎沾上一點點血緣婚姻關係就會被牽扯進去，第十族的株連更是前所未見，朋友的身分又很難界定，講過幾句話才算朋友？一同工作的算不算朋友？「認定從寬。」這是明成祖的命令。

於是，只要和方孝孺有任何一點關係的，全都被抓了起來，他們一個一個被送到牢裡給方孝孺看，並對方孝孺說道：「這是你的親友嗎？你不寫詔書，他們就要命喪黃泉！」方孝孺不爲所動，結果讓他的十族全被殺害，包括他自己總共連累八百七十三人。

輪到方孝孺自己時，他被送往南京聚寶門外行刑，所受之刑爲極殘忍的腰斬，但他一點都不怕，還從容地寫了一首絕命詞：

天降亂離兮，孰知其由？奸臣得計兮，謀國用猶。
忠臣發憤兮，血淚交流；以此殉君兮，抑又何求！
嗚呼哀哉，庶不我尤。

四十八歲的方孝孺被劊子手攔腰一刀斬成兩段，這樣斬法，一時半刻還死不了，他必須承受身體上劇烈的疼痛與內心裡極端的煎熬，然後才慢慢的死去。

瓜蔓抄

既然連方孝孺都殺了，其他那些激怒明成祖的，也就不用客氣了。

齊泰是在返回南京的路上被抓住的，過程有一番曲折，當燕軍攻打南京時，齊泰與黃子澄都不在城中，分別被派往外地求救兵去了。等齊泰回京時，聽說南京已被攻下，自己正遭到懸賞捉拿，便用墨汁將自己所騎乘的白馬染黑，便裝逃逸，準備另謀復興，誰知天氣太熱，馬一跑就會流汗，黑色墨汁流得一條一條像斑馬似的，看上去更是奇怪，反而害得他被燕軍逮捕。

受審時，齊泰屹立不屈，仰天長嘆道：「只恨我壯志未酬身先死，未能親手殺了篡位的奸賊。」他一家人都被株連，只剩下年僅六歲的兒子因爲年幼得以免死，發配給官家爲奴。

黃子澄被列爲「首惡」，賞金很高。京師陷落時，他人在蘇州，與知府姚善共同商議勤王之事，聽說消息之後，黃子澄曾問姚善是否願意與他一同搭船求救兵於海外，姚善認爲不妥，黃子澄只好繼續南下，前往嘉興去拜訪退休官員楊任。

楊任家附近有很多人認識黃子澄，也知道黃子澄目前已是新朝廷竭力捉拿的頭號要犯，沒過幾天，黃子澄的行蹤就遭到洩露，重兵湧入楊任家將黃子澄逮捕，押解回京。

明成祖親自審問他，黃子澄比齊泰更堅持，他連一句皇上都不肯叫，口中只稱呼「殿下」，左右士卒高聲喝斥：「現在審問你的是當今聖上！」

黃子澄不理，對明成祖說道：「殿下以兵力奪取富貴，殊不知富貴瞬息，何足輕重！殿下今日這般作爲，將來被你的子孫學了去，也沒什麼好奇怪的。」

明成祖聞言，怒不可遏，喝道：「要不是你這個奸臣在建文耳邊說三道四，也不至於有今日這般局面，你竟還有臉站在那裡假作忠誠？」黃子澄的家人早就逮捕齊全，明成祖命人將他們全部帶至殿前讓黃子澄一一過目，宗族老少五十六人，妻子姻親三百八十人，沒有一個漏掉。

兩旁士卒取來紙筆，明成祖說道：「要是你肯老老實實的把你的罪過寫出來，朕或許可以饒你家人性命。」

黃子澄振筆疾書，大意是：「我本來是先帝身邊文臣，沒有盡責，早點建議削藩，以致兇殘謀逆篡位，後世之人不可不戒慎！」

明成祖看了，益發震怒，大喝道：「把這個舞文弄墨的傢伙手腳都砍了！」

雙手齊肩斬斷，雙腿從大腿剁下，黃子澄倒在血泊中，扭動著身子，慘不忍睹，卻還是一句求饒的話也不說。

明成祖看了覺得噁心，隨口說道：「把這團髒東西拿去車裂了餵狗，其他閒雜人等全拉出去砍了！」

鐵鉉在靖難之役中屢挫燕軍，早就讓明成祖恨得牙癢癢，此時既已殺紅了眼，鐵鉉自然逃不了。當他被押解至京師時，明成祖也親自加以審問，想不到鐵鉉竟背立朝堂，大聲數說著燕王的罪狀。

「你給我回過頭來！」明成祖怒道。

「我乃大明忠臣，不願意被亂臣賊子髒了我的眼睛。」鐵鉉冷然說道。

明成祖怒極反笑，說道：「既然如此，我也不必強求。」他命令左右士卒先割下鐵鉉的雙耳，再割掉他的鼻子，然後割他身上的肉，又燃起一鍋熱油，把割下來的部位一塊塊丟進去炸，鐵鉉渾身是血，仍不爲所動，口中痛罵之聲不絕，就這樣被一刀一刀割死，丟進油鍋炸成焦炭。

禮部尚書陳迪在靖難之役負責督運糧草錙重，帶給燕軍很大的打擊，明成祖親自加以審問，連同陳迪的幾個兒子全都被押在大堂之上。陳迪對明成祖不假辭色，幾個兒子卻不斷求饒，陳迪呼喝道：「你們給我把嘴閉上！身爲忠臣孝子，爲國犧牲乃是應盡的本分！」

「忠臣孝子？哼哼！」明成祖命人將陳迪之子的耳朵、鼻子割下，丟進鍋裡炒熟，塞進陳迪的嘴裡，問他：「忠臣孝子的肉，好不好吃？」

陳迪流著淚說道：「甘美無比！」後來他和他的家人都被凌遲處死。

一幕又一幕泯滅人性、慘絕人寰的景象不斷上演，剝皮實草（把犯人剝皮，將人皮塡充稻草示眾）、千刀萬剮、刀山、油鍋……靖難之役後的審判，成了每一個建文遺臣的眞實地獄。

御史大夫景清在燕王進京前夕就已做好了打算。他曾經在北平當過參議，與燕王有舊交，也頗得賞識，後來回到南京任職，對建文帝奉獻忠誠，曾與方孝孺相約共赴國難。燕王稱帝之後，他向新的朝廷輸誠，卻暗中身懷利刃，隨時伺機行刺。

某日早朝，明成祖忽然下令搜身，景清身上帶的利刃就這樣被搜出來。明成祖問道：「你帶著這把刀子要做什麼？」

景清答道：「我要爲故主報仇！像你這種篡奪大位的奸人，人人得而誅之！就算我今日被你所逮，也會有別人出來誅殺罪魁……」

明成祖怒道：「給我打爛他的嘴！」

帶刀侍衛衝上前去，以刀柄敲爛了景清的牙齒，景清滿嘴鮮血，仍罵不絕口，還含了一口血噴了上去，濺得明成祖龍袍之上血跡斑斑。

明成祖命人將景清押解至長安門，剝掉他的皮，用鐵帚刨刷他的肉，直到刷光爲止，再把骨頭敲碎，曝屍荒野。

這樣還不能洩憤，因爲明成祖想起景清在朝堂上所言「會有別人出來誅殺罪魁」等話，擔心景清鬼魂作祟，於是命令與景清有關的人物一概處決，除了他的家族之外，家鄉鄰里街坊鄰居全部受到株連，範圍比方孝孺的「誅十族」還要廣，曾經與景清有過交誼的，受過景清引薦的，加上這些人的親屬家族，攀得上任何一點關係的，全部受到牽連，稱之爲「瓜蔓抄」，用瓜蔓連綿不絕的樣貌來形容這種駭人聽聞的株連。明初治國手段的殘忍程度，史上少有，體現在明太祖誅殺功臣以及明成祖殘殺建文遺臣之上，反映出中國在接受蒙古九十多年暴力統治之後軍政領袖的殘酷風氣。

建文遺臣沒有一個願意向殘暴的明成祖卑躬屈膝，激怒了明成祖，造成這樣的屠殺，也反映明初士大夫受到宋元理學的影響，多存有一股成仁取義、捨身赴難的風骨——富貴不能淫，威武不能屈，威脅利誘抵死不從，就這樣一個一個慘死在各種酷刑之下。

景清之後，還有不少遺臣遭到「瓜蔓抄」的對待，史書上記載了大理寺少卿胡閏的故鄉被抄之後的淒涼景象，全族男女二百一十七人均遭處決，鄰里也被連累；多年後，有人從他的故鄉經過，一路之上杳無人煙，破爛的空屋長滿雜草蘆葦，不時發出怪聲，猿猴徹夜哀鳴，聲聲淒涼，令人不寒而慄。

明成祖之所以會這麼做，除了他激烈的性格加上報復心態之外，當初南京城破之時，理論上應該逮捕的建文朝臣四百六十三人竟然只抓到了一百多人，雖然後來又陸續抓到一些，但是包括建文帝在內，大多數的朝臣仍然不知所蹤。

「寧可錯殺一百，也不可放過一人。」明成祖面對這種可疑的態勢、權力仍然不穩定的危機感，幾經思考，做出這種決定。

當然，他畢竟是個有遠見的人，不會一直深陷在這種血腥報復的快感當中，等他赫然察覺自己已是九五至尊，尚有天下黎民蒼生等待自己統御時，他便開始轉變態度，藉由拉攏建文遺臣來收買已失去的人心，讓政局穩定下來，也使這個誕生不久的朝廷得以持續發展和強化。

永樂大典

瓜蔓抄殺人無數，明成祖總覺得應天府的氣氛不好，陰森森的像是隨時有冤魂要來索命，再加上南京官員大多不是自己的人馬，政治環境對自己不利。此外，北方蒙古勢力趁著明朝局勢不穩之際正蠢蠢欲動，帝國實需要一個足以鞏固北疆的要塞。基於這些原因，明成祖在永樂元年，公元一四〇三年正月下詔，改北平之名為北京，稱為順天府，與南京應天府相對，成為另外一個政治中樞，進而開始籌畫遷都事宜。

國都遷移茲事體大，即使如明朝皇帝那般大權獨攬也沒辦法說遷就遷，只好以漸進方式，先從遷徙百姓開始，再修築宮殿，進而以御駕親征為名北上進駐，往返於兩地之間，久而久之，等大家都習慣之後，才宣布北京為京師。

不過這是以後的事，如今當務之急乃是穩定政局，讓一切回歸正軌。永樂元年八月，明成祖下詔，在全國各地鄉鎮舉行科舉考試的第一級——鄉試。

鄉試每三年舉行一次，受試者必須具備「秀才」身分。明代在中央設有「國子監」，地方設有府、州、縣、衛等各級學校，通過考試進入這些學校的，成為生員，也就是俗稱的秀才。鄉試以省為單位，地點就在各省省城所在，考取者稱為舉人，第二年再到京師禮部參加「會試」，中試者稱爲進士，這些進士最後都要在皇帝面前進行最激烈的一場考試，稱爲「殿試」，由皇帝欽點名次，第一名爲狀元，第二名爲榜眼，第三名爲探花。

科舉制度從隋朝創立以來，歷經八百多年，一直就是中國官員選拔的主要途徑，整體來說，變化不大。

隋文帝爲了破除六朝九品官人法的弊病，打擊門閥世族長期壟斷官場權力的現象，因而創立科舉。此一制度在唐代成爲定制，宋代趨於完備，也達成了促進社會流動的目的。

明朝的科舉，與前代相比，最大的不同就是內容與格式的嚴格規定：內容方面，出題範圍被規定不得超出《四書》、《五經》的內容；格式方面，考生必須以一篇「八股文」作答，文章按先後順序分破題、承題、起講、入手、起股、中股、後股、束股八個段落，破題段只能寫兩句話，直接切入主題的意義，承題則是延伸破題段進一步說明，起講爲議論的開始，入手是起講後開始入題，後面四個部分是全文重點，起股相當於整篇文章的門面；中股爲骨幹，要充分發揮論點；後股要莊重踏實，振奮全篇精神；束股則是簡要總結全文的最後段落。

明初認爲讀書人喜歡隨便評論朝政，滿肚子壞水，可是卻又需要他們來協助治理國家，因此與多位文臣討論之後，訂下這個考試辦法，完全以統治者的權力鞏固爲出發點，忽略了士人才學的發揚，讓他們窮盡畢生心血只會死背四書五經、寫八股文，其他的什麼也不會，「百無一用是書生」就是這麼來的。

明成祖和明太祖一樣不喜歡讀書人，但他比明太祖更知道文治的重要性，知道拉攏讀書人就能穩定自己的政權，沒有廢除八股取士的制度，興辦科舉的態度卻更爲積極。

鄉試結束之後就是會試，針對此一問題，明成祖特別詢問禮部尚書李至剛：「洪武年間開科取士，各科數目多少？」

李至剛答道：「每年人數各不相同，多的時候有四百七十多人，少的時候只有三十幾人。」

明成祖點點頭，緩緩說道：「朕登基未久，取士宜寬，盡量多取。」

這一年錄取了四百七十二名進士，殿試之後，一甲狀元、榜眼、探花入翰林院編修，二甲多達五十一人，全任翰林院庶吉士。

這也是不得已的結果。明太祖廢相之後，很快發現想要掌管丞相的所有事務實在窒礙難行，因此他建制了四輔官和殿閣大學士作爲自己的秘書。建文帝依靠黃子澄、齊泰、方孝孺等人，形成一個皇帝身邊的執政班底；明成祖想要選擇一批新進文臣來擔任這項工作，卻發現歷經靖難之後的大屠殺，去年七月登基時，翰林院大臣不是逃亡，就是被殺，剩下大概十幾人。

他從這十幾人當中檢選「文學行誼才識之士」，又選了楊士奇、解縉、胡廣、金幼孜、胡儼、楊榮、黃淮等七人入文淵閣，參與機要，在明太祖的殿閣大學士基礎上，創立初期的內閣制度。這項制度往後持續發展，成爲明朝中央政府最主要的行政機制。

但是只有這些畢竟不夠，所以明成祖在位期間總是不間斷地舉行科舉，爲的就是拔擢新進人才，創造一個「文治」的表象。

這就是明成祖與父親不同的地方，在標榜武功之餘，明成祖還特別強調文治，彷彿這樣做可以稍微彌補他在靖難之後大屠殺所累積的罪業。

明成祖究竟是否眞的對自己的作爲懺悔已不得而知，不過他的確很在意讀書人的心。當初靖難率兵南下時，燕軍經過孔子故鄉——山東曲阜，明成祖立即下令，嚴格禁止各路兵馬入境騷擾，只准以一種謙卑的心情緩緩繞過。

永樂四年，公元一四〇六年正月初一，明成祖在接受百官朝賀新春之時，忽然向臣下宣布：「朕僅爲一時之帝，孔子則爲萬世帝王之師，天下不可一日無生民，生民不可一日無孔子之道，因此，朕將親往國子監，以尊崇之典禮祭祀孔子。禮部以及各相關衙門替朕挑選一個良辰吉日實施吧！」

這一道詔令忙壞了禮部官員，但是他們樂在其中，至少由皇帝親自主持祭孔典禮，已足夠表示這位武功赫赫的帝王對於士人的尊重，這在本朝還未曾見過呢！

典禮還在三月初一舉行，明成祖穿著隆重的禮服駕車前往京師國子監的孔廟，愼重的施行了四拜禮，這種等級的禮節已是超越平常，一旁觀禮的眾多老儒士們看了眼淚都幾乎要掉下來，紛紛說道：「皇上尊孔禮儒，我輩之道就要復興了！」

更盛大的場面還在後頭，祭孔典禮結束之後，明成祖親自前往太學進行侍講儀式，京官三品以上者以及翰林院眾儒臣全部隨行，國子監正殿之上，明成祖親自捧著《五經》，愼重地交給國子監祭酒、司業，然後賜座，讓他們對著皇帝以下的文武百官講述《五經》的內容。

國子監祭酒胡儼講完以後，明成祖命人送上茶水，以示尊敬，還針對講述內容重點不斷提出問題，讓在場眾人討論。

這就像是一場盛況空前的學術研討會，皇帝親身參與其中，對與會學者而言，那眞是至高無上的光榮。此刻，他們眼中的明成祖簡直就是儒學道統捍衛者的化身，猶如天上文皇降臨凡間，渾然忘卻他幾年之前血腥屠殺之時的猙獰面貌。

幾個月之後，明成祖在大內奉天門召見翰林院侍讀學士胡廣等人，問他們道：「這陣子以來，朕禮遇儒臣備至，不知道你們覺得如何？」

胡廣感激涕零：「陛下對待儒臣禮遇萬分，此乃儒道之光榮也！」

明成祖微笑道：「朕以儒道治理天下，怎能不禮遇儒臣？就好比行遠路得用良馬，塡飽肚子得靠農夫，這都是一樣的道理。」

他很得意，還替自己親臨太學一事立了一塊碑以資紀念。

永樂五年，公元一四〇七年十一月，一樁更爲盛大的文化工程替明成祖的文治做了最好的註腳，那就是《永樂大典》的完成。

《永樂大典》的醞釀其實很早，早在洪武二十一年前後，明太祖就曾經向臣子們表示他想要修纂一部無所不包的類書，但是沒有得到什麼回應，也就不了了之。永樂元年，明成祖對翰林院侍讀解縉說道：「古今天下萬事萬物分散在各種書籍裡面，查閱起來相當不方便。朕當初在北方就一直有個打算，想要召集儒臣，編出一部包含經、史、子、集，天文地理、陰陽五行、僧道醫卜各項學說之書，讓查閱之舉就如探囊取物一般方便。」

解縉說道：「陛下能有此等美意，乃是我等讀書人之福。」

明成祖點點頭，「那這件事就交給你去辦了。」他特別叮嚀：「記著，這部書要能夠包羅天地萬物一切學問，要不厭其詳的全部記載。」

解縉說道：「臣理會得。」

其實解縉並沒有理解明成祖的意思，他是個百分之百的儒臣，思想上也是純粹的儒家本位，他曾經對明成祖喜歡看《說苑》、《韻府》這類雜書表示不滿，還公開對明成祖說過「臣以為不宜」之類的話，因此，當他領了旨，就照他自己的意思編起書來。

一百四十七位儒臣在解縉的指揮下，花了一年多的時間修纂出一套書，解縉領銜上呈，明成祖很高興，賜書名為《文獻大成》，並重重地賞賜了編書有功的人員。

然而不久之後，當明成祖翻閱起這部《文獻大成》之時，不禁皺起了眉頭，「這只不過是儒學經典的彙整而已，哪能稱得上文獻大成呢？」他立刻決定重新修纂此書。

「解縉大概不行吧？」明成祖心想：「他是個儒臣，自傲得緊，恐怕不會願意兼容百家……」左思右想的結果，決定找他最親信的道衍。

道衍此時已恢復了本名姚廣孝，任太子少師、資善大夫，明成祖曾經多次要他還俗，還說要賜給他豪宅美女，他都推辭不肯，只願住在寺廟之中，上朝的時候穿著官服，退朝就換回袈裟，此時他已七十多歲，已然半退休狀態。明成祖把想法告訴姚廣孝，他立時就能心領神會。

從永樂三年初起，由姚廣孝、解縉、刑部侍郎劉季篪、翰林院學士王景、王達、國子監祭酒胡儼、太子洗馬楊溥、名士陳濟等人領銜，先後召集了三千多名文士，還包括書畫、醫學、宗教、音樂等各方面的人才，共同修纂這部空前絕後的大典。

修書地點位於翰林院文淵閣，一年過後，明成祖到翰林院巡視，順便問問修書進度如何，被問到的仍是解縉：「文淵閣的經、史、子、集都還完備吧？」

解縉答道：「經、史尚稱完備，子、集缺漏仍多。」

修書修了一年多，居然連參考資料都還不全，這讓明成祖有些不滿，「士人家裡稍微有點閒錢都會買書藏書，何況是朝廷呢？」他找來禮部尚書鄭賜，對他說道：「你去選一些通曉典籍的官吏，前往天下各地尋訪藏書，朝廷會出錢購買。」稍停頓一下，又補充說道：「書籍不管多貴都沒有關係，藏書的人出多少價，就給他多少價，能夠買到奇書，就是大功一件。」

有些臣子不大理解明成祖的用心。明成祖特別對此解釋道：「常讀書，終生受用不盡！一般人努力賺錢留給子孫，朕卻想遺留典籍給子孫。金銀財寶有花完的一天，典籍裡的知識卻是永遠也不會消失的。」

這一年內，官員們四處收購書籍，成果豐碩，一些當時早已經失傳的典籍紛紛出現，對於大典的修訂非常有幫助。後來，這些書籍都擺放在文淵閣之中，成爲明朝皇室的傳家之寶。

又過一年，大典完成，姚廣孝等人將這套一萬多冊的皇皇巨著初稿呈現給明成祖。明成祖看了，總算滿意，賜名《永樂大典》，令人組織官員重新謄寫，又花一年時間，完成了全書兩萬兩千九百三十七卷，分裝成一萬一千零九十五冊，共計三億七千多萬字，是中國有史以來最浩大的一部類書，也幾乎算是明朝以前中華文化歷史文獻的總整理。

多年以後，清朝乾隆皇帝時代也編修了一套大部頭的類書《四庫全書》，然而那時候修書的理由是爲了要束縛讀書人的思想，因而在修書之時，對原書總是任意竄改刪修，在這一點上，明成祖時代的《永樂大典》秉持原文抄錄，一字不漏的原則，對於保存古代文獻厥功至偉。

可惜的是，這部大典完成之後，明成祖並沒有多餘的閒暇好好加以利用，也沒有推廣，只是將它封存得漂漂亮亮的，收藏在京師文淵閣當中。明成祖主要的精力都放在對外的經營之上，直到永樂十九年正式遷都順天府，才用專車將這部大典運往北京，但是仍然繼續將它束諸高閣。

直到多年以後，北京城大火，明成祖的六世孫嘉靖皇帝才赫然注意到這部巨作的存在，命人抄錄了一份副本。這部重典的正本早已遺失，可能損毀在明清五百多年的戰火當中，而副本據說一直存留到清末，歷經庚子拳亂與八國聯軍後散軼，如今僅存下來的，大約只佔原書份量的百分之三而已。

鄭和下西洋

明成祖沒有時間看書，祭孔、開科已經是他最大的限度。從即位的第一天起，他就不曾停止忙碌，忙著穩定局面、穩定政權，忙著管理他從姪兒手中奪取的偌大帝國。

中國人口在宋徽宗時期首度突破一億，歷經南宋與金、蒙古，以及元末明初的長期戰亂，明成祖時期的人口大約在六千五百萬至七千萬左右；即便版圖不若漢、唐寬廣，人口卻已超過許多。且由於新品種稻米的廣泛種植，耕地面積加大，糧食產量倍增，人口也就持續膨脹。

幸虧明太祖時代建立了衛所制度，軍民分籍，軍人的家人也算在軍籍當中，隨軍隊調動，再由官方撥給田地加以墾殖，這對一些人口稀少地區的開發有著莫大的幫助。

藩王的問題，明成祖也注意到了。當初他以建文帝削藩起兵，奪取政權，恢復了被削藩王的地位。但是，如今他已經奪得大位，就不能讓自己以及子孫的權位被同樣的辦法奪走。

他將心比心，用自己當年面對朝廷削藩時的心情來衡量諸王面對削藩時的反應，循序漸進，不讓藩王們起疑心。

就在永樂元年十一月，他才恢復藩王地位不到一年，並賞賜諸王大批金銀財務，讓他們享有昔日權勢之時，一封蓋了玉璽的詔書即被送往代王朱桂的封地，文中指責他縱容部下，殺戮百姓，又強取錢財，無法無天，警告他不要忘記建文帝時代被廢的教訓。

另一份敕令隨即送達，上面已經列舉了三十二條罪狀，那是由大臣們加以彈劾，經過明成祖同意的內容，同時宣布：革去朱桂的領地護衛、王府官屬，以資警告。

三年之後，有大臣彈劾齊王朱榑，朱榑進京抗辯，竟然在朝堂之上大聲咆哮：「奸臣又在喋喋不休了！難道皇上要效法建文嗎？這些亂說話的傢伙，實在應該全部殺光！」

明成祖冷冷說道：「亂說話的傢伙就是你！你竟敢直指朕像建文一般聽信奸臣，這不是在說朕昏庸敗德，違背祖訓嗎？光是這一點，你就該殺！看在你我兄弟情份，朕不殺你，撤了你的護衛官屬，讓你留在京師，等你什麼時候學乖了，再放你回去！」

朱榑冷哼一聲，退了出去。

被軟禁在京師的朱榑還是不老實，整天口無遮攔的抱怨連連，這一點被明成祖抓住，遂召朱榑之子進京，一併廢為庶人。

永樂十年，遼王朱植的護衛軍隊也被撤除，僅留給他三百人供其差遣；谷王朱橞在靖難之時曾與長興侯李景隆一同開城迎降，卻也被明成祖整肅，改封長沙，從邊塞王變成內地王，實力大減，仍在永樂十五年以謀反罪被廢為庶人。

永樂十八年，有人告發周王朱橚謀反，朱橚是明成祖的同母弟，明成祖倒不相信他真的謀反，但捉住了這個機會，把朱橚叫進京，出示告發文件給他看。

朱櫹一看，嚇得渾身發抖，連忙叩頭請求饒命。明成祖微笑說道：「你我一母所生，諒你也不會對朕不利，現在就放你回去，該怎麼做，你就自己衡量吧！」

回到封國，朱櫹主動獻上護衛軍權，藉此保全榮華富貴。

花費近二十年的光陰，明成祖以種種手段削軍權，不削爵位，雖不是擺明了削藩，卻已達到削藩的目的，大部分的親王兵權遭到解除，對朝廷已無威脅，明成祖也就放任他們享受既得的財富。

權力鞏固，諸王順服，整個過程當中，最大的力量還是他父親所創設的錦衣衛。包括偵察諸王動向、告發諸王不法情事、緝捕諸王到案等等工作都是由錦衣衛來執行，到後來，錦衣衛的職權變得比洪武年間更爲擴大。

這還不夠，永樂十八年，明成祖又設置「東廠」，由親信太監主持，專門負責刺探臣民隱私的工作。因爲與錦衣衛的職務重疊，因此東廠與錦衣衛往往合稱爲「廠衛」，成爲明朝中期以後的秘密警察機構，箝制天下人、陷害正人君子，其所作所爲大多爲人所詬病，卻是明朝皇帝用來鞏固權力的最佳利器。

重用宦官也是明成祖所開的先例，明太祖與建文帝對於宦官都十分提防，經常嚴格訓示宦官不得干政。明成祖在靖難之役時卻得到了宦官莫大的幫助，對宦官的印象不錯，遂一反父親的訓令，把許多重要的任務交給宦官。

後世心理學家曾分析這些宦官的心態，認為他們由於身體上的殘缺在生理與愛情無法滿足，出於補償心理，對權力與財富的追求會遠遠超過身體正常的人。歷史上凡是宦官專權，往往都會造成極大的弊端，如漢代末葉的十常侍掌權，唐代中後期的宦官任意廢立皇帝，都是血淋淋的例子。

大概就是因為沒時間看書的緣故，明成祖沒能從歷史中得到教訓，不但讓宦官把持廠衛，還讓宦官擔任監軍、分鎮、出使等各項工作，無形之中大大提升了宦官的地位。

當然，並不是每一個掌握軍權，負責重責的宦官都是壞人，有的宦官機智、勇敢，總能順利完成皇帝交辦的任務。三寶太監鄭和就是當中最好的例子。

永樂二十年，公元一四二二年秋天，歷經一年遠洋航程，人數超過兩萬五千人的浩大船隊由太倉（今江蘇蘇州）劉家港登岸，隨即返回南京，再從南京北上，親自向北京順天府的皇帝覆命。

北京在前一年正式成為明朝的京師，在此之前，明成祖早以征蒙古為名，長期駐留北京達十餘年之久。不過南京仍有其歷史地位，畢竟那是明太祖霸業龍興之所在，明成祖也不敢逾越，因此南京應天府仍然保留著京師的規模官制，只差沒有皇帝而已。

鄭和這次航行已經是第六次了，途中經過占城、暹羅、印度、錫蘭，沿著印度洋北緣進入波斯灣，護送忽魯謨斯使者返回波斯，之後又往南航行，直達東非的木骨都束（今摩加迪休），然後才返航。鄭和帶回了大量的奇珍異寶，珍珠、瑪瑙、翡翠、獅子、麒麟、駿馬……無所不有，這些對於明成祖來說並不重要，重要的是跟隨鄭和前來朝拜的使節比上一次返航之時更多。包括忽魯謨斯、蘇祿、滿剌加（麻六甲）、蘇門答臘、爪哇等數十國的使臣多達一千二百餘人，各色人種高矮胖瘦齊聚京師，皇宮紫禁城的壯麗讓他們看得呆住了，對中華上國的文物昌盛、秩序井然發出由衷的讚歎，也對御宇天下的明成祖致上最高的敬意。

六十三歲的明成祖身體還很硬朗，才剛從御駕親臨蒙古的征途回來，立刻就在紫禁城接見這些使臣，聆聽他們的歌功頌德之詞，臉上露出滿意的笑容，並向遠處的鄭和投以讚賞的眼光。

鄭和已經五十歲了，他一輩子侍候明成祖，從皇子到燕王，從燕王到皇帝，一路跟隨在這個氣吞天地的霸主身旁，對皇帝全心全意的敬佩，也全心全意的忠心，皇帝的喜悅，就是他的喜悅。

人家都叫他「三寶太監」，一方面是因爲那是他的小名，一方面是因爲他曾跟隨道衍和尚皈依三寶。他的祖先流著西域的血統，世居雲南，父、祖都信回教，洪武十五年傅友德、沐英率領的明朝大軍攻進雲南，對他而言，彷彿一場遠去的惡夢，他的家人統統被殺，十二歲的他成了俘虜。名將看他機伶，把他給閹了，送進宮裡，後來成爲燕王府裡的小宦官。

這樣的命運，看似悲慘，但是鄭和並沒有沉浸在哀傷之中，既然成了宦官，他就盡其所能地當個稱職的宦官。

明成祖是個明白人，很快就看出鄭和是個可用之材，「這麼聰明的孩子，竟然……」明成祖也對他的遭遇感到不幸，也盡力培養他，讓他跟著道衍和尚多學點知識。

鄭和也沒有讓明成祖失望，他很快成為燕王府中最受重視的宦官。靖難之役，他隨侍在側，替燕王出主意，等到燕王成為皇帝，他也就成為宦官的頭頭之一，後來更當到了內官監太監。

在明朝，「太監」是宦官之中的高官，並非每個宦官都能稱作「太監」，只因為這個名詞後來廣為人知，才漸漸成為所有去勢宮人的代稱。

靖難之役成功以後，明成祖看似擁有天下，但是他並不能高枕無憂，在他的心中，總有一塊大石頭懸之不下。

這塊大石頭，就是建文帝的下落。

「找不到他，朕一日不能安歇！」明成祖很想把話和別人分享，但總是說不出口。

問題就出在明成祖對建文帝的矛盾心理，他既希望找到建文帝，又害怕找到建文帝。他以「清君側」名義發動的叛亂，倘若建文帝還在，他的寶座就不能坐穩。但是建文帝不知所蹤，對他的權位來說又是一顆不定時炸彈，萬一哪天建文帝忽然現身了，那他的皇帝寶座到底坐是不坐？

姚廣孝看出明成祖的心思，卻不想點明，算是嘔氣吧，因為明成祖沒聽姚廣孝的話，濫殺建文遺臣，害得姚廣孝背負上諫不力的罪名，甚至替明成祖擔下黑鍋。

鄭和也看得出明成祖的心思，但是鄭和為人謹慎，知道自己的身分沒有資格在皇上面前隨便開口，只是益發的恭敬戒慎，讓皇帝的心情能夠不要太過煩躁。

終於，明成祖忍不住了，趁著鄭和在他身邊指揮小宦官的時候，把他叫到跟前，對他說：「朕日日不能安歇，食不知味，寢不能眠，這樣的日子不知道還要過多久？」

鄭和躬身說道：「這都是奴才的罪過，請皇上降罪……」

「你有什麼罪……」明成祖把話止住，看著鄭和的表情，很多事君臣二人已能心照不宣，「嗯，既然你說有罪，朕就給你一條將功折罪的路子走。」明成祖微笑說道：「你可願意？」

鄭和說：「皇上有命，奴才誓死達成，赴湯蹈火，在所不辭。」

「很好。」明成祖點頭道：「朕打算下令興建寶船隊巡弋海上，藉以宣揚國威，鎮服萬邦。你替朕率領這支船隊，留意各地風土民情，深入瞭解各處景況，回來再向朕稟報。」

「微臣尊旨。」

明成祖沒有言明，但是鄭和的心裡很明白，出海深入瞭解各處狀況的意思就是去查探建文帝的下落。這是永樂元年的事。

尋找建文帝下落的目的當然不能對外公布，因為從永樂朝廷對外發布的誥命中，已經很明確的宣示建文帝死於南京城破時的大火。既然宣揚國威才是主要訴求，排場就不能小，永樂元年起，大規模的造船工作便已展開。

從宋朝開始，中國的海上航行技術便有突破性的發展，獨樹一格的寬身尖底船，配合精巧的風帆運用，可以讓各式船隻穩穩當當的從事遠洋航行。到了南宋，廣州、泉州、明州等地均設有「市舶司」以管理爲數眾多的海船，並收取貿易稅，增加國庫的收入。

事態在明太祖時期有了截然不同的轉變。明太祖有個與眾不同的想法，他認爲海外蠻夷往往是動亂之源，只要對中國沒有直接的危害，就不應該去管它，什麼朝貢稱臣之類，只不過是虛榮心，而沿海的老百姓也不應該與這些蠻夷接觸。他甚至把這種想法寫進《皇明祖訓》裡，規定他的子孫以後都不准任意與外國溝通，而他的人民更不得與海外邦國有任何往來。

「市舶司」的制度就在明太祖手裡遭到廢除，中國近代閉關自守之始就此展開。

明成祖在這一點上很不相同，他總認爲萬邦來朝才是天朝上國的氣度，但他又不敢任意更改父親的訓令，因此發明出這種「從權」的辦法，一方面嚴禁百姓出海貿易「私通外夷」，一方面又不限制外國人來中國做生意。他開放了市舶司，管理絡繹不絕的外國商人，甚至擴大了市舶司的規模。

被動的等待倒不如主動出擊，「鄭和下西洋」的排場，充分展現了明成祖的個人特質。

此番造船工作結合了宋元數百年以來的造船科技精華，打造出當時不可思議的巨型船艦——寶船：全長四十四丈（約一百二十五公尺），全寬十八丈（約五十一公尺），滿載排水量大約一萬四千噸，載重七千噸，乘員超過兩千人，旗幟、鑼鼓、燈號、槍砲一應俱全，九根桅杆、張帆十二面，雕刻裝飾華麗，又有先進的防蛀技術，確保巨艦的航行速度以及安全性，光是那具重達十三噸的船舵，就得要二百六十名船夫才能夠推動。

整個艦隊共有四艘這樣的寶船，一艘爲鄭和的旗艦，另外三艘分別爲前鋒與左右兩翼，這只是中軍的編制，中軍之外，還有五十餘艘長三十七丈，載重及華麗程度不輸寶船的「馬船」分列兩側及前鋒，爲中軍拱衛；寶船與馬船之間，又有數十艘四千噸級的「坐船」，形成一個緊密的防衛網；馬船之外，又有糧船、戰船、水船數十艘，成爲總數超過兩百艘艦隊的最外圍戰力。

造船工作進行了兩年，船夫將士也訓練完成。永樂三年六月，一個晴朗炎熱的午後，南京附近的蘇州劉家港邊，總帥鄭和主持，全體船員舉行了隆重的儀式，祭告天地，祈求保佑，莊嚴肅穆。

儀式結束，總數兩萬八千人的將士魚貫登上座艦，兩百餘艘船艦井然有序使出港灣，向南航行，數日之後抵達福建五虎門進行補給，隨即航向浩瀚無邊的汪洋。

艦隊以飛燕陣形編隊，浩浩蕩蕩穿越臺灣海峽，進入南中國海。在中南半島上的占城停留，經過麻六甲、巨港、爪哇、蘇門答臘、錫蘭等小國，一直航行到印度西岸的柯枝、古里等地。

毫無疑問，鄭和對自己的地位很能掌握，他代表的是大明天子的威嚴，他的艦隊就是大明帝國威嚴的象徵，所到之處，鄭和手持大明天子詔書，宣揚大明帝國德威，封賞各小邦國主，只要有不聽從的，就會加以討伐。

巨港（當時稱爲舊港，在今印尼蘇門答臘島上）地方有個海盜頭目名叫陳祖義，據地爲王，祖先是中國人，聽說鄭和寶船的壯盛，又聽說船上寶物難以數計，心生歹念，想要以武力掠奪鄭和的船隊。這個秘密被當地人施進卿所得知，便去向鄭和告密，鄭和乃先發制人，攻進舊港，俘虜陳祖義，把舊港變成明朝的管轄地。

兩年後，永樂五年九月，船隊返航，鄭和押著陳祖義，領著隨船隊而來的南洋各國使者一同晉見明成祖，向皇帝報告這兩年以來的所見所聞。

「很好，很好。」明成祖頻頻點頭，說道：「那陳祖義身爲華夏子民，竟還想要掠奪寶船，其罪當戮！至於那舊港，就設立一個宣慰司，讓施進卿去當宣慰使吧！」

各國使節紛紛向明成祖表達尊崇的敬意，獻上自己國家的珍寶，明成祖大喜，以更爲豐厚的禮物回敬，顯示自己的雍容大度。

他向鄭和問起海外的種種景況，鄭和娓娓道來，聽得他悠然神往，「原來海外各地還有這些迥異於中原華夏的風土民情，朕眞想親眼看看！」明成祖道：「你的表現很好，以後的航行，就由你繼續負責吧！」馬上下旨讓相關單位重新改良寶船的設計，整備出二百四十九艘各型船艦，讓鄭和做好再次出航的準備。

「對了。」明成祖說道：「你說海上航行之時經常遇到諸神感應，致使天有異象，龍江那裡新建了一座天妃廟，據說會保佑海上行船，待你出航之前，可以先去祭拜一番。」

龍江是南京附近最大的造船廠，大多數的寶船都由這裡興建，而那天妃的由來，據說是數百年前福建一位林姓少女，身懷特殊能力，能預知天象、呼風喚雨，保護出海的船隻不受風浪侵襲，因此得到人們的崇敬，久而久之，成爲沿海一帶的普遍信仰。這位「天妃」後來成爲「天后」，也就是如今大家耳熟能詳的媽祖娘娘。

祭祀天妃後不久，鄭和船隊的第二次航行即告展開。

這一次的航程規模與第一次大致相似，比較值得一提的是，艦隊抵達錫蘭之時，曾與錫蘭國王發生衝突，爆發戰爭。

錫蘭國王亞烈苦奈兒對待鄭和十分傲慢，鄭和登岸與之會面便發現了潛在的威脅，急忙率眾返回船上，想不到亞烈苦奈兒早已經佈好圈套，切斷鄭和返回的路，率兵偷襲船隊。

鄭和隨機應變，把隨行的兩千人整編一番，自己兼任大元帥，趁錫蘭士兵傾巢而出偷襲船隊時深夜行軍直攻錫蘭城，將亞烈苦奈兒以及王室眾多成員一併俘虜，將他們押送回中國。

「又立下戰功了嗎？」永樂七年夏天鄭和返國時，將亞烈苦奈兒獻予朝廷。明成祖對鄭和的表現很滿意，卻又尋思：「上回逮來的陳祖義是我中國人民，爲禍海外，當然應該予以處置，但是這錫蘭國王……」他看著狼狽不堪的亞烈苦奈兒，微微一笑，吩咐將他鬆綁，隨即說道：「我中華上國以禮治國，所憑藉者，惟德而已，今日你既已投降認錯，朕自然不能虧待你。」他讓人帶領亞烈苦奈兒去梳洗一番，賞他一頓好酒好菜，然後將他釋放回國。

此後一直到永樂二十年，鄭和寶船隊一共出海四次，明成祖去世之後還有一次航行，直到鄭和去世，前後加起來一共七次。

這是世界航海史上空前絕後的壯舉，鄭和的足跡踏遍東南亞、印度、波斯、阿拉伯半島以及非洲東岸等地，船隊滿載著瓷器、絲絹、麝香、鐵器、香料以及金、銀、銅器等中國特產，與各國進行貿易，並且吸引各國派遣使節來華朝貢。

船團之中自然以鄭和地位最高，為正使大太監，其下有副使、監丞、少監、內監、都指揮、指揮、千戶、百戶、舍人、郎中、醫官、旗校、勇士、力士、買辦、通譯……各級官吏分層負責，各司其職，讓艦隊運作井井有條。

遇到戰事，鄭和則從正使搖身一變成為總兵官，兼任大元帥，艦隊的編制轉換為軍隊的編制，與敵人作戰。因此，這個艦隊實際上就是一個海上遠征軍，與各國進行締結邦交的活動，以半強迫的方式要求各國來華進行朝貢貿易。

朝貢是名，貿易是實，對中國而言，得到的是萬邦來朝的大國榮耀，對各小國而言，得到的是貿易換來的巨大利益。

明成祖起先也沒有料想到鄭和的大規模出航竟能帶來如此的盛況，為了讓好大喜功的虛榮心得到滿足，尋找建文帝的目的成為附加，朝貢貿易才是重點。他不斷派遣鄭和出使，讓鄭和的餘生幾乎都在海外度過，也使鄭和寶船在各地都留下遺跡，至今尚存。

可惜的是，鄭和死後，他的壯盛事業並沒有持續發展。朝廷裡那群讀多了八股文的大臣們紛紛上奏，指稱寶船出航實在太過浪費，應該予以停止，海面上倭寇猖獗，應該重歸太祖訓令，嚴格實施海禁。從此，中國的航海事業便告終止，造船技術就此停滯，甚至大幅退步，廣大的海洋，往後成了中國人心目中的神秘禁地。

七十多年後，公元一四九八年，西方世界展開「地理大發現」，葡萄牙航海家達伽馬領著三艘長度僅二十餘公尺的小帆船順著非洲南下，繞過好望角，在非洲東岸登陸補給。

當地居民圍了上來，達伽馬向他們展示從歐洲帶來的東西：玻璃珠子、鈴鐺、珊瑚項鍊等等，非洲人嗤之以鼻，絲毫不認爲他們帶來的東西有什麼了不起。村中長老說道：「我爸爸說，在他小時候，曾經有穿著絲綢的人，乘坐漂流的島嶼，來到我們村中。」他拿出一頂精緻的鑲邊刺繡青絲帽遞給達伽馬，說道：「這是他們留下的禮物。」

達伽馬一看，青絲帽雖舊，細緻的手工仍清晰可辨，「這不知道是什麼地方的文明啊！」他心想：「這樣的技術，在歐洲是絕對沒有的。」

鄭和的豐功偉業，就這樣漸被人所淡忘，成爲永遠的傳說。

親征之途

永樂二十二年，公元一四二四年四月，六十四歲的明成祖下詔，由皇太子留京師順天府監國，自己率領大將柳升、陳英、張輔、朱勇等各路兵馬，自北京出發，揮軍蒙古，征討韃靼領袖阿魯台。

這兩個人是宿敵，從十幾年前便開始交手，被明成祖擊敗過好多次，沒有一次被殲滅，每一次過不了多久又會捲土重來。

兩個月前，明成祖接到前線戰報，說阿魯台在年初興兵進犯山西大同，怒不可遏道：「這個阿魯台，朕封他爲王，他造反；朕親自征討，他也造反，如今朕封也先土幹爲韃靼王，他又來偷襲，看來這次非要給他一點教訓不可！」

去年年底，明成祖才從第四次御駕親征的路途上歸來，爲的就是處理複雜的蒙古政局。時順時叛的阿魯台和明成祖交手已經有了心得，他很準確的看出，好大喜功的明成祖只要御駕親征，就會發動龐大無比的軍隊，這種軍隊戰力也許很強，行動卻十分的遲緩，於是阿魯台總是喜歡用游擊戰術，明軍一靠近，阿魯台就撤退，明軍一走遠，阿魯台又捲土歸來。

這一次他又採取同樣的策略，果然激怒了明成祖，讓班師回朝不到半年的大軍再度出擊，自己兼任主帥。

明成祖並非全然的氣昏了頭，他只是太希望能夠親自解決韃靼這個棘手的難題，這才會不顧全軍早已身心疲累，自己又已年邁，仍然要發動這一次的御駕親征，深入不毛之地。

阿魯台仍採用老戰術，你一來我就逃，你一撤我就攻，聽聞明朝大軍北伐，立時遁入大漠，消失得無影無蹤。這是他的優勢，他生長於大漠，對草原沙漠的地形瞭如指掌，明成祖即使善於用兵，也沒辦法在這一點和他相比。

明軍一路向北行軍，完全看不到敵人的蹤影，六月，大軍抵達玉沙泉。明成祖的身子有些不適，心情也不是很好，幾個月來，士兵受盡了苦頭，他看在眼裡，也覺得自己的一意孤行實在不該，喟然嘆道：「看來，再這麼追趕下去，也不會有結果。」

他的情緒益發低落，身體狀況也持續惡化，也許這時的他已經意識到：自己身爲有史以來御駕親征次數最多的皇帝，最後得到的結果，竟然只是無功而返。

「唉……」他長長地嘆了一口氣，自從成爲燕王以來，他還沒有像今天這樣消沉過。塞外的風光，他早已熟悉，中軍帳外揚起的漫天飛沙，彷彿在告訴他，他這一生就像是一場無意義的夢，即使波瀾壯闊，也將歸於平靜。

回想這一生，明成祖幾乎就是在戎馬之中度過。從燕王時代開始幫著父親鎮守北疆，靖難之役打了四年奪取皇位，隨之而來的就是一系列的經營、征戰，他在明太祖從未經營的地區設官管理，擴大並鞏固了明朝的疆域。

東北的奴兒干都指揮使司，包括斡難河流域、黑龍江流域、松花江流域等地區的一百三十二衛，讓海西女眞、建州女眞、野人女眞和吉列迷、達斡爾等蒙古部落歸順。

西北地區建立了新疆的哈密衛、沙州衛、曲先衛、赤斤蒙古衛，強化大明朝邊防力量，也防止蒙古殘留勢力繼續南下。

貴州地區的苗族、彝族，在明成祖初年有不穩定的跡象，對此，明成祖派兵積極鎮壓，重新規劃，並且設置貴州省，對西南的開發有很大的幫助。

西藏在明朝稱爲烏斯藏，境內信奉密宗佛教，教派複雜，常有衝突爆發，明成祖重新制訂西藏的僧官制度，命人修築驛站與道路，加強中國本部與西藏之間的聯繫。

不過，最讓明成祖得意的，還是五次親征蒙古的功業。

「百餘年以前，蒙古還天下無敵啊！」他心想：「如今朕竟能打得他們毫無招架之力，想來這樣的成就，先皇在天之靈也會感到驕傲。」

元朝被明太祖所逐，蒙古人遷回北方，分裂爲三個主要部落：東方的兀良哈、蒙古本部的韃靼、蒙古西方的瓦剌。

兀良哈本已成爲明朝領土，明太祖設官管理，靖難之變時，兀良哈部落蒙古兵曾經協助明成祖南下作戰，立下功勞，明成祖爲了酬庸他們，乃讓他們自治，使兀良哈成爲明朝東北的一個藩屬國。

韃靼就是北元，在明朝開國以後，陷入一連串的政局混亂與權力爭奪，大將鬼力赤篡奪帝位，取消帝號改稱可汗。永樂六年，鬼力赤又被殺，部落大會推舉成吉思汗後裔本雅失里爲可汗，實際大權則操縱在太師阿魯台之手。

瓦剌其實是韃靼的分支，居住在蒙古西北，由三個部落長統治：馬哈木、太平、把禿孛羅，他們三個與韃靼不合，經常處於敵對狀態。明成祖剛剛登基的時候，瓦剌曾經派人前來聯繫示好，明成祖也十分大方的把三人分別封爲順寧王、賢義王與安樂王，不過，他們並不算明朝的附庸，而是獨立的部落。

永樂六年，靖難結束後的肅清、整頓與重建工作大體已經告一段落，瓦剌又派人來示好，明成祖這才想到：「既然北元還有個王庭在蒙古，就該讓他們盡快內附，免得讓天下人笑我大明國威不足，趕跑了蒙古人，卻還是讓他們不斷南下騷擾！」

他特地派了蒙古人出身的鴻臚寺丞劉帖木兒不花爲使節，帶著璽書與金幣前往韃靼宣詔，希望他們能夠稱臣。

本雅失里聽完了詔書，詢問太師阿魯台：「我們該怎麼辦？」

阿魯台不急不緩地說：「這位中國皇帝幾年前也曾經送來同樣的詔書，我們置之不理，如今又發生同樣的事，您是成吉思汗的子孫，應該知道怎麼辦才是最好的選擇。」

本雅失里聽了，對著使者搖搖手，說道：「稱臣歸附，茲事體大，你回去向你們的皇帝說我會慢慢的考慮。」

劉帖木兒不花回朝稟報。

「慢慢考慮？」明成祖哼了一聲，「這根本是在敷衍朕。」他改派給事中郭驥與都指揮金塔卜歹在第二年一同前往，再把同樣的話說一遍。

這次的結果更慘，還沒見到本雅失里，郭驥就在半路上遇到了蒙古強盜，被搶光財產不說，還被一刀砍死。

金塔卜歹僅以身免，逃回京師，將路上的情況報告給皇帝聽。

「這筆帳自然得算在韃靼的頭上。」明成祖說道：「竟然殺我使節，罪無可恕！看來，不讓他們瞧瞧我大明朝的厲害，他們是不會害怕的。」他立即下詔，以靖難功臣淇國公丘福擔任大將軍，王聰、火眞、王忠、李遠等爲副將，率領精兵十萬遠征韃靼。

萬萬想不到，在中國時腐化到像是童子軍的蒙古人，返回漠北傳了幾代，竟又找回祖先的剽悍勇猛，太師阿魯台率領騎兵殺向明軍，丘福所謂的「精兵」，在蒙古騎兵眼中如一群綿羊，臚朐河一戰，明軍慘敗，全軍覆沒，丘福、王聰等五名主要將領全都遭到俘虜，隨即被殺。

好大喜功的明成祖在朝廷裡等著聽好消息，想不到竟然等來這樣的消息，「這還像話嗎？」明成祖也不知道該不該生氣。「先皇把那些征蒙名將都殺光了，害得如今無將可用，不過，如果他們還活著，現在大概也沒力氣騎馬了……」胡思亂想之時，突然湧現一個想法：「如今朝中唯一名將不就是朕自己嗎？看樣子，除了親征，也沒別的法子了。」

御駕親征非同小可，一宣布，惹來滿朝議論紛紛，但是他們對明成祖血腥屠殺時的樣子記憶猶新，都不敢反對，親征之事成爲定案。

除了打韃靼之外，明成祖之所以親征，也是爲了想要離開南京這個不讓他喜歡的地方，回到他所熟悉的北方去。永樂七年起，以親征爲名，明成祖的鑾駕移往北京，從那時候起，他就很少回南京，永樂十八年正式定北京爲京師，南京就只是陪都而已了。

他花了將近一年的時間調度，全國各衛所幾乎都派兵前來，集結了五十萬兵馬，才在永樂八年命令戶部尙書夏原吉輔佐太子留守北京監國，自己領軍出發。

二月十日，大軍從北京德勝門出城，一路向北，出居庸關，經懷來、宣府，直達興和。

「五十萬大軍……」本雅失里聽見這個數字，嚇得呆住了，「我們韃靼男女老幼所有的百姓加起來，只怕還不到五十萬吧？太師，你說應該怎麼辦才好？」

阿魯台說道：「看樣子那些南蠻這次要來眞的了……」向來無所畏懼的他竟也憂心忡忡，但他仍要嘴硬：「把所有兵權交給我，讓我去對付南軍。」

本雅失里雖有些柔弱，卻不是傻子，他對阿魯台的能力很信任，對阿魯台的忠心卻有所保留。這位年輕的可汗說道：「太師，全部的兵力交給你，那我豈不是要被孤單的丟在這個空蕩蕩的王庭等著南軍來抓了嗎？」

阿魯台的心事被說破，臉上兇光乍現，隨即斂了回去，「大汗怎麼如此說呢？我對大汗一向忠心不貳，這是成吉思汗的靈魂都能作證的。」

本雅失里冷冷說道：「最好如此。」

兩人之間有所齟齬已不是一天兩天的事，如今大難臨頭，終於翻臉，阿魯台離開可汗大帳之後，調集了自己所能掌握的軍隊，離開了本雅失里往東邊出發；本雅失里也率領著剩下的隊伍，向西邊前進，韃靼竟因此而分裂。

三月，明成祖率領的大軍出古北口，進入蒙古境內。他感到很詭異，沿路之上，除了蒼茫無邊際大草原上的蕭蕭風聲外，竟然一個人也沒有，就這樣漫無目的的前進了兩個月，仍是如此。

「照說早該看到敵人了，怎麼……」明成祖有些擔心，「難道後路被截斷了嗎？」

五月初，大軍來到臚朐河畔，地上還有上回激戰留下的白骨，景象蕭瑟淒涼，明成祖命人將他們好生安葬，稍事休整，準備繼續前進。

就在此時，一名士兵來報：「啓稟皇上，前面河岸邊逮住一個蒙古韃子，看樣子是從蒙古軍營裡逃出來的，請皇上發落。」

明成祖道：「帶上來。」

那俘虜算是蒙古軍營中不小的軍官，因爲不願意這樣一路逃跑，所以離開了軍營。他告知了蒙古軍的動向，並對明成祖說道：「你們儘管去追擊吧！我們是蒼狼的子民，不會懼怕你們的。」

明成祖笑了笑，吩咐人放了他，隨即下令，全軍開拔，往敵軍方向前進。

大軍疾行數日，果然在斡難河附近發現了蒙古軍隊的行蹤，追蹤數日，發現是本雅失里可汗的部隊，隨之而來的，便是一場惡戰。蒙古人的戰鬥力量實在不容小覷，即使面對五十萬大軍，仍然毫無畏懼，奮勇作戰。

不過，終究因爲兵力眾寡懸殊，蒙古兵被擊潰，本雅失里丟下大批物資，領著七名護衛騎兵逃走，這一股韃靼勢力就此瓦解。

明軍馬不停蹄繼續追擊阿魯台，六月，在一處名爲飛雲壑的地方遇上了阿魯台的騎兵隊。明成祖身著勁裝，跨上愛馬，高聲叫道：「隨我來！」領著輕騎兵殺進阿魯台的陣中。阿魯台陣形被衝散，還從馬背上摔了下來，差一點被抓住，連忙重新上馬，領軍倉皇向北逃竄，傷亡慘重。

身旁騎兵大將下令追擊，被明成祖制止。

「別再追了。」明成祖說道：「他們已經沒有能力反撲，就放他們一條生路吧！弟兄們也都疲累不堪，該班師回朝了。」

這個命令一傳下去，全軍歡聲雷動，在這極北苦寒又乾燥的地域待了快要半年，大家都不好受，能夠像這樣凱旋而歸，應該是最好的結果。

明成祖第一次親征韃靼，戰果豐碩，韃靼幾乎快要滅亡。

結果很容易想像，瓦剌成了塞北的獨強。永樂十年，受明成祖冊封爲順寧王的馬哈木偷襲本雅失里得手，殺掉了這位成吉思汗的後裔，隨即繼續向東進攻，打算將韃靼的勢力全部消滅。

「就是這樣內鬥，才會讓那些南蠻子逞兇！」阿魯台怒道：「成吉思汗的理想到哪裡去了？這些只為自己利益的傢伙可曾想過？」

罵歸罵，阿魯台很清楚自己所率領的部落已經是韃靼的最後一股力量，如果消滅，以後就什麼也不用提了。為此，他與部下商量之後，做出一個決定：向南蠻子求助。

不久，北京行宮來了幾位使者，奉上一些微薄的禮物，並且表達阿魯台的善意，「請皇上恩准，讓我們蒙古可以稱臣納貢，永遠作為大明朝的北方屏障。」

明成祖不是笨蛋，他當然瞭解阿魯台的想法，尋思：「這個阿魯台說要歸附，絕對不是他的本意，只是走投無路而已。但是，如果讓瓦剌就這樣把他滅了，將來瓦剌強大，也不好對付，不如……」想到這裡，他笑了起來，對使者說道：「回去對你的太師說，他願意歸順天朝，實乃順天應人，值得稱道，朕今日封他為和寧王，希望他能好好努力。」

這下子輪到馬哈木生氣了，他把手中的酒杯用力摔在地上，怒道：「人人都說南蠻子心思狡詐，果然如此，竟然聯合宿敵來對付我們，既然這樣，我們也不必給他們面子了。」

瓦剌與明朝決裂，停止朝貢，扣留明朝使者，還在永樂十一年底進犯明朝邊境。

「機會來了。」明成祖得知敵軍犯邊的消息，反而有幾分快意，立刻下詔，二度徵調各衛所兵馬，準備進行第二次御駕親征。

永樂十二年三月，五十萬大軍在皇帝親自率領下再次從北京出發，行軍三個月，到達忽蘭忽失溫（今蒙古國首府烏蘭巴托附近）與馬哈木的軍隊遭遇。

兩軍遙遙相對，明成祖觀察敵情，發覺馬哈木把大軍三萬多人全部屯駐在山上，於是下令讓少量騎兵到山腳下叫陣，再將精銳分為三股，左右包抄，中間決戰，馬哈木果然中計，全軍衝下山來。

「就是現在，全軍進攻！」明成祖傳下軍令。

三路兵馬將瓦剌團團包圍，準備要殲滅敵軍。

想不到，瓦剌的戰力驚人，即使戰況不利，依舊拚死作戰，雙方的死傷均很慘重，戰況僵持。

「這些人在搞什麼？」明成祖身為百戰驍將，對部下的表現不敢恭維，於是整編出一批戰力超強的鐵騎，親自率領，衝進敵陣。

明軍士氣大振，突破僵局，瓦剌潰敗。明成祖指揮將士追擊，斬殺了瓦剌貴族十餘人，士兵數千人。

馬哈木、太平等領袖率領殘部向北逃竄，明軍一路追趕，追到土拉河附近仍然追不上。

「大夥兒加把勁！」明成祖說道：「消滅敵軍，立下蓋世之功！」

「皇祖請聽我一言。」隨軍出征的皇太孫朱瞻基個性仁慈，他對全體將士連月行軍，數日苦戰所受到的身心煎熬，感到十分不忍，於是對祖父說道：「大夥兒都累了，而且，傷亡慘重，實在不應該再這樣打下去了，《孫子兵法》說『窮寇莫追』，望皇祖三思……」

明成祖瞥了孫子一眼，又看看身邊累得氣喘吁吁的將士，嘆道：「好吧，也許你說得對。」韃靼的阿魯台在明朝保護下一息尚存，經過一番休養，實力逐漸恢復。瓦剌的慘敗讓阿魯台有了報復的機會，他遣兵攻擊，奪取了原屬瓦剌的地盤，使瓦剌更為衰弱。

明成祖的策略明確，利用韃靼、瓦剌的攻伐，幫助弱小的，抵抗強大的。阿魯台一強起來，馬上就與明朝斷絕關係，明成祖也就順勢對瓦剌釋出善意，永樂十五年七月，瓦剌馬哈木去世，明成祖立即派出使者慰問，冊封馬哈木之子承襲順寧王的地位。

這樣，瓦剌又與明朝站在一邊了。韃靼不斷騷擾明朝邊境，還控制了明朝藩屬兀良哈部，永樂十九年，阿魯台率兵大舉進攻北方重鎮興和，明朝邊防軍挫敗，明成祖聞訊，乃計畫第三次親征，徹底解決韃靼的威脅。

令他想不到的是，這次北征受到最大的阻力竟是來自朝廷內部，戶部尚書夏原吉、兵部尚書方賓、刑部尚書吳中三人，不約而同的上奏勸說明成祖不宜出兵。

明成祖先將方賓找來，問道：「你在奏表中說不該北征，說說你的理由！」

方賓說道：「這幾年各地收成都不大好，御駕親征，勞師動眾，兵糧恐有不濟，願陛下打消親征念頭。」

明成祖神色有些不悅，揮手讓方賓退下，然後叫來夏原吉，問道：「適才方賓說兵糧不足，這事是你管的，你怎麼說？」

夏原吉道：「陛下前次出兵，無功而返，各衛所軍馬存糧喪失了十之八九，實在無力再度舉兵親征，請陛下停止親征，如果眞要討伐韃靼，可以派遣將領，一樣能夠完成使命。」

明成祖聽完很不高興，前兩次親征都算是成果豐碩，夏原吉竟說成無功而返，分明不給面子，「好，你說朕親征就會兵糧不足，派將領出征兵糧就會足，這分明是欺君！現在讓你去開平籌備糧草，備不妥的話，提頭來見朕！」

夏原吉出去，換了吳中進來，明成祖鐵青著臉問他北征之事，他竟不識相，仍然極言不應御駕親征，這下子把明成祖的火氣挑起來了。皇帝一生氣，很多人都要倒楣，夏原吉被抄家，又被監禁，方賓聽到消息，很害怕，自殺死了，自此以後，反對親征的議論銷聲匿跡。

永樂二十年三月，第三次親征大軍出發，打算深入韃靼腹地。

阿魯台聞訊，冷冷笑道：「南蠻子又這樣大張旗鼓的跑來攻打我們嗎？草原、沙漠都是我們的家，不管到哪裡，都是我們的地盤。」他領著部落，向北遁去。

明成祖到了韃靼王庭，什麼也沒看見，十分生氣，只好下令全軍掠奪當地牲畜，算是一點小小的戰功，然後返回。

回程途中，明成祖忽然想起兀良哈部協助韃靼的事，於是說道：「這兀良哈部也不是好東西，乾脆就把他們消滅好了！」他重組大軍陣形，兵分五路，攻向兀良哈部，斬殺了無數的兀良哈部人，又逼得剩下的百姓全部投降，這才高奏凱歌而還。

正如出發之前的廷議，御駕親征，除了勞師動眾，耗損人力物力以外，沒有什麼特別的戰果。或許明朝北方的邊防因此鞏固了，但是，不必這麼大張旗鼓的御駕親征，也能達到同樣的效果。

好大喜功的明成祖並沒有因此而停止，永樂二十一年與二十二年，連續兩次的御駕親征，阿魯台都往北方躲避，根本沒有眞正交戰，這讓身爲總帥的明成祖覺得很空虛。

「回去吧，回去吧！」他望著空蕩蕩的大草原，嘆道：「大明朝北方的外患，朕已經肅清了，接下來就要靠子孫們守成啦！」

將領都不明白，向來意氣風發的明成祖，怎會變得如此消沉。

永樂二十二年，公元一四二四年七月，大軍班師，回程經過一處名叫清水源的地方，看見路旁有一塊高達數十丈的巨石，明成祖便找來隨軍出征的大學士楊榮、金幼孜等人，對他們說：「這次朕領兵親征，你們都看到了，可以寫一篇文章，將朕的事蹟記錄在這塊大石之上，讓後世的子子孫孫永遠記得朕的親征之途。」

這時的他還保持著一顆熾熱的心，但是沒過多久，他就發覺自己身體的狀況一天比一天糟，「怎麼不加快速度呢？」他不停的催促，希望能早日返回。

「皇上，再快的馬兒也只能跑這麼快啊！」駕車的軍官回答。

「那就盡量再快一點吧！」

「快到了，快到了，皇上，您再忍一忍吧！」

七月十四日，大軍駐紮歇息。在中軍大帳裡，明成祖的神情有些疲憊，他問身旁服侍他的宦官海壽道：「還要多久才能到京師？」

海壽答道：「大概再一個月吧，小的聽說八月中旬就能看見北京城了。」

明成祖點點頭，轉身對大學士楊榮說道：「這幾年太子表現得越來越好，回京之後，朕打算把軍國大事都交給他管，自己好好的享享清福。」

楊榮躬身答應，順口說了幾句「皇上春秋鼎盛……」之類的客套話。

不料，「享享清福」這樣的說法竟成了明成祖的遺願。第二天，大軍開拔，前進至蒼崖，明成祖病況忽然加重，倒在中軍帳的臥床上，再也動不了。

疾病爆發的速度沒人想像得到，連隨行的御醫都束手無策。十六日，皇帝陷入昏迷，大軍已達榆木川（今內蒙古多倫西北），只好停止前進。十七日，明成祖忽然醒過來，簡單交代幾句，又倒回去，隨行太醫替他把脈，臉色蒼白地說道：「皇上賓天啦……」

距離發病不過兩天工夫，這位一代雄主，搶奪權位，卻奠定明朝強大基礎的皇帝，就在荒涼的大草原上，告別了他的一生。

守成令主

明成祖駕崩在北方敵境之內，這樣的消息如果傳開，就算蒙古不趁機作亂，大明朝內部也會出亂子。隨軍出征的最高官員楊榮、金幼孜和太監馬雲討論以後，決定秘不發喪，並讓內侍海壽騎著快馬先行奔向北京。

不久，各軍營之中都有命令傳達：「皇上有令，著各軍鐵匠、鑄造匠人前來中軍營帳，將有重賞。」

士兵們都是衛所軍制下的一員，有事作戰，無事各自為業，大多是農夫，也有少數工匠。他們聽說有重賞，都抱著期盼的心情前往中軍帳，太監馬雲對他們說道：「今日請各位前來，想勞煩各位鑄造一只錫棺，各種錫器已然備妥，請各位即刻動工，切莫怠慢。」

大部分的工匠都很樂意接下工作，也有少部分人嗅出氣氛不對，紛紛表示不會鑄造錫器，都被遣了回去，也沒多說什麼。

不到三日，便有一口精美的錫棺鑄造完成。

馬雲對工匠們說道：「諸位辛苦了數日，皇上深表讚許，請各位在軍營後方集合，等待領賞。」

工匠們到了軍營後面的空地，沒看見他們想像中的金銀財寶，只見一群甲士湧上前來，對著他們就是一陣猛砍，他們還不知道發生了什麼事，就成了明成祖逝世秘密的犧牲品。

北京方面，海壽花了不到十天就把將近一個月的路程趕完，北京城門口的守衛都認得這是皇上身邊的紅人，對他很禮遇，還有人問候道：「海公公不是隨軍出征了嗎？怎麼回來了啊？」

海壽勉強擠出一抹笑容，說道：「是啊，皇上讓我先回來稟報我軍大捷的好消息，他老人家想早些讓太子爺知道。」

皇太子朱高熾已是四十七歲的中年人，他生得十分肥胖，腳上還有痛風病，坐在那兒都會喘。聽完海壽的秘密稟奏，滿是肥肉的臉上似是有些哀傷，隨即對海壽說道：「父皇這也算是爲國捐軀了啊！就讓皇太孫去把兵馬帶回來吧！」

皇太孫朱瞻基和父親長得不像，生得英俊瀟灑，正值二十四歲英年。他從小就深爲明成祖所喜愛，若非大臣制止，明成祖甚至想直接傳位給他，不過也因爲這個緣故，穩住了父親朱高熾的太子地位。因此，朱瞻基從小就在父親與祖父的疼愛下長大，稱得上是天之驕子。

在悉心的培養之下，朱瞻基頗有帝王風範，他與海壽趕回榆木川，淚流滿面地上香致意，隨即接過印信，成爲大軍統帥。

次日一早，楊榮、金幼孜簇擁著皇太孫，對全軍宣布了皇帝駕崩的消息，大軍一片哀淒。原本可能因爲這個消息出現的不穩定現象也由於皇太孫處置得宜化解了。

「大行皇帝一生戎馬，讓各位弟兄隨之連年北伐，這幾年著實辛苦各位了。」朱瞻基對全體將士訓話：「此次回京，會給予各位應有的待遇，讓各位回家鄉可以好好風光風光，也順便休息休息吧。我可以向各位保證，將來不會再辛苦各位從軍作戰。」

這一番安慰的話，無疑更令軍心沉穩，將士們最不樂意的，就是明成祖每隔幾年就要勞動他們從各地趕來，光是集合在北京就已費盡千辛萬苦，然後又是千里迢迢的北伐。如今站在他們面前的皇太孫風度翩翩，很顯然有朝一日會成爲皇帝，對他們做出這樣的保證，讓他們倍感信任。

大軍返回之後解散，楊榮、金幼孜等人共同奉皇太子朱高熾繼位，改明年爲洪熙元年，立朱瞻基爲皇太子，並舉行隆重儀式，葬明成祖於北京市郊天壽山的長陵，而這位新登基的皇帝，就是歷史上的明仁宗。

肥胖的新皇帝心地十分善良，一登基就下詔減免刑罰、賦稅，與民休息，還派出御史巡察各地，考核地方吏治，重用儒臣蹇義、楊士奇、楊榮擔任要職，興建宏文閣，命翰林院學士楊溥主持，提倡文治。

可惜的是明仁宗的命不好，在位僅僅十個月就病亡，太子朱瞻基成爲新皇帝，改明年爲宣德元年，是爲明宣宗。

明宣宗年輕有活力，天資聰明，勤於爲政，很有機會創造大明朝最爲輝煌的盛世，可惜的是，一場類似於靖難的宗室叛亂，使繼續向前推進的動力減弱，只能維持在明成祖時代的局面。

明宣宗的叔父，明仁宗的弟弟漢王朱高煦早在冊封太子時就已經毫不保留的表達自己的不滿，「那個胖子當太子，而我竟只能落個漢王當，而且還要被發配到雲南那個蠻荒之地？」

他不就國，明成祖也不強迫他。的確，與朱高熾比起來，朱高煦的確出色太多，不論長相、頭腦、勇猛程度及心思都遠勝太子，靖難之役時曾經立下輝煌的戰功，甚至救過父親的性命。明成祖本來有點想立他爲太子，是看在皇太孫的份上，才沒這樣決定。

可是從那時候起，朱高煦就經常以李世民自居，處心積慮要奪皇帝寶座，野心的熾烈連明成祖都看得出來，因此後來找個理由把朱高煦徙封於樂安（今山東廣饒縣），並對太子說道：「樂安離北京不遠，如果將來有一天他造反了，你可以就近擒拿之。」

朱高熾還是一副好好先生的模樣，「不會的，不會的！」

明成祖的死訊一傳開，朱高煦的動作便明顯了起來，他讓兒子就近在北京偵察大內情勢，自己也不斷從樂安派出密探，隨時掌握動向。

這些舉動都在楊榮等人的預料之中，當初之所以密不發喪，也是這個緣故。既然有了提防，朱高煦想要下手，就沒有那麼容易。

令他們料不到的是明仁宗的早亡，十個月內連續兩次國喪，北京的局勢自然有些動盪。還是太子的明宣宗當時人在南京，北上奔喪，途中還遇上了朱高煦派來的刺客，幸虧他冷靜沉著，沒有讓刺客得手。

宣德元年，公元一四二六年七月，漢王朱高煦正式起兵謀反，他將兵馬分成五軍，讓四個兒子各監一軍，自己率領中軍，然後派遣心腹枚青偷偷入京，聯絡當年在靖難之時曾有交情的老臣英國公張輔，希望他能在京師之中當個內應。

張輔細細聽完枚青轉達朱高煦的話，點了點頭，沉聲說道：「來人哪，拿下！」

枚青被逮捕，張輔命人押著他去見皇帝，對皇帝說道：「啓稟皇上，漢王謀反，罪證確鑿，請皇上定奪。」

年輕的明宣宗命人將枚青押下去，對張輔說道：「先前樂安御史李濬也曾向朕告密，但是，漢王畢竟是朕的叔父，教朕怎麼忍心發兵攻伐呢？朕已派遣中官侯泰前往宣慰，相信馬上便有好結果。」

數日之後，侯泰回來了，明宣宗問他情況，他卻回答得支支吾吾：「這個漢王，派頭自然是很大的，小的費盡一番唇舌請他看在叔姪之情的份上，不要那麼想不開……」

明宣宗皺眉說道：「好，你下去吧！」他把隨行的錦衣衛留下，直接問他：「漢王是不是眞的要叛了？」

那錦衣衛官員直說道：「侯公公捧著聖旨，漢王高坐不接，還破口大罵，著實把侯公公羞辱了一頓，也羞辱了皇上，他已經致書各地王公大臣，數說朝廷不是，我看，他是非出兵不可了……」

「眞的嗎？」明宣宗神色黯然，找來楊榮、夏原吉等人前來討論對策，「漢王也想學皇祖那樣來一場靖難了。你們說，該當如何？」

楊榮想也不想便道：「靖難之役乃是討伐無道，漢王之叛只是野心使然，不宜相提並論。不過，如果要避免事態擴大，最好的辦法就是請皇上御駕親征。」

明宣宗從小就跟著明成祖東奔西跑，對於行伍之事瞭如指掌，楊榮這樣的建議有他的道理有他的道理。問夏原吉，得到的答案相同。

「你們說的不錯，撇開叔姪血親不談，討伐叛亂，兵貴神速，如果只命將領出征，只怕不濟。」明宣宗道：「就由朕親自披掛上陣，了結漢王的野心吧！」

八月十日，親征大軍出發，只花十天工夫便抵達樂安城下。

朱高煦以爲是將領率軍前來，站在城頭瞭望帥旗，才發現是皇帝親自率領，心中一緊，忖道：「朝廷裡的將領我沒有一個放在眼裡，但是這個皇帝帶兵打仗可有一套，我一定要小心應戰。」

他正打算命令各軍出城迎戰，忽然聽見一聲轟隆巨響，城樓屋頂竟然掀掉一大塊，原來皇帝調用大砲轟城，砲聲連連，震耳欲聾。他的幾個兒子養尊處優慣了，哪見過這陣仗？不聽父親的話，躲在城裡不敢出城迎戰。

朝廷的軍隊多，兵器優良，樂安城並不大，被轟了幾十砲，幾乎就要崩潰，城中人心惶惶。這時，砲聲停止，從城外射入一箭，箭上綁著一封信，朱高煦命人唸來聽，那竟是皇帝的親筆信，信中句句入情入理，分析福禍，勸說朱高煦趕緊投降。

朱高煦野心雖大，卻有自知之明，知道以目前的狀況根本沒有獲勝的可能，打算要投降，卻又有些不甘心，遲疑許久沒有決定。

又射來一箭，箭上綁的仍是皇帝的信。「朕與王本為至親，王若投降，當恩禮如故，不然，一戰之後，恐有人以王為奇貨，縛以來獻，到時候王的面子掛不住，後悔就來不及了。」

朱高煦讀完這封信，看了看身邊的臣子，總覺得他們每個人都虎視眈眈，一害怕，抱著一絲活命希望，就在次日出城投降。

這場漢王之叛，從宣布起兵算起總共才兩個月，實際作戰僅僅一天就被平定，沒有發展成靖難之役的再版，算是明宣宗處理得宜的結果。

明朝刑法之殘酷又再度顯現出來，雖說明宣宗曾經保證「恩禮如故」，但是朱高煦身邊六百多人全都遭到處死。朱高煦與他的幾個兒子被抓到北京，囚禁在紫禁城西華門內的一角，蓋了一座名為「逍遙城」的居所，其實是監獄。

囚禁了四年之後，有一天明宣宗前往探視，朱高煦心中憤恨，竟然對皇帝拳腳相向，幸虧皇帝武藝頗高，閃開了致命的攻擊，只被絆倒在地。

明宣宗打了個滾轉開，站起身來，一旁的大內高手早已將朱高煦制伏。明宣宗很生氣，命令大力士抬出一只三百斤重的銅缸壓在朱高煦身上，那朱高煦也眞孔武有力，一使力竟將銅缸頂了起來。

「黃口小兒，讓你見識見識什麼才叫作眞功夫！」朱高煦高聲叫道。

「眞功夫？想當皇帝，這就算眞功夫？」明宣宗已經三十歲了，還被叫成黃口小兒，再加上剛剛摔的那一跤所受到的羞辱，心中怒火更盛，「來人哪！在銅缸裡面點火，讓人看看什麼是眞功夫！」

銅缸遇火，越燒越紅，朱高煦就這樣被活活烙死。

隨著這一齣骨肉悲劇的落幕，明朝的政治也更趨穩固。明宣宗在位十年，這十年之間算是明朝的治世，在幾位舊臣的輔佐之下，明宣宗勤於政事，使一切都在父祖建立起來的基礎上流暢的運作。

楊士奇、楊榮、楊溥號稱「三楊」，都是明成祖時代的翰林院大學士出身，明宣宗即位之後成爲主要內閣成員，其中楊士奇廉潔勤奮，胸懷開闊；楊榮敢作敢爲，深諳邊防之道；楊溥大公無私，遇到事情總能以最公平的方式處理。

他們從很久以前就得到皇帝的信任，總能將政事處理得井井有條，無形之間，明朝內閣的權力漸漸提高。

明太祖廢除了丞相，以大學士當作諮詢官，身分如同秘書，只不過是個五品官。可是三楊之中，楊士奇官至兵部尙書，加少保頭銜；楊榮官至工部尙書，加少傅頭銜；楊溥則爲太常少卿，尙書是二品官，少傅、少保頭銜則是一品官。他們頂著這樣的位階，卻大多在內閣辦公，名義上沒有違背明太祖「大學士不得過五品」的規定，實際上卻都已經是一品大官了。

從「三楊」以後，凡是輔政大學士，經常都比照這種方式加上尚書與三孤（少師、少傅、少保）的頭銜。楊士奇還創下一個先例，他會在奏章旁邊以一張小紙條書寫裁奪意見與處理方式，再一併進呈給皇帝決定，皇帝看了，通常會批一個「如擬」，然後交辦實施，這就是「票擬」或「條旨」制度的形成。

殿閣大學士有榮銜之尊，又有票擬之權，雖無宰相之名，卻有宰相之實，明宣宗以後接連出現了許多不愛管事的皇帝，甚至連「如擬」這兩個字都懶得寫，大學士其實就等於宰相，肩負起定奪國事之責，這是明太祖廢除丞相制度之後的特殊現象。

第二章：明朝的怠惰與腐敗

大明帝國的皇帝，手中掌握著有史以來最高的權力，偏偏從中葉以後，連續出現多位荒誕不經的皇帝，不愛管事，只愛遊樂，權力都被宦官們玩弄，歷史上幾個赫赫有名的弄權宦官都在這段時間內出現，國家政治墜入難以挽回的深淵。

內憂、外患在此時期尚未成為劇烈的打擊，卻在悄悄地累積著它的能量，龐大的帝國如同根基不穩固的豪宅，只要重心稍有偏移，莊嚴雄偉的大廈就會瞬間化為一堆瓦礫。漸漸步入中年的大明帝國，就在迎接毀滅之前，享受著它的壯闊與華麗。

土木堡

宣德八年，公元一四七七年六月下旬一個悶熱的下午，劉家港的天色灰濛濛，出海航行了三年多的鄭和寶船隊，一艘艘井然有序地緩緩駛進港口，靠向碼頭。

這時，垂垂老矣的鄭和還不知道這已是他最後一次航行，他滿懷期望地整理幾年來外出宣揚德威的成果，帶著副使王景弘以及主要隨從兼程北上，七月初六抵達京師晉見明宣宗。

此次航行的動機單純，明宣宗在宣德五年時赫然發現四周番邦前來朝貢的人數竟連永樂年間的三分之一都不到，覺得有些失落，下詔重新修整數年未曾啓航的寶船，命令鄭和再下西洋。

「宣揚國威，重現萬邦來朝的盛況。」出航的理由就是這麼簡單。

三年間，鄭和憑著自己在東南亞累積的聲望，順利的經營各地，航程遠達東非國度，「教化」的目的到底有無達成，不得而知，但的確讓各地居民都感受到大明帝國的進步與強盛，回朝之後，他迫不及待的把所見所聞告訴英明有爲的皇帝。

想不到明宣宗的回答竟是：「辛苦了，你可以退下了。寶船航行雖能讓我朝德威遠播，卻耗資甚鉅，浪費公帑，應該要停止，這是朝中大臣一致的決議。」

鄭和十分傷心，「停開寶船，表示我朝放棄海外經略，這可不是我朝之福啊！」他離開京師時，這樣對身邊隨行的官員說道。幾年後，鄭和去世，享年六十五歲。

從此以後，中國再也沒有如此宏大的遠洋航行事業，封閉的內陸國家需要面對的是叢生的內部問題，而非寶船航行的虛榮。

鄭和逝世，寶船也在船塢之中慢慢腐朽，大明帝國眾多的人口仍在這片廣大的疆土上平靜地生活，沒有任何改變。

勤於政事，努力維持帝國興盛的守成令主明宣宗，只活了三十七歲便因病逝世。當時，皇太子朱祁鎮年僅九歲，仍順利即位，並宣布改下一年爲正統元年。

宣宗病逝之前，遺詔由太皇太后張氏處理重要國政，以防止因爲皇帝年幼所可能帶來的政治危機。

張氏爲仁宗皇帝的妻子，日後被稱爲誠孝皇后，她年輕的時候，精明幹練，據說「中外政事無不知曉」，協助那時候還是皇太子的仁宗處理事務，深得明成祖的喜愛，仁宗即位，隨即冊封爲皇后，仁宗一死，她就成了皇太后，如今，連她的兒子也去世了，實際上年齡也沒有老到哪裡去的她，已成爲新皇帝的祖母，被尊奉爲太皇太后。

在張氏的主政以及「三楊」的輔佐之下，將來被稱爲明英宗的小皇帝即位初期，仍能維持著宣德年間「海內富庶、朝野清晏」的太平盛世景象。

然而，這一切美好的景象，都隨著明英宗長大親政重用宦官王振，逐漸趨向破滅的邊緣。

王振出身自一個普通的農民家庭，年輕的時候讀過書，考了科舉卻沒考上，以儒士的身分成爲鄉學之中的教官，明仁宗年間因爲犯了罪，即將被判充軍，正好遇上皇帝下詔「有子者許淨身入內」，一咬牙，把自己給閹了，進入皇宮成爲眾多宦官的一員。

宮裡的人見王振讀過書，讓他教導宮人識字，宮人們很佩服他的學問，稱他爲「王先生」，連明宣宗都聽說他的名號，召見他不少次，對他十分滿意，命他侍奉皇太子，也就是日後的明英宗。

在小太子前面，王振的表現確實忠心耿耿，而且經常擺出一副老師的模樣諄諄教誨，令太子對他十分敬畏。太子成了皇帝，不敢虧待老師，拔擢他成爲宦官之中地位最高的司禮太監，王振的權位也就一天天累積起來。

有一次，年幼的明英宗和小宦官們在東宮庭院之中玩球，王振來了，小宦官一鬨而散，明英宗也不敢繼續玩樂，第二天，王振在大臣面前跪奏道：「從前的皇帝，喜歡玩球，玩到幾乎把天下喪失，如今陛下竟然會有這種嗜好，這怎能安穩國家社稷呢？」

忠言逆耳，尤其在明朝，皇帝的權力就是天下運行的準則，膽敢直言極諫的忠臣少之又少，張輔、「三楊」等顧命大臣那時都在場，聽了王振的話，對望了幾眼，紛紛嘆道：「想不到宦官之中，竟然有這樣的忠臣！」

從此，王振得到顧命大臣的信任，每當他前往內閣傳旨，楊士奇等人都會親切地招呼他，甚至讓座給他。

太皇太后對王振很不信任，她牢記著祖宗家法：「宦官不得干政」，對於王振經常介入政事很看不慣，有一次趁著全體閣員集會之時，對英宗說道：「英國公張輔，大學士楊士奇、楊榮、楊溥與尚書胡濙等五人，乃先帝簡選遺留給皇帝，以後遇到國家大事，一定要和他們商量，得到他們的同意才可以實行。」

明英宗唯唯諾諾地答應了一聲：「是。」

太皇太后又道：「宣王振進來！」

王振仍是一副戒慎恐懼的模樣，跪在地上候旨。

太皇太后把臉一沉，說道：「你伺候皇帝，沒有盡責，還經常在大學士前面說三道四，留你何用？賜你一死，算是便宜了你！」

語畢幾名宮女手持利刃上前，架在王振脖子上。

在場眾人無不驚駭萬分，明英宗第一個跪下說道：「王先生照料孫兒起居，盡心盡力，如有不律，那是孫兒自己不爭氣，求皇祖母饒了他吧！」

顧命大臣也跪了下去。楊士奇說道：「請太皇太后開恩，太監王振並無失職，且秉性忠良，若無故賜死，恐宮人不服……」

張輔也說道：「是啊！王振讀過書，我們幾個老臣有時不明白的難免問他一下，並無違背太祖皇帝家法啊，太皇太后請三思……」

太皇太后看著簌簌發抖的王振，冷冷說道：「好，你們都替他求情，哀家也不好一意孤行。如今皇帝年幼，哀家就是擔心這種閹人爲禍家國！」轉向王振道：「看在皇帝與眾大臣的請託上，饒你不死，但是從今以後不得干預國事！」

對王振來說，太皇太后就像專剋他這隻老鼠的貓，發生這件事，他在太皇太后面前更加地謹慎小心，從不說錯一句話，時間久了，太皇太后對他也放鬆了警戒，甚至偶爾也會採納他的意見。

太皇太后晚年身體狀況不佳，不再視事，王振暗中培植的力量在此時浮上檯面。皇帝敬他怕他，顧命大臣都信任他，宮人都佩服他，他還有什麼値得顧忌的？

正統六年，公元一四四一年十月，紫禁城三大殿奉天、華蓋、謹身殿落成，明英宗大宴文武百官，這種場合，依例是不得讓宦官出席的，明英宗想到了王振，怕他不高興，派人去慰問慰問王振，只聽見王振在那裡大發雷霆之怒，說道：「我伺候皇上，就像周公輔佐成王，如今我卻連個座位都沒有？」

明英宗聽了這話，連忙讓人邀請王振參加宴會，還教人打開大殿正門，恭恭敬敬地迎接他，王振一到場，在座百官紛紛起身迎接，王振如同君王臨朝，接受眾官的問候，得意之情溢於言表。

第二年，太皇太后逝世，又過幾年，楊士奇、楊溥等老臣相繼去世，王振更加肆無忌憚。明太祖當年在後宮中立了一塊碑，寫著「內臣不得干預政事」，王振命人將它剷平，從此明目張膽地廣植私黨，安排家人擔任錦衣衛要職，凡是觸犯他的官員，就利用錦衣衛與東廠的力量，羅織罪狀，輕則杖責貶官，重則充軍斬首。

到後來，朝中善類要不就是被逐，要不就是默不作聲，剩下的都是一些趨炎附勢之徒，抱著王振的大腿作爲飛黃騰達的跳板。國家大事幾乎全由這個太監來決定。

王振專權，憑藉的是明英宗對他的信任。皇帝的權力在當時還是很鞏固的，如果皇帝夠聰明，看見自己的僕人這麼跋扈囂張，應該會想辦法處置才是，偏偏很諷刺的以「英宗」爲廟號的這位皇帝不是這塊料，一點也不英明，反而胡塗得很，把王振的所作所爲都看成好事，一再向他表示嘉勉與信任，不只一次頒布詔書公開表揚，還賞賜他許多白銀珠寶，顯示自己對於一位「忠臣」的感念。

皇帝的賞賜並沒有讓王振的財富增加多少，不是賞賜不夠，而是王振太有錢了，他利用自己的權勢豪奪官府公帑，搜刮民間財富，購置田產，又在京城內外修造了好幾處大宅院，也許沒有紫禁城氣派，卻比三大殿還要華麗。

「我是個殘缺之人……」王振說著大部分宦官的心聲：「已經沒什麼好寄望的，只希望能多置些產業，安享晚年，也讓自己家人沾沾光。」

不過王振似乎眞的有意想要好好輔佐明英宗，使他成爲一個文攻武略的令主，正統初年，雲南緬甸邊境的麓川宣慰使思任發叛變，與明朝邊境駐軍不斷爆發衝突，拖延多年都無結果，在王振的慫恿下，明英宗派遣了數十萬大軍征討，終於將叛亂平定。

其實，這場叛亂是可以用更簡單的方式解決的，偏偏王振不肯用安撫的方法，非要用大軍壓境，雖說的確提升了明朝對西南邊境的控制，但是耗資極鉅，得不償失，而且，因爲此次的勝利，竟然引起了王振和明英宗好大喜功的心理，認爲凡事都應該用軍事力量解決，才是上國天威。

「我朝海內晏然，廣土眾民，府庫充實。」王振對明英宗說道：「願陛下以太宗皇帝爲榜樣，威震四海，統御萬邦！」
明英宗還很年輕，聽了這樣的話，不由得飄飄然，覺得自己或許眞的有機會成爲明成祖那樣的一代雄主。
過了幾年，機會來了。正統十四年，公元一四四二年中，瓦剌太師也先輔佐脫脫不花可汗與明朝決裂，七月間，大舉分道入侵，脫脫不花率領兀良哈部進攻遼東，也先率領主力進攻大同，大同守將西寧侯宋瑛、武進伯朱冕相繼陣亡，北方局面危急。
原來當年明成祖酬庸兀良哈部在靖難之役中的協助，將大寧府送給兀良哈部居住，這麼一來，讓明朝北方邊界的完整性有了缺陷，兀良哈畢竟是蒙古部族，不可能永遠聽明朝的，等到韃靼、瓦剌崛起，兀良哈又投靠他們去了，這樣使得大寧成爲洞開的門戶，蒙古人只要起兵，不用幾天，就會打到北京城下。
明成祖五次親征，雖說沉重地打擊了蒙古人的力量，畢竟沒有將他們消滅，經過數十年的休養，韃靼、瓦剌的實力恢復，又成爲明朝北方的邊患。
蒙古人似乎已經從過去成吉思汗的光榮美夢之中醒過來，體認到自己早已不是明朝的對手，因此採用邊疆小國經常使用的方式對明朝採取兩手策略，一方面接受明朝冊封與賞賜，一方面又不時騷擾邊境，搶奪財物。
明朝政府爲了展現豁達的氣度，賞賜通常很豐富，譴責往往很輕微，讓蒙古人的需索更加無度。正統十四年二月，也先派了兩千名使者來到北京，詐稱有三千人，要求賞賜。

王振負責接待，他很精明，看了看使者人數，對禮部官員說道：「照實際人數賞賜！國庫裡哪來那麼多錢給這些蠻夷啊！」

也先使者們領到的數字大約只有原先的五分之一，當他們返回北方稟報之後，也先大怒道：「錢糧數字早有定制，現在竟然毫無理由就把數量減去一大半，這是瞧不起我們的英勇騎兵嗎？」

於是，他便以明朝政府失信為理由，大舉發兵南侵。

大同戰況失利的情報不斷傳來北京，明英宗和王振非但不擔心，反而有點高興。王振對明英宗說道：「陛下，是時候了，該效法太宗皇帝御駕親征的精神，給那些蒙古韃子一點顏色瞧瞧。」

明英宗點點頭，公開宣布將要御駕親征的消息，而大軍出發的時間赫然預定在兩天之後。

文武百官們都被這道詔書嚇傻了，皇帝親征必須有充足的準備與審慎的規劃才能凸顯意義，今天說要親征，後天就要出發，就算明成祖再世，也不可能有這麼宏大的「氣魄」。

兵部尚書鄺埜第一個跳出來反對，他上奏道：「六軍乃京城拱衛，皇上為天下之主，應該要力求安穩固守，不得輕易出征。」

兵部侍郎于謙也上奏：「國家社稷要靠皇上來維持，京城安危要靠六軍來鎮守，御駕親征茲事體大，請皇上三思而後行。」

吏部尚書王直說道：「眼前正值水草不豐之時，士兵馬匹的糧草也都不足，如此輕易出征，只怕不是明智的決定。」

明英宗根本聽不進去，他滿懷信心，自己一定可以像曾祖父那樣立下萬世功業，他下詔讓異母弟郕王朱祁鈺留守京師監國，太監金英輔佐，侍郎于謙代理兵部職務，至於親征大軍則以王振決斷大小事務，英國公張輔、兵部尚書鄺埜、戶部尚書王佐、內閣大學士曹鼐、張益等等眾多文武官員隨行。

七月十六日，大軍五十萬人集結完畢，由明英宗及王振共同率領，從北京出發，兩天之後出居庸關，抵達宣府。

鄺埜是個文官，在行軍之時從馬背上跌了下來，傷勢沉重，卻還得要忍耐著隨行，大軍毫無心理準備，士兵們惶惶不安，再加上從出發那天起就碰上連日大雨，很多人都生了病，苦不堪言。

王佐、鄺埜不止一次請求回師，他們對王振說道：「王公公，這樣的天氣實在不是作戰的時機，士兵們又累又病，遇上蒙古騎兵，恐怕不是對手……請您行行好，讓將士們回去吧！」

王振勃然大怒，說道：「大軍勝利在即，你們身爲國家重臣，居然敢說這種話？來人哪！」他叫來兩名士兵，「把他們兩個押下去，教他們跪在軍營外面好好反省，等他們想清楚再放了他們。」

二十八日，大軍來到大同東北方的陽和（今山西高陽縣），那裡是西寧侯宋瑛、武進伯朱冕的邊境守軍與也先發生激戰的地方，如今屍橫遍野，慘不忍睹，軍士們見狀，不寒而慄。

也先深知用兵之道，他故意領軍往北邊撤退，引明軍北上。

王振果然中計，他說道：「誰說御駕親征沒用？你們看，韃子害怕得逃了，現在不乘勝追擊，更待何時？」

隨從官員紛紛上奏請求班師，王振就是不聽，直到他的同黨太監郭敬把大同方面慘敗的景況告訴他，還說道：「如果繼續讓大軍前進，只怕會中了也先的計謀。」

王振這才感到恐懼，答應回師。

八月二日，大軍再度開拔。依照原定計畫應從紫荊關方向撤退，王振卻對明英宗說道：「我們從蔚州回師吧！」

山西蔚州是王振的家鄉，他想讓皇帝親臨當地，也好顯顯自己的威風，可是大軍走了四十多里，王振又突然改變決定，轉向東方，南下宣府順原路返回，那是因為他突然想起如今正是農作即將成熟之時，五十萬人的大軍經過家鄉，恐怕會損壞田園莊稼。

親征大軍就因為王振個人的喜惡，行進方向舉棋不定。

也先在北方聽說明軍撤回，連忙發兵追趕，追上了明軍的尾端加以襲擊，使明軍頗有損失。

十三日，明英宗本陣來到土木堡（今河北懷來縣東），那是一處高地，並無水源，但是離懷來城只有二十多里，隨軍官員都勸說應該進城防守。王振卻又私心作祟，因爲他自己的錙重車輛還沒趕上，不願意進城，遂下令就地駐紮。

也先聽說了明軍的佈陣，忍不住嗤笑一聲，說道：「駐紮在那樣的地方，簡直是自已把自己送進地獄裡！」他立刻下令佔據土木堡南方十五里處的水源，將明軍困在荒地之中。

明軍沒有水喝，想要挖井，挖了兩丈深還是一滴水也沒有，王振慌了，「沒糧草，還能撐個幾天；沒水喝，一天也撐不下去啊！」

明英宗囁嚅道：「依朕看，還是派人前去求和吧……」

王振思索半晌，決定把責任推給明英宗，「既然陛下如此決定，小的就聽命行事了。」

使者來到也先陣營，說明來意，也先聽了，點點頭，很乾脆地說道：「我也不是殘忍的人，既然你們願意和平，我可以答應你們的要求。」

他領著軍隊退了好幾里，讓出水源地。

王振對於也先的退兵毫不懷疑，急忙命令全軍前往水源地取水。渴了好幾天的士兵聽說有水可喝，還管得了什麼紀律？一擁而上，搶著要喝水，隊伍凌亂不堪。

也先遠遠望著，臉上露出殘酷的笑意，「這樣的軍隊，還敢妄稱自己是天朝上國？」一揮手，所部騎兵全力進攻，衝進那群搶水喝的士兵，揮舞著大刀猛砍，如同切瓜割稻一般。

「怎麼……怎麼……不是說好了退兵的嗎？」王振驚恐萬分，身旁護衛將軍樊忠沒好氣地回答：「兵不厭詐，也先並沒有做錯。」

這簡直是單方面的屠殺，明軍毫無戰意，前方軍隊搶到了水，卻丟了命，後方軍隊口渴想喝水，沒看見殺氣騰騰的瓦剌軍，等到同伴們一個個身首分離，驚覺事態嚴重，轉頭逃亡，更後面的友軍還不知道怎麼回事，被自己人撞倒在地，踐踏而死……

轉眼之間，到處都是明軍的屍體，英國公張輔、兵部尙書鄺埜、戶部尙書王佐、大學士曹鼐、張益、侍郎丁銘、王永和等五十多名朝廷重臣，都在混亂之中被殺死。

明英宗跳上馬背想要突圍，卻被敵軍和友軍團團圍住，根本無路可逃，他倒挺有骨氣，下馬面向南方，靜靜地坐著等死，一名瓦剌士兵看見那裡坐了一個人，想要上前搶他的盔甲，發覺此人裝扮與眾不同，稟報了自己隊上的長官，簇擁著將明英宗押往也先大營，堂堂大明帝國的皇帝就這麼成了階下囚。

王振還不知道皇帝遭到俘虜，事實上他根本不想知道，只顧著自己逃命，正想偷偷換裝溜走之時，被樊忠給攔了下來，「上哪兒去啊？王公公！」

「這……我自然要去皇上身邊……」王振的謊撒得不大自然。

樊忠抽出一只大鐵鎚，對著王振的腦袋重重砸下去，砸得那老太監當場頭骨破裂、腦漿四溢，樊忠一面砸，一面還咬牙切齒地說道：「為了天下蒼生，我今日手刃你這奸賊！」

這場「土木堡之變」，參戰明軍五十萬人，死傷超過三十萬，器械錙重全被也先所得，重臣大都罹難，連皇帝都被俘虜，這不但是明朝開國以來未有的慘敗，也是歷史上少有的巨變。

奪門

土木堡失敗，英宗被俘的消息傳到北京，全城百官驚恐萬分，他們聚集在宮廷之中嚎啕大哭，「京師留守士卒不到十萬，又都是老弱殘兵，怎麼能夠抵擋蒙古人啊？」

「乾脆南遷吧！」有人這麼說道：「太祖皇帝不是定都南京嗎？回南京，至少還能穩住半壁江山……」

兵部侍郎于謙厲聲說道：「說這種話的人都該斬首！京師乃是國之根本，一有動搖則大勢去矣，你們難道不知道宋室南渡之後的結果嗎？」他對時年二十二歲的郕王朱祁鈺說道：「請速召勤王之兵，誓死守衛京師！」

人人都已六神無主，只有于謙臨危不亂，大家自然而然都聽他的，翰林院學士陳循等人紛紛附和于謙的主張，他們共同請求明英宗之母孫太后出來主持大局，孫太后沒什麼主見，便問計於聰明伶俐的太監李永昌。「是不是遷都南京比較安全？」

李永昌激切地說道：「先皇陵寢在北京，倉廩府庫也都在北京，絕對不能遷都！」

三天後，百官入朝，請求郕王攝政，他們咬牙切齒地說道：「會有今天，都是王振那個奸賊所害，請攝政王重罰，以謝天下！」

郕王攝政之後的第一道命令，就是把王振一家滿門抄斬，抄出來的家產琳瑯滿目，光是金銀便有六十多個庫房。有了這筆錢，辦起事來方便許多，郕王又命于謙爲兵部尚書，總理軍事。在于謙主導下整備器械、徵調士兵、收取糧餉，暫時安穩了北京城。

雖說如此，瓦剌威脅仍在，于謙說道：「國不可一日無君，皇上遭到敵寇所擄，也先一定會用皇上來要脅，我們若是投鼠忌器，只會讓社稷就此淪喪而已，唯今之計，必須要想個從權的辦法了。」

所有的人都知道「從權」是什麼意思，第二天，文武百官在于謙領銜下，聯名上書，請求郕王正位登基。就在這年九月六日，郕王稱帝，宣布改明年爲景泰元年，遙尊階下囚明英宗爲太上皇，這個新登基的皇帝，史書上稱之爲景帝。

有了新皇帝，局面大體安定，傳詔邊境，嚴密防守。

十月，也先挾持明英宗進攻大同，來到城下，派人對城樓之上大喊：「奉皇上聖旨，快快打開城門，迎接蒙古大軍。」

守將郭登說道：「蒼天佑我社稷，國家已有君主，現正坐鎮京師。」

大同防備嚴密，也先只好轉往東南方，從紫荊關進犯北京城。

京師官兵經過于謙等人連月來的努力，號召二十萬勤王之師，蒙古大軍來襲，于謙指揮將領石亨、孫鏜、王通等人，拚死抵抗。

「傳令下去。」于謙說道：「有盔甲的軍士，不敢出城者，斬！將領不顧軍隊，先退卻者，斬將領；軍隊不顧將領先退者，後隊可斬前隊！」

軍隊出城部署完成之後，于謙說道：「將北京九門全部關上，如果戰敗了，誰也不用回去。」破釜沉舟，背水一戰的決心，表現無遺。

兩軍交鋒，激戰了五個晝夜，瓦剌軍無法擊敗明軍，蒙古兵少，死傷慘重，南方明朝援軍源源不絕趕來，也先見狀，知道長期打下去對自己不利，挾持明英宗要脅朝廷的目的又無法達成，只好順著原路從紫荊關退回北方。

京師危機解除，于謙立下捍衛社稷的大功勞，朝中群臣對他感念萬分，景帝特別封他為少保，封石亨為武清侯，以資獎勵。

板蕩識忠臣，亂世出英雄，若不是因為土木堡這樣的巨變，于謙也許只能平淡過一生。他在永樂十九年就考上進士，宣德年間當上了兵部侍郎，在這個位子上一坐就是十五年，沒有出什麼差錯，也沒有多大建樹，除了為官清廉，為人正直外，並沒有特別出色的表現，在侍郎的位置上繼續多坐十年，應該能夠成為尚書之類的高官，並以此告老還鄉。

然而，國家社稷面臨危急存亡之秋，于謙亂世英雄的本質便有了表現的舞台，若不是因為有他，也許歷史上的明朝，就這樣被瓦剌消滅了也說不定。

對于謙個人而言，這是一種機緣，卻也是一場悲劇。

在與瓦剌交戰的過程中，于謙看出明朝軍隊存在的弊病，銳意改革，使京師附近的軍隊素質大為提昇，戰鬥力增強，這是能夠順利擊退也先的原因。

也先與可汗脫脫不花的關係並不友善，當脫脫不花在東北地區聞聽也先作戰無法取勝，便自行引兵撤退，剩下也先單獨與明朝政府作戰。也先知道自己作戰若是不能取得成果，未來的政治地位將大受影響，因此打算繼續攻擊。

土木堡之變中投降的太監喜寧向也先獻策道：「太師可從寧夏進兵，奪取馬匹糧草，然後繞過北京，直趨江南，讓皇上居於南京，與北京對抗，形成中分天下的局勢。」

喜寧大約讀過一點史書，對於地理位置的分析尚稱正確，但是這麼龐大的戰略絕對不可能靠著孤軍深入達成，也先求勝心切，竟然沒想到這一層，依計行事，派出三萬大軍攻打寧夏，又分兵進攻大同，打算先搶下一個據點。

大同守將郭登與蒙古作戰並不陌生，他身先士卒，奮勇抵抗，大敗瓦剌軍，讓明朝將兵士氣大振，也先派往寧夏的三萬大軍也多次被當地軍民擊退，戰略根本無法實現。

至此，也先終於改變態度，他嘆道：「抓著這個太上皇一點用處也沒有，反而和明人結下樑子，實在划不來……」他決定交還太上皇，派了五名使者前往北京，與明朝展開和談。

這個決定等於丟給了明朝一個難題，當今皇上是景帝，如果明英宗被放回來，該如何給他適當的位置？

景帝一直沒有明白表態，但是可以看出他的心情很矛盾，他當然希望能與瓦剌講和，但是迎接明英宗歸來必定會影響到他的地位，偏偏他又不能直說，明英宗是他的哥哥，於情於理，都不該讓明英宗流落異邦。

于謙的想法也相類似，景帝是他領銜擁戴的，在明英宗眼裡，他維持社稷的功勞成了背棄主軍的叛逆行爲，讓他情何以堪？

其餘的臣子大多表示應將太上皇迎回，吏部尚書王直尤其力主：「上皇蒙塵，理應迎復，請皇上下詔，派遣使者，以大禮迎接，以免將來後悔。」

景帝聽到這裡，有點不大高興了，他說道：「當初我又不想坐這個位子，是你們硬逼著我當皇帝，現在搞成這樣，多難下台啊？」

于謙在一旁委婉說道：「大位既已決定，誰還敢有別的意見？皇上請勿煩擾，這些事就交給官員們辦理吧！」

景帝揮揮手道：「好吧，聽你的，聽你的！」

明英宗歸國，景帝與他演了一齣戲，兩兄弟抱在一起嚎啕大哭，文武百官也在一旁落淚。景帝說道：「皇兄，國家危難，我接此位，只不過是權宜之計，如今皇兄既已歸國，此位便應當歸還才是……」

「不可，不可！」明英宗搖頭說道：「為兄的治國無方，聽信小人讒言，致使喪兵辱國，實已不堪此任，還是由皇上繼續治國，方為我朝之福……」

兩人又推讓一番，最後決定仍由景帝在位，明英宗成為太上皇，居住南宮（今北京市南池子）。

禮讓僅止於此，沒過多久，雙方之間的摩擦便生，朝中大臣無形之間分為兩派，各自支持不同的君主，勾心鬥角，于謙雖然繼續盡力為國，仍感到無比頭痛。

明英宗在南宮之中，名義上是太上皇，實際上是遭到軟禁，景帝派人專門守備，不准太上皇離開，也不准朝臣晉見。即使如此，景帝還是不放心，尤其當他想起太子問題，就會愁容滿面。

在景帝即位之前，皇太子已經冊立了，那是明英宗的長子朱見深。「皇太子是他的兒子，將來太子成為皇帝，朕該如何自處？」景帝憂心忡忡，卻不大敢把這個問題拿出來討論。

侍候景帝的太監王誠、舒良二人善於察言觀色，看出景帝的憂慮。王誠進言道：「皇上何須為此事煩憂？如今天下是您的，您想立誰當皇太子，有誰敢反對呢？」

舒良的建議更有建設性，「就算大臣們反對，只要皇上您在易儲之前先讓他們加官進爵，堵住他們的嘴，還怕他們多說什麼嗎？」

景帝依言行事，景泰三年，公元一四五二年正月，突然下詔易儲，改立自己的兒子朱見濟為太子，廢朱見深為沂王，皇后汪氏因為反對這件事甚至遭到廢黜。

這麼大的宮廷變故，朝廷大臣表示異議的竟然不多，可見舒良替景帝出的主意奏效，然而，人算不如天算，太子朱見濟冊立之後不到一年竟然就病死了，嚴重的裂痕就此展開。

御史鍾同與禮部侍郎章綸先後上疏，請求景帝重立沂王為太子。鍾同表示：「父有天下固當傳之於子，乃者太子薨逝，足知天命所在。」又道：「沂王天資厚重，足令宗社有託。」極力表示應該讓朱見深當太子。

章綸則說得更直接：「陛下親受冊封，是上皇之臣也，上皇傳位陛下，是以天下讓也，陛下奉為太上皇，是天下之至尊也。」又表示希望景帝能在節日或是特殊日子裡率領群臣朝見太上皇，恢復汪氏的地位，重立沂王朱見深為太子云云。

景帝看完，勃然大怒，說道：「這是朕的私事，朝臣竟敢議論，足見心懷叵測，若不重責，豈能杜絕此患？」他命人捉拿鍾同、章綸，逮捕下獄，嚴加拷打，兩人被整得體無完膚。

第二年，南京大理寺少卿廖莊也上了一份類似的奏表，景帝根本懶得理他，又過一年，廖莊前來北京晉見，景帝想起了他的奏表，氣往上撞，命人將他壓在地上，當眾責打八十大板。

小宦官在一旁進讒言道：「皇上龍顏大怒，還不是因為先前鍾同、章綸的奏表！」

景帝記起了這件事，更加憤怒，命令相關人員特別準備大棍，拿去監獄裡專門對付那兩個說錯話的可憐蟲，一番亂打之後，鍾同被活活打死，章綸只剩下半條命，幾乎半身不遂。

南宮四周的樹木全被景帝下令砍倒，門口的鎖頭也被澆上鐵汁，再也不讓明英宗踏出宮門半步。

從此無人再敢提及立儲問題，但是引起更多人心中不平，暗潮洶湧。

景泰八年，公元一四五七年正月，景帝忽然生了重病，隨時都會去世，但是皇太子還沒有決定，朝廷百官憂慮萬分，聚集在一起討論，他們大多同意復立沂王爲皇太子。

正月十四日，奏表送入寢宮，景帝看了，派人出宮傳話：「朕只是偶爾生一場小病，三天之後必當早朝，有什麼事到那天再說。」

十六日，景帝病情並無好轉，反而更加沉重，于謙、王直、胡濙等人召集群臣，繼續討論，仍做出復立沂王的決議。那時天色已晚，奏表才剛寫好，于謙說道：「明天再上奏吧，如今皇上應當已經入睡了。」

孰料變故就在當晚發生。

武清侯石亨當年與于謙一同守衛京師，立下大功，且在于謙保舉下受到重用，然而往後幾年間，他的鋒芒全被于謙蓋過，自己似乎處處不如于謙重要，心懷妒忌，早想改立皇帝，以樹立自己的功績，見到景帝病危，就找都督張軏、左都御史楊善、太監曹吉祥商量對策。

他們都覺得與其迎立沂王，倒不如直接請太上皇復辟，楊善建議再找太常卿許斌商量，許斌對他們的計畫很贊同，卻不願承擔責任，說道：「這是安定社稷的大功，可惜我老了，不能幫什麼忙，你們可以去找徐元玉商量。」

徐元玉就是徐有貞，心思敏捷，辯才無礙，卻汲汲名利，土木堡之變發生時，他曾大力主張南遷，被于謙怒斥，一直懷恨在心，多年後升為左副都御史。他問石亨等人道：「你們和太上皇商量過沒有？」

石亨道：「幾天前曾經提過。」

徐有貞搖搖頭，「還是等太上皇有回應比較妥當。」

十六日傍晚，他們在徐有貞家裡聚會，張軏將太上皇的回應告訴大家。徐有貞道：「時機就在今晚了！于謙那批人已經擬好奏表，打算立沂王為太子，明天早朝一過，我們的計畫就不能實現。」

張軏說道：「邊吏有警訊傳來，這點可以利用。」

他們分頭行動，石亨前往北京城九門收取各門鑰匙，張軏則至城外軍營之中，說是準備加強皇城安全，調了一千多人，夜深以後，由石亨放入城中，直接前往南宮。

當中的接應全由徐有貞負責。石亨很緊張，問道：「這事你看能不能成？」

徐有貞道：「既然已經走到這一步，就別管那麼多了。」

南宮門外把守森嚴，鎖頭緊緊扣住厚實的大門，被鐵汁澆融之後，就算有鑰匙也打不開，千餘名士兵分為兩股，一股以巨木撞門，另一股爬牆進入，從裡面推倒宮牆。

明英宗聽見外面的嘈雜聲，舉著蠟燭走了出來，睡眼惺忪地問道：「你們要幹什麼？」

石亨、徐有貞齊聲說道：「臣等恭請陛下復位。」

曹吉祥在一旁說道：「皇上，請您趕緊更衣吧！今日早朝，文武百官們在等著您哪！」

一旁的衛兵都嚇呆了，石亨請明英宗上轎，衛兵竟然抬不動，還靠徐有貞幫忙抬轎，才能前進。

徐有貞等自報姓名官職，並且略述因由。轎子抬到了東華門，守衛士兵高聲呼喝：「站住，什麼人？」

「以前沒見過你們。」明英宗在轎子裡問道：「何故保我登位？」

明英宗沉聲說道：「我是太上皇。」

士兵不敢再阻攔，眾人進入皇城，簇擁著明英宗抵達奉天殿，登上皇帝寶座，隨即大開殿內各門，命人奏樂，此時，天邊露出微亮，已是十七日的清晨了。

等待著上朝的文武百官還不知道發生了什麼事，聽見宮殿之中的喧鬧，面面相覷，不知所以。徐有貞出來大喊道：「太上皇復辟，請眾卿入殿朝賀！」

景帝的病況並無好轉，但他曾經答應百官要在今日上朝，勉強支撐著身子起來，正等小宦官替他更衣，聽見鑼鼓鞭炮齊鳴，驚訝地問左右發生了什麼事，後來得知兄長重登皇位，臉色死灰，坐倒在龍床上，無意識地嘆道：「好……很好……」

二月初，由皇太后詔諭，廢景帝為郕王，遷回南宮，並宣布從本年起更改年號為天順。景帝拖著病體遷往南宮，十幾天後便告去世，年僅三十歲。有人說他是被人害死的，也有人說他眞的是病死的，眞相已經無人瞭解。

這就是歷史上的「奪門之變」。

事實上，在景帝去世之前，明英宗的整肅行動已經開始，或者說徐有貞、石亨的報復行動隨之展開。明英宗重新登基的第一天，便下詔讓徐有貞入閣，徐有貞入閣的第二天，就下令逮捕少保于謙、王文，學士陳循、蕭鎡，太監王誠、舒良等人。

逮捕的理由是因爲這些人「陰謀迎立外藩襄王之子爲太子，圖謀不軌」。王文辯白說道：「如果要召親王進京，必須要有金牌信符，你們有證據嗎？」

于謙冷冷說道：「石亨有意加害，你多說這些，又有什麼用處呢？」

「圖謀不軌」向來是死罪，明英宗有些猶豫，說道：「不管怎麼說，于謙總是有功，總不好……」

徐有貞說道：「不殺于謙，皇上復辟豈不難以名正言順了？」

這句話說服了明英宗，一心爲國奉獻的忠臣就這樣犧牲在權力爭奪的洪流當中。于謙被徐有貞以「意圖謀反」的罪名判了死罪，天下百姓聽說這樣的判決，都替他們的于少保叫屈：「這麼冤枉人，和當年岳武穆被秦檜陷害有何差別？」

叫屈也沒有用，爲了爭權奪利，人類往往能展現自己最醜惡最黑暗的一面。

于謙被殺以後，家產也被抄沒，翻遍全家，找不出幾兩銀子，只發現中堂有一扇門緊緊地鎖著打不開，命工匠撬開之後，發現那是皇帝御賜的蟒袍刀劍等器物，這下子連負責抄家的官員也嘆氣了，「這樣的忠臣，遭受這樣的對待，這世間到底還有什麼公理啊？」

徐有貞、石亨等人的官運也不長久，一開始，明英宗感念他們擁戴的恩情，將他們個個升官，享受榮華富貴，而後卻漸漸疏遠他們。不是明英宗忽然聰明了，而是有人提醒他一個十分淺顯的道理：「這些人擁戴皇上，難道安了什麼好心嗎？當初景泰皇帝病危，待駕崩之後，朝中群臣自有人會迎接陛下復位，這樣不是名正言順？萬一奪門失敗，陛下該當如何？這些人只是貪圖榮華富貴罷了。」

六個月後，徐有貞謫戍雲南；天順四年，石亨遭人彈劾，被捕下獄，不久死在獄中；天順五年，司禮太監曹吉祥與其養子曹欽陰謀廢帝，事跡敗露，領著自己的人馬與京兵作戰失敗被捕，父子同磔於市。

奪門之變立下功勞的眾人至此幾乎都成爲叛逆，公理、正義與朝綱五年之間變了又變，「本來是對的事，過不了幾年就會變成錯的，誰知道現在錯的，以後是不是對的呢？」有識之士紛紛嘆息扼腕。

這是個是非不分，黑白不明的時代，「堂堂天朝上國，就在這群人手中淪喪下去了啊！」他們不敢說，只敢在內心深處低聲呼喊。

治亂交替

明朝並沒有立刻滅亡，只是繼續往下沉淪。

天順八年，公元一四六四年正月，明英宗病死，年僅三十八歲，他是明朝唯一擁有兩個年號的皇帝，兩次在位加起來超過二十年，統治期間對大明帝國沒有什麼建樹。

同月，十八歲的皇太子朱見深即位，宣布明年爲成化元年，是爲明憲宗。

年輕的皇帝似乎企圖能有一番作爲，他打算把父親在位期間鬧得沸沸揚揚的奪門公案做一個了結。才一即位，就赦免了于謙的兒子于冕，並且召見他，讓他有機會陳述父親的冤屈。

聽完于冕的話，明憲宗降旨替于謙平反。「當國家之多難，保社稷以無虞，惟公道之獨特，爲權奸所並嫉。在先帝已知其枉，而朕心實憐其忠。」他追復了于謙的官位，派人前往于謙之墓祭祀，並且讓于冕世襲千戶之職。

這樣做並不能挽回枉死者的生命，卻能讓活著的人心安。

但是接下來明憲宗的處置就有欠妥當，原來兩年前抄沒曹吉祥家產之時，發現曹吉祥霸佔了許多百姓田產，全數沒收充公。這些土地照說應該還給百姓，明憲宗卻捨不得，把它們收爲宮中產業，號稱「皇莊」或是「莊田」。

有人勸他：「天子四海爲家，何必與民爭利？」

明憲宗不聽，執意如此，結果上行下效，許多皇親國戚有樣學樣地沒收民地，置爲莊田，剛開始還比較收斂，只沒收一些閒田，到後來連百姓賴以維生的私田都被侵佔，成爲明朝中葉開始的一項暴政。

皇室貴冑的斂財，與明憲宗最寵幸的萬貴妃脫不了關係。

萬貴妃比明憲宗足足大了十七歲，從小就當宮女，明憲宗出生以後，萬貴妃負責照顧他，兩人日久生情，明憲宗登基，封她爲貴妃，對她寵愛一如往昔。皇后吳氏只因數落了萬貴妃兩句，就被明憲宗廢黜。

成化二年，三十六歲的萬貴妃生下一名男嬰，是明憲宗的第一個兒子，但不到一歲就夭折了，從此，萬貴妃再也生不出孩子。自己沒有孩子，她也不讓別人有孩子，宮女懷孕，她千方百計加害，不是讓宮女流產，就是讓出生的嬰兒夭折，甚至傳說明憲宗在成化七年所立的第一個太子朱祐極也是被萬貴妃所害死。

皇太后偷偷幫著撫養才沒讓明憲宗絕後。成化十一年，明憲宗赫然發現自己還有一個六歲的兒子，父子相認，取名爲朱祐樘，立爲太子，仍居住在太后那裡，避免遭到萬貴妃的毒手。

後來，傳說皇太子的生母、養母都被萬貴妃害死，儘管如此，明憲宗仍始終如一的寵愛著萬貴妃。

許多小人看見萬貴妃如此受寵，紛紛將巴結萬貴妃作爲飛黃騰達的途徑。在她身邊有一個太監，名叫汪直，最懂逢迎拍馬，得到信任，從此成爲繼王振之後明朝第二位亂政的權宦。

萬貴妃頗爲迷信，連帶的明憲宗也就迷信起來，成化十二年，公元一四七六年七月初九，北京出現日蝕，使明憲宗的心情大受影響。在古代，日蝕被認爲是一件很嚴重的事，象徵皇帝失德，天下將有災難發生等等。

同一段時間裡，京城附近還有這樣的傳說：北京郊外出現一頭不知名的奇獸，眼睛發出金光，拖著長長的尾巴，看起來有點像狐狸，全身籠罩一股黑氣，常在入夜之後進城騷擾民家，凡是牠所到之處，便有疾病災禍降臨。

對此，明憲宗特別在內宮之中設下香案，祭告上天，譴責自己「用度不節、工役勞民、忠言不聞、仁政不施」，期望透過反省的方式來消解自己的罪孽。

這樣彷彿有點用處，沒過多久，錦衣衛就抓來一個人稱李子龍的妖人，他以符術結交宦官、與鮑石、鄭忠、韋舍等人勾結，私入後宮，合謀作亂。

這件事令明憲宗很擔憂，令萬貴妃很好奇。萬貴妃對皇帝說道：「不如把李子龍留下來，看看他有什麼不得了的能力吧？」

明憲宗搖搖頭，「那是錦衣衛的罪犯，不能輕饒的，不過，天下那麼大，什麼樣的怪人沒有哪！」

萬貴妃悠然神往，「臣妾從小就進宮了，沒見識過天下有多麼大，如果我是皇上就好了……」

明憲宗嘆了一口氣，「是朕有什麼好？朕還不是從小就待在宮裡？」他把萬貴妃摟住，「如果不是因爲有你，朕眞不知道該怎麼活。」

萬貴妃道：「臣妾倒是想到一個好辦法，可以讓皇上您的耳目遍及天下。」

「說來聽聽。」

「皇上可以命令身旁的小太監們微服出訪，替皇上看看這個天下有些什麼好玩的、好看的物事，如果察覺了圖謀不軌的事情，也好早一點做個準備。」

他們不約而同想起了汪直。汪直年輕、英俊、聰明機敏，是宦官之中最適合的人選，他換上平民的衣服，騎著騾子或是毛驢往來京城內外，執行明憲宗交辦的任務：「大政小事，方言巷語，悉採以聞。」

汪直的工作表現十分出色，得到明憲宗的讚許，「你辦事很俐落，這樣很好。」明憲宗道：「比東廠、錦衣衛的表現都好……」說到此處，忽然想到一個點子，便又說道：「朕有朝一日會設立一個專門機構讓你去負責，希望你能好好表現。」

「奴才叩謝皇上恩典……」

第二年正月，一個新的特務機關成立了，它的名字叫做西緝事廠，簡稱「西廠」。

五十多年前，明成祖設立東廠，以宦官爲提督，專責刺探與鎮壓，如今又在北京西城靈濟宮前成立西廠，從錦衣衛官校之中抽調擅長刺探者一百餘人，屬下人數超過東廠，聲勢遠超過錦衣衛，全由汪直統帥，只向皇帝一人負責。

這簡直是一個權力無限大的機構，汪直氣焰囂張，屢次興起大獄，三品以上的京官，汪直可以不經請奏，不經審判，直接抄家；邊境將領任務繁重，汪直不管，只要他看不順眼，任意起個名目，編造一個罪名，就能派人逮捕將領，隨意撤換。

西廠辦事的原則是：寧願錯抓一百，不可放過一人；一人犯罪，必抄全家。小至民間鬥雞鬥狗、口角爭執之類的小事，西廠都能夠查探得清清楚楚，隨即便來一場逮捕與殘忍的拷打。

拷打之時，汪直就像皇帝一樣，端坐堂上，命人將「犯人」的衣服褲子統統扒去，施以杖刑，肆意羞辱，把所謂的犯人折磨得不成人形，通常都熬不過去，搞得人人自危，深怕哪一天不小心得罪了人，被汪直抓去活活整到死。

不少大臣上書彈劾汪直，一談到他的名字，就氣憤得咬牙切齒，朝中反汪直氣勢洶洶，難以遏止，明憲宗為了平撫這種情緒，只好下詔暫時罷除西廠，汪直回任御馬監，校衛回歸錦衣衛。但不到一個月又重新設置回來，原因是汪直仍受皇帝寵信，善於逢迎的大臣趁機上表歌功頌德，表彰汪直的「功績」。明憲宗看了大為欣慰，把拍馬屁的官員大大讚賞一番，又讓西廠復活。

從此西廠氣焰更大，繼續陷害忠良，使得那些為人正直的官員為了避禍，或者不願看見汪直的嘴臉，紛紛辭官退休。

朝廷裡留下的官員沒有人敢得罪汪直，每當汪直出巡，前呼後擁，隨從成群結隊，就連王公貴族都只能遠遠偷看，不敢直視。當他來到地方巡視，地方官員得用最高層級的禮節迎接，居民百姓必須跪拜，排場就像皇帝。

不過，汪直能夠弄權也是因爲明憲宗把權力給他，等到明憲宗對他的寵信喪失，他也就不能繼續囂張了。

後宮之中有個小宦官名叫阿丑，善於演出滑稽劇，有一次在御駕之前演出，戲名沒人知道，只見阿丑在戲台上扮一個酒醉之人，不停胡言亂語，嘻笑謾罵。旁邊有人喊道：「皇上駕到！」阿丑依舊謾罵不止，直到旁邊喊起：「汪太監到！」他才渾身哆嗦，閃避一旁，嘴裡叨叨唸唸地說道：「我只知道有汪太監，不知道有皇上！」

這齣戲諷刺得非常直接，幸虧明憲宗脾氣不算太壞，看完之後哈哈大笑，沒有處罰阿丑，但是終究覺得不大舒服，從此漸漸疏遠汪直。

東廠太監尙銘是汪直提拔的，有一次汪直不在京師，紫禁城中發生竊盜案件，東廠校衛將盜賊逮捕，尙銘沒有知會汪直，直接向皇帝報告，得到很豐厚的獎賞。

汪直聽說這件事，很不高興，說道：「尙銘是我提拔的，竟然敢背著我獨自邀功，哼，哼！咱們等著瞧吧！」

尚銘得知汪直的反應，知道汪直必定會用卑劣的手段對付他，索性先下手為強。

汪直經常把明憲宗告訴他的一些秘密轉告給心腹王越，王越又會把這些秘密告訴很多人，尚銘就把這個狀況報告給明憲宗。

明憲宗聽完，搖搖頭對萬貴妃說道：「你看看，這些低三下四的人，對他們不好，他們就到處碎嘴子；對他們太好，他們又到處說嘴，眞吃不消，果然太祖皇帝沒說錯，對他們不能太相信。」

成化十八年，公元一四八二年三月，在文武百官同聲撻伐之中，汪直被調離西廠，貶為南京御馬監，隨即又再降職，他的黨羽也一一遭到貶官罷黜，終於使汪直弄權的局面告一段落。

但政治氣氛並未因此好轉，汪直之後，又有宦官梁芳、韋興等人巴結著萬貴妃，從而干權亂政，排斥異己，任用私人。比較好的情況是，有了前車之鑑，明憲宗對這些宦官小人雖然十分寵信，卻沒有放縱得太過分。

明憲宗在位天下二十三年，整體來說，他雖是個昏君，倒還不到暴虐無道的地步，國勢雖然已經開始走下坡，政治局勢也十分黑暗，大明帝國畢竟還能維持著一個強國的地位，對西南、西北以及蒙古地區的控制力量仍然很強。

漢水流域上游的荊襄地區爆發了流民的叛亂，或許可以視為明朝衰落的一個警訊，不過只要官軍多耗費一點工夫，還是能夠控制得住。

成化二十三年，公元一四八七年七月，明憲宗病逝，得年四十一歲。繼承皇位的，就是當初那個差點被萬貴妃所害的朱祐樘，史稱明孝宗，年號弘治。

明孝宗即位時的年齡，和父親一樣是十八歲，都是個介於成年人與少年人之間的尷尬年齡，但是這個年輕的皇帝卻比父親敢作敢當，也更有治國的理想。

新皇即位的第一件事，就是大力整頓成化年間因為父親寵幸而擅權的宦官與奸佞。登基之後的第六天，就把靠著巴結萬貴妃發達的太監梁芳貶謫到南京去，不久又將他逮捕起來；與梁芳親善的妖人李孜省也被明孝宗逮捕收押，後來死在監獄之中。

明憲宗時期，負責皇帝與文武百官之間傳話工作的稱為「傳奉官」，絕大部分都是靠著逢迎拍馬升官，人數眾多，薪資豐厚，卻沒有什麼實質的工作內容，浪費公帑，明孝宗把他們裁汰掉兩千多人，並且說道：「凡是冗官冗員、不稱職的大臣，都應當要斥退，否則國家哪有那麼多錢養這些廢物？」

大學士萬安，寡廉鮮恥，為了自己升官發財，竟然連自己的祖宗都不要了，應把自己攀扯成是萬貴妃的同宗，結果竟然因此執掌內閣機要長達二十多年。

明孝宗還是太子的時候，就覺得這個傢伙不是個好東西，後來，他在宮中發現了萬安進貢給明憲宗與萬貴妃的秘密書札，打開一看竟然全部都是房中術，以及繪了各種猥褻圖案的小冊子。這種東西在今日當然沒什麼，但在標榜禮教的古代可是十分見不得人的東西，明孝宗派人傳喚萬安，等他來了，把這些書札扔在他面前，冷冷說道：「這難道是一個大臣所該做的事嗎？」萬安冷汗直冒，跪在地上一句話也不敢說。第二天，他就遭到革職。

明孝宗的種種作爲大快人心，但他並不以此自滿，國家經過百年以上的太平盛世，雖然亂象已起，但還不到無法挽回的地步，明孝宗不指望能夠讓帝國回復到太祖、成祖時代的鼎盛，但至少希望能以仁宗、宣宗時代的清明政治自詡。

爲此，明孝宗勵精圖治、召用諫諍直臣，他聽說從前在南京當兵部尚書的王恕爲人正直，特別將他請來北京，任以吏部尚書之職；聽說南京另一位兵部尚書馬文升賢德，特別請他來北京，擔任左都御史。

爲了瞭解官員的情況，明孝宗命令吏部與兵部官員將兩京文武大臣、地方知府、守備以上各級官員的姓名製成表格，貼在文華殿的牆壁上，方便隨時查閱。

「是人才，就不應該埋沒。」明孝宗對吏部官員說道：「你們替朕好好的考察官員們，千萬不可以敷衍了事，一定要傳達每個官員的實際情況。」

王恕到任以後，認眞行事，他向明孝宗建議道：「皇上如果要抓透每一個官員的動向，就應該要經常與大臣接近，聽取他們的報告，每天只有一次早朝是不夠的，皇上不妨每日安排時間，在偏殿之中召見諸大臣，與其討論治國之道，議定政事，或與大臣專對，或閱覽奏章，如此當可從中發掘人才。」

明孝宗接受了這個建議，增加「午朝」，每天在左順門接見大臣，與之議論朝政。

雖說明孝宗如此勤於政事，然而制度的逐漸僵化、局勢的日趨腐敗常令他的改革使不上力。他畢竟只是一個人，沒辦法使複雜的國家政治面面俱到，明太祖撤銷了宰相，讓明孝宗這樣認眞工作的皇帝無比操勞，想要找個人分擔一些工作，只好找上身邊的太監，宦官李廣、蔣琮等人又有了弄權舞弊的機會，只不過沒有從前的王振、汪直那般嚴重就是。

邊防問題在明孝宗統治時代也相當嚴重，北方的韃靼不斷入寇，東起遼東北部，經過宣府、大同，西迄甘肅涼州，到處都有韃靼騷擾的痕跡，明朝疲於奔命，尤其當長年鎭守北疆的名將王越去世之後，邊防局勢更爲惡化。

弘治十四年，公元一五〇一年初，大明總兵保國公朱暉率領五路大軍襲擊河套地區，因爲去年韃靼王子達延汗入侵當地，並且佔領了下來，那裡世代爲中國固有領土，明朝不願國土喪失，因此想要藉由此次出征搶回勢力範圍。

兵部尚書馬文升不贊同出兵，認爲邊防應以固守爲上，明孝宗卻不聽，結果鬧了一場笑話，浩浩蕩蕩的五路大軍到了北方，搖旗吶喊吆喝了一陣即循原路返回，號稱「凱旋而歸」，報告戰果，斬首三級……

「三級？」馬文升搖頭：「出征一次，耗資一百六十萬，平均五十多萬換一個敵兵，眞是……」

將領無能，邊防失當，曾經輝煌一時的明朝，武力一天不如一天，只能靠著開國以後陸陸續續修築起來的「邊牆」抵禦外侮。

這道邊牆綿延在明朝北方邊境，也稱爲長城，就是我們現在所能看到的萬里長城。從地理位置上看，明長城比秦長城、隋長城更偏南方，顯然中國農業民族的性格千餘年來日趨保守。超過一億的百姓，就在這道圍牆的保護下春耕夏耘、秋收冬藏，日復一日，年復一年。

威武大將軍

弘治十八年，公元一五〇五年五月，明孝宗病逝。

明朝皇室的血統似乎出了什麼問題，從明成祖以後，只有明憲宗一人活過四十歲，明孝宗在臨終之前召見大學士劉健、李東陽、謝遷等人入宮，對他們說道：「朕繼承大統一十八年，如今三十六歲，竟一病不起，以後的事，要勞煩眾位愛卿了。」

李東陽等人連忙叩頭。

明孝宗又道：「太子今年才十五歲，朕瞧他是個好逸惡勞的料，很容易玩物喪志，你們要好好輔佐他，教他讀書。」

顧命大臣們叩頭稱是。

第二天明孝宗便龍御上殯，太子朱厚照即位，是爲明武宗，定隔年爲正德元年。

劉健、李東陽等人答應得太早了，明武宗「好逸惡勞」、「玩物喪志」的程度，遠遠超過他們的想像。

早在東宮時期，明武宗便經常與號稱「八虎」的宦官劉瑾、馬永成、谷大用、魏彬、張永、邱聚、高鳳、羅祥等人鬼混在一起，他們到處蒐羅新奇好玩的物事進獻給太子，還引誘他微服出宮遊玩。

外面的花花世界，比起華麗莊嚴但枯燥無味的皇宮當然好玩得多，明武宗嘗試過一次就欲罷不能，十分感謝這批帶著他出去玩的宦官，即位之後將他們一一升官。

八虎之中以劉瑾最精明，最懂得如何討好皇帝，明武宗喜歡騎射打獵，劉瑾教他鷹犬該如何使用，還教他許許多多的遊戲，鬥雞鬥狗鬥蟋蟀、角力蹴鞠歌舞戲，把這個少年皇帝所有的注意力全部吸引到那上面去，對於國家正事根本不予理會。

劉健、謝遷等顧命大臣受了先帝之託，深以此為己任，與戶部尚書韓文先後上書請求明武宗整飭綱紀，誅殺八虎，消除亂源。

明武宗還是個小孩子，看了措辭激烈的奏章嚇得不知道該怎麼辦才好，找了司禮太監王岳、李榮來詢問，王岳為人公允，並不包庇宦官，他道：「平心而論，劉瑾他們眞的太過頭了，陛下是不該和他們為伍。」

李榮說道：「但是，一開口就要殺了他們，會不會太……」

明武宗道：「你們替朕問問劉健他們去！」

王岳才開口，劉健就拍案大罵：「這八個混蛋，整日引誘皇上玩樂，我受先帝所託，一定要先除掉他們，才能好好輔佐皇上！」

謝遷也是義憤塡膺，聲色俱厲，只有李東陽的態度比較溫和一些：「這些人說起來也算皇上的朋友，雖說是損友，也是有感情的，何必說殺就殺？」

後宮之中，劉瑾、馬永成等人聽說內閣大臣的意見，知道自己危在旦夕，聯袂前往寢宮，跪在地上磕頭如搗蒜，並道：「皇上啊！如果沒有您的恩典，咱們幾個就要被剁了去餵狗啦！」

明武宗愁容滿面，嘆道：「閣臣若眞如此決議，朕也……」

劉瑾道：「陷害咱們幾個的，不是別人，就是王岳。」

「此話怎講？」

「王岳和閣臣勾結在一起，還不是希望能把您綁在後宮，害死了咱們，就沒人帶您出去看看外面的花花世界，王岳就能控制您的行動了。」

明武宗竟然聽信這樣的鬼話，他勃然大怒，道：「那些先帝遺詔的顧命大臣也就算了，連這個狗奴才都要欺負朕，哼！難道朕沒法子治他嗎？」

第二天，皇帝下旨，收殺司禮太監王岳，以劉瑾接替之，另由邱聚掌管東廠，谷大用掌管西廠。一群原本即將面臨殺頭大罪的宦官，一夕之間成爲最有權勢的廠衛頭領。

從此，開始了繼王振、汪直之後，明朝第三位專權宦官劉瑾的時代。劉瑾當道，第一件事情就是對付劉健、謝遷等閣臣，此時他還不敢太囂張，只揑造了皇帝的聖旨，逼迫他們退休。李東陽曾經幫劉瑾說了一句好話，劉瑾也很「知恩圖報」地留下了他。劉健、謝遷離京之時，李東陽出城送行，此情此景，令人不勝唏噓，李東陽既感到不捨，也覺得抱歉，流下兩行清淚。劉健正色道：「現在何必哭泣呢？假如當初你多說兩句話，現在咱們就要一同被貶了。」

李東陽做不到這一點，他雖然也看不慣劉瑾，卻不是那種膽敢跳出來與權奸對抗的性格。正德元年，公元一五〇六年，一連串的人事調動：少師吏部尚書馬文升罷免，兵部尚書劉大夏退休，幾位正直的老臣同時離去，大學士只剩下焦芳與李東陽，焦芳擔任吏部尚書，事事諂媚劉瑾，自願成為劉瑾的爪牙；李東陽凡事不與人爭，在焦芳底下苟且偷安，從此劉瑾權勢無人能夠抗拒。

劉瑾知道明武宗喜好玩樂，想盡各種辦法逗武宗玩樂，趁他玩得興起，拿出奏章請明武宗裁決。明武宗往往揮揮手說道：「你自己看著辦吧，朕在忙，沒空管那些無聊事。」久而久之，朝廷大事都由劉瑾裁決。

劉健、謝遷被謫之時，許多朝臣都上疏為兩人叫屈，這些奏章劉瑾先行過目，也不必稟報皇帝了，直接裁決：「叫錦衣衛把這些傢伙全抓起來，重打四十大板，從朝臣之中除名，永不錄用！」

這麼一來，反對劉瑾的人更多了，劉瑾採取更嚴厲的手段，正德二年三月，劉瑾召集全體官員，集合在紫禁城金水橋南端，以皇帝的名義下詔，宣布王岳、范亨、劉健、謝遷、韓文、張敷華、王守仁等五十三名反對劉瑾的朝臣爲奸黨，宣詔的時候，全體官員都跪在他的面前聽宣。

正德三年六月間，有小宦官撿拾到一本遺落的奏章，不知道如何處理，拿去給劉瑾，劉瑾一看，勃然大怒，原來那又是一本彈劾他的奏章，章末並無署名。

「要造反了嗎？」劉瑾大罵道：「這些外朝官哪個不稱呼我一聲『千歲』？皇上以下就是我了，參我，就是參皇上！」

他命人把全體朝官都召集起來，要他們跪在奉天殿的大門之前懺悔。「我帶皇上處理政事，你們以爲很容易嗎？」劉瑾站在大門內高聲罵道：「你們在外朝辦事的，不曉得體恤我們的辛勞也就罷了，還想在皇上面前出碎嘴？」

六月天，豔陽高照，暑氣逼人，劉瑾一罵就是一兩個時辰，回房休息也不讓百官解散，這些文弱的官員哪受過這種苦？從早跪到傍晚，當場昏倒十幾人，其中有三個渴死，旋即拖出去，完全不把他們當一回事。

劉瑾還在生氣，「竟敢與我作對，我一定要整死他們！」他下令，京官五品以下全部除名，捉拿下獄，聽候發落，一時之間，三百多人被抓，京城的大牢快不夠用了，幸虧李東陽極力解救，在劉瑾面前說盡好話，緩和他憤怒的情緒，官員們才被釋放。

皇帝的家奴完全享受著皇帝的威風，眞正的皇帝卻完全被蒙在鼓裡。

皇親國戚以外的官員們看見劉瑾，都要行跪拜之禮；上奏章遞公文，必須多謄一份先給劉瑾過目，劉瑾同意了才能送出；大臣巡視地方，回京以後，必須要準備豐厚的金銀「孝敬」這位千歲爺，有的官員湊不出像樣的數字，竟然害怕得自殺身亡。

「我蒙皇上恩典，就應該盡心盡力為國家辦事。」劉瑾對身邊的人說道：「奈何就是有些人看不慣我的忠心，一直要與我作對，哼，難道我會怕這些人嗎？」

正德三年八月，他以皇帝的名義設置「內辦事廠」，簡稱內廠，地位高於錦衣衛與東西二廠，工作內容則與東西廠重疊，四出偵查官員民眾，一旦有一點小過失，說不定就是殺頭的大罪，甚至以連坐法對付，一家有罪，周圍的鄰居全都要被逮捕，住在河邊的居民犯法，整條河邊的居民都要受到連累。

劉僅能如此窮凶惡極，為所欲為，純粹依靠皇帝對他的信任。他不是個聰明人，竟不能體認到這種道理，一味的樹敵，結果使他自己迅速垮台。

正德五年，公元一五一〇年四月，寧夏安化王朱寘鐇叛變，叛變的理由很單純：他聽信術士之言，說他有九五至尊之相。眼見皇帝不管事，朝廷被劉瑾搞得烏煙瘴氣，以為自己的機會來了，便以「清君側」討伐劉瑾為名，發兵與朝廷對抗。

京師方面聞聽叛亂消息，群臣集合討論對策，這種時候，劉瑾出不了半點主意，因爲他除了愛權貪財之外，什麼都不懂。後來廷議決定起用曾經擔任邊防大將的楊一清爲帥，總制寧夏、延綏、甘、涼軍務，以涇陽伯神英擔任總兵官，以太監張永擔任監軍，率領大軍前往征討。

叛亂根本是一場胡鬧，朝廷軍還沒到甘肅，安化王內部已經自行亂成一團，效忠朝廷的游擊仇鉞帶了一百多人衝入王府，俘虜安化王，並且將參與叛亂的將領全部用計逮捕，回報朝廷。

於是，大軍折返，楊一清、張永率領少部分軍隊繼續往寧夏前進，處理善後工作。

楊一清是西北地區的鎮邊老將，對於明朝邊防鞏固貢獻良多，這樣的人才卻因爲得罪劉瑾曾被錦衣衛查辦，若不是李東陽等人的營救，說不定早就一命嗚呼，因此他對劉瑾深惡痛絕。

太監張永本與劉瑾同爲「八虎」之一，自從劉瑾受寵得勢，其餘的七虎都被劉瑾輕視，尤其張永與劉瑾最爲不合。劉瑾打算排擠張永，將他調往南京，張永跑去明武宗面前哭泣，差一點和劉瑾打起來。

楊一清對這些宦官爭寵的事大致曉得，便刻意結納張永，不時送些禮品讓張永開心。有一次設宴款待張永，愁眉苦臉的說道：「這安化王之亂容易平定，國家朝廷的內患想要除去，那可就難了。」

張永問道：「爲什麼？」

楊一清取了筆，在手中寫了一個字，低聲說道：「張總管請看。」

張永趨前一看，原來是個「瑾」字。他嘆了一口氣道：「我的想法和你一樣，奈何劉瑾整天都在皇上身邊，內廠耳目眾多，實在很難下手。」

「張總管您也是皇上身邊的大紅人，能對付劉瑾的，除了您沒別人啦！」楊一清說道：「您看，這番討伐叛亂，不叫別人監軍，偏讓總管您監軍，可見您在皇上心目中的重要。」

張永有些輕飄飄，微笑中卻帶著苦惱：「但是，我能怎麼做呢？」

「等我們這次班師回朝後，總管可以稟奏前線軍事為由，拿安化王討伐劉瑾的檄文請皇上過目，然後說劉瑾搞了些什麼事，激得安化王叛變。」楊一清仔細地說道：「記得一定要把劉瑾說得兇殘異常，海內人心如何積怨，非殺劉瑾不能平天下。」

張永一面點頭一面聽，眼睛瞇著彷彿已在心中勾勒自己在皇帝面前應該說些什麼話。

楊一清又灌一次迷湯，「等劉瑾被殺，張總管您就是第一紅人啦！到時候，您把劉瑾的苛政廢除，就能收攬人心啦。」

張永畢竟沒有被灌迷糊，猶豫地問道：「萬一事情不成怎麼辦？」

楊一清道：「別人說不定會不成，張總管必然成！如果皇上猶疑，張總管一定要動之以情，只消得到聖旨，就必須立刻行動，遲則生變。」

張永揮舞著拳頭，拍著胸脯對楊一清說道：「好！這件事交給我辦，大不了一條命！」

八月間，張永回朝，明武宗賜宴款待，劉瑾喝醉了先行告退，張永便依計畫行事，把劉瑾的罪狀十七條唸了一遍。

明武宗那時也喝醉了，根本沒聽清楚，搖頭道：「算了吧，喝酒，喝酒！」

張永忽然下跪，哭道：「如果這樣，臣將來再也沒辦法陪陛下喝酒了。」

明武宗醉醺醺問道：「你說劉瑾到底打算幹什麼啊？」

「他要取天下！」

這事的確嚴重，明武宗似乎稍微醒了一下，張永順勢拿出擬好的奏章讓明武宗批示，明武宗沒有仔細看便批准了。張永便以此為憑藉，找了自己的好朋友馬永成，調動錦衣衛，趁著星夜直入劉瑾府中，將劉瑾捉拿下獄。

原本明武宗無意殺劉瑾，只派人去抄他的家，一抄之下，竟然抄出黃金二十四萬錠、銀元寶五百萬錠、珍珠翡翠無數，袞袍、玉印、盔甲、弓弩數以千計，甚至劉瑾平時拿在手裡的扇子都有機關，裡面藏有利刃，隨時能夠行刺皇帝。

看完了財產清單，明武宗這才生氣，罵道：「狗奴才，果然要造反！」

劉瑾被送往錦衣衛審判，彈劾他的奏章數也數不完，經過連夜審理，判處劉瑾凌遲之刑，梟首示眾，他的黨羽也遭到株連，或處死，或罷官，不一而足。

行刑那天，曾經遭受劉瑾迫害的人們競相出錢購買劉瑾身上剮下來的肉，有人甚至當場就把肉吞進肚子裡，發洩他們的憎恨。

劉瑾伏誅，朝政並沒有因此清明，張永、馬永成、谷大用依舊相繼擅政，只是沒有劉瑾那麼囂張而已，歸結到問題的核心，還是在明武宗身上。

他的父親明孝宗臨終時所言：「此子好逸惡勞……」明武宗倒不盡然完全好逸惡勞，只是他對於政治毫無興趣，把國家大事丟給太監處理，自己躲起來玩，而且玩得非常專注，非常勞師動眾……

正德二年，西華門外起了一座富麗堂皇的宮殿，外表看起來沒什麼特別，裡面卻有兩排密室，全都是專供皇帝娛樂的孌童、歌妓、珍玩犬馬等等，還養了一些珍禽異獸，取名為「豹房」。

明武宗自從逛過豹房之後，就很少回皇宮居住，整天在豹房之中淫樂。他對女人的興趣似乎不如對男人的興趣高，劉瑾死後，明武宗又在豹房之中收了許多「義子」，其中有一名官奴名叫錢寧，自從被皇帝賜姓之後，總是自稱皇庶子，還一路升官，掌管錦衣衛，官至左都督。

錢寧替明武宗介紹了臧賢、於永等人，成為明武宗眾多男寵之一，還找來許多番僧，教導明武宗各種房中術、秘戲等等，恣意淫樂。

這些人並不能滿足明武宗的需求，直到正德六年，明武宗召見大同府剿匪有功的游擊江彬，看見了他，明武宗才找到自己喜歡的對象，那江彬其實也不是什麼英俊小生，滿臉大鬍子，臉上還有作戰受的傷疤，明武宗似乎就喜歡這調調，自從與江彬在一起，兩人整天同進同出，同食同眠，形影不離。

江彬見多識廣，總是在明武宗面前誇耀自己的勇猛：「……那些匪徒颼一下子射了我一箭，我說怎麼了，原來箭射進我臉頰裡，還穿了過去，我忍著痛，把箭拔出來，搭上弓，射了回去，當下把射我那人了結！」

明武宗滿臉仰慕之情的聽著江彬的自吹自擂。

「我這還不算什麼哪！」江彬繼續說道：「我在邊境的那些弟兄們，那才叫勇猛善戰，一個個都能以一當十，被敵人砍下手臂，連叫都不叫一聲，繼續殺敵！」

「眞的那麼勇敢嗎？」明武宗讚嘆不已，「如果這樣的話，朕應該把他們調來京師保衛才是啊！」

於是遼東、宣府、大同、延綏四鎭將兵入衛京師，號稱「四外家」，這些兵仰仗著皇帝恩寵在京師內外胡作非爲，欺負百姓，惹人怨恨，明武宗卻毫不在意，還經常與江彬一同觀看他們角力、搏擊的情況。

看著看著，明武宗竟對行軍打仗產生濃厚的興趣，經常穿著戎裝問江彬道：「這樣看起來像不像個大將軍？」

江彬笑道：「如果皇上對作戰有興趣，何不御駕親征？大同、宣府一帶的風光雄偉，比起大內可要好玩得多！」

明武宗聽了，悠然神往，便在正德十二年，公元一五一七年秋天，親自前往山西大同與宣化府遊幸。這次出巡不算御駕巡幸，因爲明武宗別出心裁地封了自己一個爵位「鎮國公」，又替自己取了個名字「朱壽」，因此這是「鎮國公朱壽」駕臨大同，不是皇帝。

大同與宣化方面的官員還搞不大清楚狀況，江彬早一步派人前往告知：「鎮國公就是皇上，朱壽也是皇上，懂了吧？」

他們哪可能懂，怎有人會放著皇帝不做，降格成爲公爵？但是皇帝要來畢竟不是小事，在江彬督導之下，宣化府起造了一座豪華宮殿，規格比照豹房，稱爲鎮國公府，就是皇帝在此地的行宮。

這下果然對了明武宗的胃口，他說道：「朕覺得朕前世一定是這裡的人，不然怎地一來此地，就像回到家裡一樣？」

第二年，韃靼南下騷擾，大同總兵王勛奮力抵抗，明武宗在京師裡聽說消息，又大張旗鼓地說要「北伐」，這次他封自己爲「總督軍務威武大將軍總兵官」，帶著副將軍江彬、太監張永、魏彬等人，領著大批兵馬前往應州作戰，韃靼退去，明武宗下令清點戰果：「斬敵十六級，敵兵退卻，我軍獲勝。」

明武宗高興地笑道：「朕作戰之時也有親自斬殺一人，你們覺得如何？」

其實，明軍此役折損五十二人，重傷五百六十三人，實在算不上「獲勝」。但是，那又如何？這一仗實在太好玩，明武宗興致勃勃，動不動就要出征，每一回都是一場鬧劇，這也無所謂，反正丟臉的是「朱壽」，不是他朱厚照。

正德十四年三月，明武宗宣布一樁大事：「朕要南巡！要登泰山、觀浙江、遊遍全天下！」群臣情緒激昂，上書勸諫者超過一百人，明武宗冷哼一聲，把這一百多人全部捉拿下獄，隨即準備起程南下。

就在此時爆發了寧王朱宸濠的叛亂事件，吸引了他的注意，才讓他的環遊中國之行耽擱下來。

朱宸濠早就想叛變了，明武宗把政局搞得一場糊塗，又沒有子嗣，皇族之中不管有沒有實力，都想搶那至尊大位，可惜被安化王朱寘鐇搶了先，只好多忍耐幾年。

明武宗這幾年越來越過火，朱宸濠見狀，認爲也許有可乘之機，就在正德十四年六月起兵叛變，在檄文之中說道：「皇帝其實不是先皇孝宗的兒子，祖宗血脈已經斷了延續十四年，今得太后密詔，令我起兵。」

不過，朱宸濠的叛變跡象早已爲人察覺，四周各地官員早在嚴密防備之中，當時贛南巡府王守仁正好率兵討平當地的土匪，打算帶兵轉往福建，聞聽朱宸濠之亂，趕緊折返，與當地官員商議，主動徵兵勤王，對付朱宸濠。

王守仁乃是明朝一代儒宗，年輕時學習程朱理學，不能滿足，後來從陸九淵思想中找到發揮的空間，他的「知行合一」、「致良知」等學說對後世影響甚大，他曾創立陽明書院，也曾隱居會稽的陽明洞，因此人們都尊稱他爲「陽明先生」，或是王陽明。

這位思想界大師在軍事作戰方面也頗有一套，他先放出間諜，散佈假情報，讓朱宸濠不敢發兵，好讓自己有時間聚集兵力，等朱宸濠出兵攻打南京途中圍攻安慶時，王陽明不顧安慶，直接攻打朱宸濠的老朝南昌，朱宸濠不得已只好回師救援，雙方大戰於鄱陽湖，王陽明擊敗叛軍，活捉朱宸濠，歷時不到兩個月。

「啓奏皇上……」前方捷報傳來：「寧王叛亂，已由副都御史王守仁領軍平定。」明武宗臉上一點高興的表情也沒有，只說道：「大軍繼續前進，不要停止！」

「這……」傳遞捷報的官員愣了，「叛亂已經弭平，何必……」

「請一旁說話。」江彬對那官員道：「這可是皇上御駕親征啊，現在仗都還沒打，就說勝了，皇上面子擺哪兒去？」

「是……」

江彬讓一個小宦官跟著那官員回去，在他耳邊說了幾句，然後道：「你在王守仁面前就這麼說，懂了吧？」

來到南昌，王守仁竟然聽見這樣的話：「皇上聽說朱宸濠被抓，心裡不大高興，請你把朱宸濠放進鄱陽湖裡，讓皇上親自捉拿，讓皇上顯顯威風。」

王守仁臉色驟變，「胡說！叛逆之事，豈能如同兒戲？」他聽說皇帝仍要繼續南征，乃上書力阻，並且押解著朱宸濠東下，聽說司禮太監張永正在杭州監軍，便兼程趕往杭州，痛陳絕對不可輕縱朱宸濠，江西困敝，不堪六軍之擾云云。

張永算是目前最有聲望的宦官了，他對王守仁頗爲景仰，聽完王守仁的話，嘉勉了幾句，然後說道：「但是，關於這件事，我勸你還是聽皇上的話比較好，免得鑄成大錯。」

王守仁長嘆一聲，「既然如此，守仁還是將這朱宸濠交給張總管您處置，請您千萬不要答應縱虎歸山……」

「好吧，我盡量試試。」

皇帝南征的軍隊如同蝗蟲過境，所到之處，百姓苦不堪言。明武宗不但喜歡男人，也喜歡美女，沿途只要看到年輕貌美的，就把她們抓來伺候自己。江彬則愛錢財，不斷傳旨要求各地方官進貢財物，羊毛出在羊身上，苦的還是百姓。

胡鬧了一大圈，威武大將軍朱壽自然又是「凱旋而歸」，第二年閏八月，明武宗來到南京，讓人闢了一個大廣場，周圍環繞軍隊，明武宗威風凜凜地身著戎裝站在指揮台上，朱宸濠被送進廣場中央，除去枷鎖，不知道發生了什麼事。

忽然間，明武宗一聲令下：「進攻！」

三軍將士搖旗吶喊，擂鼓之聲震天價響，一大群騎兵簇擁著明武宗逼近朱宸濠，「奸賊，看你往哪裡躲！」明武宗一槍刺出，刺中朱宸濠的手臂，朱宸濠痛得翻滾在地，明武宗趁勢將他抓住，並且高聲喊道：「威武大將軍鎮國公朱壽抓住敵酋了！」

這場鬧劇算是正德皇帝最後一次胡鬧了，待他「親自俘虜」朱宸濠凱旋得勝之後，他下令全軍北返，九月間來到清江浦，明武宗親自駕著小船到池塘之中釣魚，結果小船翻覆，明武宗受了風寒，從此開始生病。

正德十六年，公元一五二一年三月，這個胡鬧了一輩子的皇帝，以三十一歲的年齡，病逝在豹房之中。

大禮議

明武宗是個雙性戀，與同性在一起的時間較多，沒有子嗣。因此武宗死後由張太后與大學士內閣首輔楊廷和共同攝政。

明武宗沒有活著的兄弟，這一脈算是斷絕了，只好從明武宗的堂兄弟之中尋找適合人選，最後他們選中了孝宗四弟興獻王的兒子朱厚熜，繼承大統。

朱厚熜在安陸（今湖北鍾祥），從派人前往通知到他起程來到京師，當中經過三十七天之久，這段皇帝空窗期裡，全靠著楊廷和主持各項工作政局才得以穩定。

他宣布一份據說是明武宗的遺詔：「國家的事很重要，過去的事我有許多錯誤，你們做什麼事都應該和內閣大臣們仔細商量。」

藉由頒布詔書的機會，楊廷和罷免了豹房之中的番僧、歌妓、教坊樂工等等，遣回京師附近的「四外家」之兵以防止可能發生的動亂，同時，他還停止了京師之中不必要的土木工程、放歸四方進獻的女子、派人將宣府「鎮國府」裡的金銀財寶運回京師，納爲後宮庫房的資金。

這段時間裡，最擔心的就是江彬，他其實還掌握著一定的力量，只不曉得楊廷和對他的態度如何，便躲在皇宮之中，讓同黨許泰前往內閣探聽消息。

楊廷和看見許泰，便知來意，黯然說道：「皇上驟然駕崩，傷心的應當就是江大人，你回去一定要好好勸慰他，不要傷了身子惹皇上不開心，等皇上靈位擺設好，會請他來主持祭祀的……」

江彬聽完許泰的轉述，稍稍放心一點，但是當他外出之時，仍會在內衣之中穿著護甲，並且帶著一批護衛才能安心。

不久，皇太后的懿旨到了，要江彬前去坤寧宮祭祀行禮，江彬不疑有它，穿著隆重的禮服前往，卻在半路上被衛兵攔阻下來。

「你們幹什麼？不知道我是誰嗎？」江彬大罵。

「你是江彬嗎？」衛兵問。

沒什麼人敢直呼他的本名，但是忽然被這樣問，江彬一時反應不過來，順口答道：「是啊！」

「拿下！」衛兵說道：「奉太后懿旨，捉拿奸臣江彬，收入錦衣衛。」

江彬的家被抄，抄出黃金七十櫃，白銀二千二百櫃，又是一個足以讓國家財政寬鬆不少的大富豪。

楊廷和的種種作爲深得人心，大受正直官員們的稱讚。的確讓原本可能紛亂的朝政維持住穩定。但是那些失去既得利益的人們就對楊廷和恨之入骨，甚至找機會想要刺殺他，楊廷和進出朝廷只好都以重兵護衛。

十四歲的朱厚熜在重重衛兵保護之下，於正德十六年四月中旬抵達京師，旋即登基，宣布定明年年號爲嘉靖，他就是史稱嘉靖皇帝的明世宗。

明世宗甫即位時頗想要成爲名君，他處死江彬，撤掉錦衣衛冗員三萬多人，傳諭各鎮守備官員，要他們停止一切額外徵收，減輕百姓的痛苦，還將正德年間皇莊侵佔的民田全部歸還。

種種作爲讓人們耳目一新，一些老人還說道：「已經很久沒看見這麼英明有爲的皇帝啦！」歌功頌德的言語不斷湧入，讓還是個少年的嘉靖皇帝飄飄然，覺得自己或許眞的有機會成爲「聖君」，於是開始仔細想下一步應該如何做。「古人說忠孝必須兩全，一個聖君，需要對自己忠心，也一定要盡孝才行。」

他的這個想法演變成爭論激烈的「大禮議」之爭，整個朝廷吵成一團，使得他成爲聖君的可能性幾乎完全消失。
其實，在他登基的第五天，這個問題就已經出現了，他的父親興獻王朱祐杬已死，他下詔迎接生母蔣氏入京居住，並且找來禮部尚書毛澄，對他說道：「你回去好好研議研議該對興獻王如何稱謂，使用何種禮節？」
這問題難倒了毛澄，便去請教楊廷和，楊廷和道：「漢朝定陶王與漢哀帝，宋朝濮王與宋英宗，這些典故，你難道沒讀過嗎？」
毛澄回去翻書，斟酌許久，聯合公卿臺諫官六十餘人上書：「興獻王乃孝宗之弟，陛下之生父，與宋朝濮王故事相等，陛下宜宣稱孝宗為皇考，改稱興獻王為皇叔父，王妃為皇叔母。」
明世宗看了奏章，很不高興，說道：「哪有人把自己親生父母改成叔父母的？回去再議！」
毛澄站在國家體制這一點上，堅持己見，不肯更改。
不久，有個叫張璁的進士上奏道：「倫常不可變，人情不能改，興獻王既為陛下生父，不妨尊稱為皇帝，入祀太廟，王妃之尊等同，如此，皇考不失其為父，聖母不失其為母。」
這正中明世宗下懷，手詔內閣首輔楊廷和，告訴他自己決定追封興獻王為皇帝，尊蔣氏為皇太后。
楊廷和看了，說道：「這樣國家體制豈非蕩然？」竟然將手詔退回，拒不受命。
蔣氏很重視這個問題，那時她尚未入京，聽說自己的尊稱竟是「皇叔母」，憤而不肯入京。

明世宗為此又把毛澄找來，很生氣地對他說道：「如果你要逼朕當個不孝子，那朕乾脆退位，回去當個藩王罷了。」

毛澄把這番話轉告朝臣，眾人皆感惶恐，於是他們研擬出一折衷辦法，尊稱興獻王為興獻帝，蔣氏為興獻后，取消「皇」這個字，明世宗不得已，只好接受。

問題還沒解決，朝臣隱然分為兩派：一派以張璁等人為首，支持興獻王的尊稱，同情皇帝的孝心；一派以楊廷和、毛澄為首，反對興獻王尊稱，主張應以國家體制為重。

明世宗雖然年輕，卻很迷信，他總認為冥冥之中必然有股力量能夠做出最好的決定。嘉靖元年正月，清寧宮失火，好好一個開春之喜蒙上一層陰影，楊廷和趁機上奏說道：「興獻王、后擅加帝號，違背列祖神靈，因此才會降下這場大火以作為警惕。」

朝廷為此吵翻了天，明世宗勉強遵從眾人意見，尊稱明孝宗為「皇考」，而在興獻帝后的尊稱上加「本生父母」字樣。

又過兩年，南京刑部主事桂萼因為與張璁同事，偶然之間談起大禮議的事。張璁嘆道：「別提了，為了這件事，我連北京城都待不下去，被排擠到南京來。」

桂萼說道：「張大人體恤皇上孝心，提出尊生父為帝的想法，這哪裡有錯？為人子，盡孝乃天經地義；為人臣，更不該強逼主君不孝。」

說到此地，他義憤填膺，著手撰寫奏章，不久之後，嘉靖皇帝看見了奏章的大致內容：「請改稱孝宗皇帝爲『皇伯考』，尊興獻帝爲『皇考』，別立太廟於大內。」

明世宗很高興，召桂萼、張璁入京，打算委以高官。

那時毛澄已經辭官，禮部尙書名叫汪俊，同樣反對張璁的主張，他與楊廷和串聯文武大臣二百五十多人，同聲反對桂萼的建議。

明世宗罵道：「這些傢伙，眞要逼朕不可嗎？」一怒之下，把楊廷和、汪俊全部免職，其他反對者或罷官或逮捕，硬是把反對的聲音壓了下去。

不久，明世宗自行下詔，尊興獻帝爲「本生皇考恭穆獻皇帝」，尊母親爲「本生皇母章聖皇太后」。

張璁、桂萼再度上書，表示「本生」二字無須著意強調，應該消去，否則雖稱皇考，事實上與皇叔並無差異。

於是嘉靖三年七月中旬，明世宗下了一道手諭：「朕擬除獻皇帝尊號中『本生』二字，令有司研議。」

這道手諭引起軒然大波，九卿六部同聲抗議，都被皇帝壓下來，早朝結束，明世宗返回大內，百官仍在朝堂上議論不止，禮部侍郎何孟春對百官大聲喊道：「憲宗朝時，尙書姚夔爲爭慈懿皇太后喪禮曾率百官跪哭文華門，憲宗皇帝終於採納，這是我朝已有先例之事。」

楊廷和的兒子楊愼此時擔任翰林院修撰，他大聲說道：「國家養士一百五十多年，今日就是我們仗義死節的時刻！」

於是朝廷大臣自尙書以下，翰林、御史、各部吏員共二百二十九人一同跪伏在左順門外，有人高呼「太祖高皇帝」，有人大喊「孝宗皇帝」，聲聲悲涼，如痴如狂。

明世宗已經返回文華殿，聽見外面的嘈雜聲，命人去問清楚，皺了皺眉，對司禮太監說道：「你去叫他們退下。」

群臣皆不奉旨，尙書金獻民說道：「沒有得到皇上的諭旨，我們絕對不罷休。」

從清晨到正午，皇帝派人傳旨勸退兩次，都不起作用。

明世宗火大了，「這群老傢伙想造反了嗎？」他喝令錦衣衛將爲首的八人逮捕下獄。朝臣們早就有這種心理準備，仍賴在那裡不走，還紛紛開始嚎啕大哭，聲震屋瓦，天昏地暗。

明世宗更火，「這樣還治不住你們嗎？來人！」他把御前帶刀侍衛叫上來，對他說道：「你帶錦衣衛的人馬過去，把跪在那裡所有的人都抓起來，押入大牢審問，四品官以上奪俸一年，五品以下杖責，打死幾個算幾個。」

又是一樁慘劇，翰林院編修王相等十七人死於杖下。

事情算是以明世宗獲勝收場，從此朝廷大臣除了私底下堅持己見外，表面上都唯唯諾諾，願意順從皇帝的意思，因此尊號決定，明孝宗爲「皇伯考」，孝宗皇后爲「皇伯母」，興獻王爲「皇考」，蔣氏爲「聖母」，大禮議暫告一段落。

鬧得這麼兇，只不過是爲了一個尊稱的問題而已，根本無關大政方針，卻犧牲了十幾條人命，成爲政壇上一樁無與倫比的大事，充分顯示出當時的讀書人爲了自己堅持的理想，還是很願意拚命的，只不過，他們的理想，已經被他們所學的八股文、四書五經、理氣之學等等內容給拘泥在一個很小的框框裡，讓他們在這種很形式、很表面的問題上爭執不休、意氣用事。

事情並沒有完全落幕，大禮議的尊號問題雖然暫時解決，祭祀問題卻隨之展開，到底祭祀一個從未當過皇帝的「皇考」該用什麼禮節？這個問題，竟然喋喋不休地爭論了將近二十年之久。

青詞宰相

明世宗對於一些形式上的問題特別重視，所以才會爲了禮議、祭祀等等問題和朝臣不斷爭論。

在注重形式的同時，他又特別迷信，所以他喜歡講天道、信神祇、重符瑞，把祭祀天地祖先的禮節全部依照他的想法改了一遍，又制訂了條理分明的祭祀規範。

嘉靖二年，太監崔文建議皇帝可以在乾清宮中設壇建醮，以求平安。楊廷和等人曾經極力上書表示反對，沒有得到皇帝的回應。非但如此，明世宗還下詔徵召江西龍虎山上的道士邵元節，讓他前來京師居住，封他爲「致一眞人」，禮遇有加，後來甚至加官進爵，做到了禮部尚書。

皇宮大內每隔幾個月便舉行大規模的法事，一舉行就是十天半個月，據說這樣可以消災解厄，明世宗就以這種方式來治理他的天下。

嘉靖十七年，公元一五三八年，邵元節病死，臨死之前，他向皇帝推薦他的接班人：「湖北黃崗人陶仲文，曾受神仙之術，我羽化登仙之後，皇上可聽他教導修煉成仙之術。」

明世宗對邵元節的話無不信任，他推薦的人哪會不用？因此陶仲文的地位一天天重要起來。

某日聖駕出巡，陶仲文隨行，走到一處空曠之處，車駕之前忽然起了一陣旋風，捲起地上的黃沙，久久不散。明世宗看著這樣的奇景，問陶仲文道：「這是主吉或是主凶？」

陶仲文道：「無吉凶之可言，乃上天示警爾。」

「示什麼警？」

「嗯……」陶仲文頓了一下，說道：「宮中將要發生火災，請皇上小心提防。」

果然，那天晚上，明世宗的行宮眞的發生大火，幸虧早已有所準備，才沒有釀成不幸。

明世宗對陶仲文佩服不已，沒過多久，便冊封陶仲文為「神霄保國宣教高士」，又封為「忠孝秉一眞人」，總領全國道教，加禮部尚書、拜少保、少傅，領一品大員俸祿。至於那天晚上是不是陶仲文唆使人前去縱火，明世宗完全不曾往這方面去思量。

另一位道士段朝用也很受明世宗信賴，他向明世宗進獻了不少修煉仙丹、長生不死的秘方，讓明世宗無比神往，終於有一天忍不住了，早朝時對群臣說道：「朕打算專心修煉一兩年，讓太子監國，如果沒有羽化成仙，再回來親政。」

這句話把文武百官著實嚇了一跳，太僕楊最上書痛斥神仙之說不可信，建醮之禮鋪張浪費，應當予以廢除，「至於陶仲文、段朝用等人，俱爲奸邪，請皇上明察，加以斥退。」

迷信道教的明世宗氣得火冒三丈，立刻派人捉拿楊最下獄，杖責至死，不過讓太子監國，自己跑去修煉的事也就此作罷。

終日齋醮禮祀，每一回都得要有一篇禱告的文章，這種文章和當時流行的文章不一樣，和考試時用的八股文也不一樣，需用駢文，對仗工整，又需契合道家宏旨，叫作「青詞」，不大好寫。剛好有位大臣特別擅長，每次寫出來的青詞都華麗端莊，甚得皇帝歡欣，進而得到賞識，步步往上攀升，這個大臣，名叫嚴嵩。

大禮議鬧得滿城風雨的時候，嚴嵩擔任國子祭酒，始終站在嘉靖皇帝這一邊，即使尊號已定，嚴嵩仍要上書拍馬屁，說興獻皇帝應該要稱宗入太廟，一切祭祀都必須符合皇帝的規格，後來嘉靖皇帝一步步完成了他的心願，將太宗廟號改爲成祖，將自己的父親稱爲睿宗，配享太廟，嚴嵩也因此獲得重視。

嘉靖十八年，公元一五三九年，五十八歲的嚴嵩被封爲太子太保，這是他受到寵信之始。

當時內閣首輔夏言資歷比嚴嵩淺，年齡比嚴嵩小兩歲，官位卻比嚴嵩高，也很受明世宗的信任，嚴嵩在他面前總是一副卑躬屈膝的模樣。

夏言自以爲官高，把嚴嵩當晚輩看，這惹得嚴嵩很不高興。「什麼玩意兒？古人還講長幼有序，現在的人竟連這點都不懂？我敬他是因爲他的地位，他竟眞把我當他的門生！叫他來和我比比看，他寫的青詞能比我寫的好嗎？」

嚴嵩除了青詞之外，也沒別的才幹了，不過政治鬥爭倒頗爲在行，他利用嘉靖皇帝對他日漸恩寵，對夏言日漸疏遠的時間點上，趁機說夏言的壞話，騙得明世宗將夏言免職，晉升嚴嵩爲武英殿大學士，兼掌禮部尙書，參與內閣機務，這是嘉靖二十一年，公元一五四二年六月的事。

這一年，嚴嵩已經六十一歲了，但是，他對於權力的熱中絲毫不輸給任何一個年輕人。恰巧此時後宮發生一樁案件，使得嚴嵩專政之路更爲平順。

原來明世宗篤信道教，卻沒有按照道教「清心寡慾」的修爲，反而廣收民間少女，大煉採陰補陽的房中術，還把理由說得冠冕堂皇：「武宗皇帝沒有子嗣，搞得人心惶惶，朕不願意這樣的事再發生，所以一定要多生子女，保我皇家血統永不斷絕。」

對道教的內容，明世宗最感興趣的就是長生不死之術，有一種丹藥必須使用處女的經血作爲藥引，爲此，明世宗在後宮之中聚集了一大群未經人事的少女，命人採集她們的經血，把她們折磨羞辱得不成人形。

宮女楊金英對於皇帝這種行爲憤恨無比，經常私下對人說道：「做這種傷天害理的事怎能當皇帝呢？」

一天夜裡，明世宗臨幸寵妃曹氏，正呼呼大睡，楊金英領著十幾名宮女潛進去，拿出繩子套在皇帝脖子上，企圖把他勒死。

一個宮女害怕了，悄悄逃出，哭著把經過告訴皇后萬氏，萬皇后一聽非同小可，連忙領著太監宮女及衛兵奔往曹妃宮。

楊金英等人已然躲遠，剩下明世宗直挺挺地躺在床上。

萬皇后連忙替他解繩索，伸手探鼻，竟一息尚存，「快！」萬皇后叫道：「快傳太醫進來。」

折騰了半天，終於把皇帝的命救了回來。太醫一面診治，萬皇后一面審訊，把所有與這件事有關的人，包括曹端妃、楊金英、寧嬪王氏以及所有宮女，不分首從，全部處以凌遲之刑。

這件事並沒有讓明世宗的迷信稍有收斂，反而讓他認爲有天地神靈在保佑他。不過從這次以後他便很少離開西苑的萬壽宮，除了那些道士經常陪伴之外，能夠晉見皇帝的大臣，就只有嚴嵩一人。

嚴嵩不是太監，專權起來的跋扈模樣比起劉瑾、汪直等人毫不遜色，賣官鬻爵，賄賂公行，蒙蔽君上，無所不爲。

年過六十的他，精力充沛，容光煥發，但畢竟年老，有些事總交給兒子嚴世蕃處理。嚴世蕃比父親更爲兇惡狡詐，父子兩人同爲奸臣，內外爲之側目。

那些違逆嚴嵩的人並不會馬上被他整肅，表面上，他仍謙恭有禮，待對方防備之心降低，他再一舉陷害之，這樣著了他道的人不知凡幾。

掌權了幾年，明世宗漸漸對他有所懷疑，想起了罷官的夏言，又召夏言入閣，官復原職，位居嚴嵩之上。

夏言準備要好好制裁嚴嵩父子，嚴嵩驚恐萬分，帶著兒子一同來到夏言府邸，兩人跪在夏言面前，異口同聲道：「從前的事是我們做錯了，請夏閣老看在過去的情分上高抬貴手。」

兩人可憐兮兮的模樣令夏言心軟，他扶起嚴嵩父子，說道：「好了，好了，你我同朝為官，何必為了這些私人恩怨勾心鬥角？只要將來好好為朝廷效力，咱們就是好夥伴。」

嚴嵩可不這麼想，他腹中壞水早已開始流動，籌畫著鬥倒夏言的大計。

夏言也不是個心胸寬大之人，入閣以後盡力排斥異己，為人又十分驕傲，每當皇帝派了小宦官到他家中傳話，他總是趾高氣昂的把小宦官視為奴才。

嚴嵩就不一樣了，每當小宦官來他府上，他總是熱情招呼，奉茶讓座，還塞給他們許多小「禮物」，包括金銀元寶之類，讓小宦官無比窩心，回到皇帝身邊就不斷稱讚嚴嵩，詆毀夏言。

明世宗就這樣被嚴嵩所惑，嘉靖二十七年十月，夏言終於被嚴嵩鬥垮，因為那一年韃靼入寇，而兩年前夏言力主恢復河套則是引起韃靼入寇的主因。嚴嵩趁機聯合所有遭到夏言迫害的官員上書，參劾夏言「挑釁誤國」。

「要不是我朝邊牆堅固，韃靼就這麼大舉入侵，難保我朝不亡於胡虜之手啊！」嚴嵩這樣對明世宗說道。明世宗聽完大怒，下旨將夏言斬首。內閣首輔的位子又回到嚴嵩手中。

夏言死了，北方邊境並沒有因此安寧，嘉靖二十九年，公元一五五〇年，韃靼可汗俺答大舉入侵，突破了邊牆防線直達北京城下，無法攻城，遂大肆搶掠一番，呼嘯而去。

在俺答還沒攻來的時候，錦衣衛官員沈鍊曾經上書陳述防禦對策，只因沒有賄賂被嚴嵩擱置下來。俺答來這麼一鬧，沈鍊氣不過，上表彈劾嚴嵩，說他「不聞有治國安邊方略，惟與子世蕃為全家保妻子之計。以朝廷之賞罰為己出，故人皆計嵩愛憎，不知朝廷恩威。」

所有的奏章嚴嵩都會先行過目，看了沈鍊所寫的內容，嚴嵩大怒，立刻矯詔痛斥沈鍊「詆誣大臣」，處以廷杖，發配保安州充軍。

嘉靖三十一年，俺答再度入寇，兵部員外郎楊繼盛為人正直，先前曾因觸怒權貴被捕下獄，如今獲得起復，又要草擬奏表彈劾嚴嵩。

「你先前反對權貴，幾乎被殺，如今何必又要做這種傻事？」他的妻子張氏哀戚地說道。

楊繼盛道：「我食朝廷俸祿，怎能為了自己的安危坐望奸臣當道？」

他的奏表在嘉靖三十二年送達朝廷，列舉了嚴嵩的十罪五奸。

「方今在外之賊為俺答，在內之賊為嚴嵩，賊有內外，攻宜有先後，為有內賊不去，而外賊可除者。」楊繼盛的文章字字命中要害。

嚴嵩看了奏章，怒不可遏，命人將楊繼盛捉拿至錦衣衛，重打一百大板，日夜拷問長達兩年之久，最後仍然將他處死。

嘉靖皇帝雖資質平庸、迷信，但不是個全然的昏君，嚴嵩擅權日子一長，還是被他察覺，「這老傢伙，自己逞逞威風就罷，還讓他的兒子也跟著踐起來。」明世宗有些生氣地說道：「他是借了誰的膽啊？」看著手中青詞，皺眉道：「本來看他是寫青詞的一把好手，最近幾年寫的也越來越不成話。」

「聽說……那是他找人代寫的。」新進的大學士徐階說道。

徐階算是嚴嵩的晚輩，早年入閣之時總是小心謹慎，順從嚴嵩，討好皇帝，漸漸讓皇帝信服，地位逐步提昇，如今已有超越嚴嵩的態勢。

「就說吧！」明世宗對徐階說道：「朕瞧你寫的就比他好些。」

「承蒙皇上恩典。」

大環境的惡劣讓徐階不能用楊繼盛那種螳臂擋車的方式對付嚴嵩，但他知道，留得青山在，不怕沒柴燒，他在保護自己官運的同時，也暗中維護了不少忠臣，使他們不致於遭受到嚴嵩的迫害。

這個時候，機會似乎來了，嚴嵩已經年近八十，老態龍鍾，不能視事，有時候皇帝下了手詔，字跡潦草，嚴嵩也看不懂，非得請嚴世蕃幫忙不可，後來嚴嵩的妻子，也就是嚴世蕃的母親去世，嚴世蕃在家守喪，嚴嵩沒人可以倚賴，奏對往往就詞不達意。

青詞越寫越糟，奏對不合宜，在朝廷中安插的人脈也不肯聽他的，嚴嵩只是個糟老頭，嘉靖皇帝怎麼可能再繼續寵信他？

嘉靖四十年的一個晚上，皇帝寢殿萬壽宮發生大火，燒壞了部分建築，嚴嵩對明世宗道：「皇上，請移駕南城離宮居住吧！」

明世宗沒說話，心裡犯嘀咕：「南城離宮？那是英宗閒居的地方，讓朕去住？眞不知道這老頭安什麼心！」

徐階卻道：「從前大興土木，尚留下不少建材，請陛下暫且委屈，臣與工部商議，一個月內必定完工。」

明世宗笑道：「這可是你說的，一個月內沒有完工，朕唯你是問！」

一個月後果然順利完工，明世宗對徐階的寵信更深，對嚴嵩的厭惡也更深。

皇帝態度明顯，平日反對嚴嵩卻敢怒不敢言的官員，都聯合徐階一同參劾嚴嵩，他們甚至買通了一個皇帝十分信任的道士藍道行，請他在皇帝面前扶乩。

裝模作樣一番以後，藍道行振筆疾書，「嚴嵩父子弄權誤國。」

明世宗問道：「神明爲何不降雷殛之？」

藍道行答道：「留待皇帝自殛。」

明世宗若有所思，剛好那時又有一群大臣不斷上書痛陳嚴嵩父子作惡多端，還以性命擔保，

「如果臣所言不實，願斬首示眾，以謝嚴嵩父子！」

立這樣的誓，的確很重，明世宗不再懷疑，下詔強迫嚴嵩退休，並將嚴世蕃捉拿下獄，嚴加審問。

這是明世宗嘉靖四十一年，公元一五六二年的事。

第二年夏天，司法機關判處嚴世蕃充軍雷州，嚴世蕃沒多久便私自逃回江西，用他在京城當官的時候累積的賄款大造庭園，準備頤養天年。

「哼！」嚴世蕃若無其事地說道：「徐階那些人能怎麼參我？頂多說我收受賄賂，這年頭誰不受賄？能判多重的罪？再不然就說我陷害楊繼盛、沈鍊他們，這就更沒事了，皇上親自批准的，有罪的話，豈不連皇上一起算進去了。」

萬萬想不到，從北京前來捉拿他的錦衣衛宣稱的罪狀，竟然是「勾結倭寇、納編江洋盜賊、意圖謀反。」

嚴世蕃一聽，腿都軟了。陷人於罪他最在行，「意圖謀反」四個字帽子一扣，任憑你有多大的本事也難逃一死。

這是徐階的意思，原來嚴世蕃的心思他早就料想到了，「那就用你最擅長的誣陷吧！」徐階說道：「謀反大罪，不需要明確的理由，這是從前就有先例的事啊！」他所說的，是當年于謙被判「意圖謀反」之罪而處死的事。說你有罪，你就有罪，這也許是專制時代的「好處」之一吧！

嚴世蕃被處置掉了，嚴家被抄，抄出黃金三萬兩，白銀三百萬兩。明世宗對嚴嵩算有情義，饒他不死，貶為庶民，年近九十的嚴嵩又老又貧，孑然一身，只能靠乞討度日，最後餓死在荒郊野外。一代權臣，下場如此淒涼，大概是他意氣風發的時候從來沒有想過的事。

南倭北虜

嘉靖皇帝在位長達四十五年，在這漫長的歲月裡，既不「嘉」，也不「靖」，君主迷信，權奸當道，政治昏暗，變亂紛呈。國內方面，從嘉靖元年起便陸續有零星的兵變、民變發生，變亂之外，又有飢荒，民生社會的嚴重問題已經隱然浮現。幸虧嘉靖年間的動亂規模都不算大，爆發後不久便告平定，明朝對地方上的統治尚稱穩固。

比較麻煩的問題來自外患。一是北方的蒙古，二是東南的倭寇。

明太祖將蒙古人的政權趕出中國本土，卻無力消滅或者統治這個民族，此後，蒙古始終是明朝最大的外患，明成祖的武略，雖讓分裂為韃靼、瓦剌的蒙古族暫時不能南下，但是往後幾朝皇帝對蒙古的政策往往十分保守，也讓蒙古重新振作。

明孝宗時代，韃靼幼主即位之時，曾經致書中國，自稱「大元可汗」，不過那時在中國人心目中早就沒有「元朝」的存在，「大元可汗」被中國官員翻譯成「達延汗」。

達延汗在位期間很長，超過四十年，相當於中國孝宗朝中期以後到世宗朝前期。他統一了蒙古境內各部落，擁兵數十萬，大有當年成吉思汗的氣勢，蒙古百姓視之爲大英雄，把他的功業稱爲「蒙古中興」。他也仿效成吉思汗分封諸子，漠北分爲喀爾喀、土謝圖、車臣、扎薩克等國，是爲外蒙古；漠南則分爲插漢部（察哈爾）、鄂爾多斯部與土默特部，是爲內蒙古。

雄主達延汗死後，繼承地位的是吉囊、俺答兩兄弟，那時中國邊疆並不穩固，北方軍事重鎭大同曾經爆發嚴重的兵變，當地的軍戶與戍卒因爲受不了明朝政府對他們的虧待起而反抗，變亂一起，難以收拾。

亂民之中有人與蒙古勾結，韃靼便趁機南下，穿過大同防線，大掠山西太原，搶奪了無數的財富、牲口與男女，滿載而歸。

當時，中國朝廷裡政治局勢混亂，皇帝不管事，大臣忙著政治鬥爭；不要緊，中國那麼大，蒙古人搶一搶就回去了，不可能一下子就打進中樞，還有爭權奪利的時間。

誰知道俺答汗的動作遠比想像中來得快，吉囊死了，俺答接下了所有的韃靼部落。他對明朝的政策其實不是那麼有敵意的，只是想要開一條正常的貿易管道而已，但是明朝對外政策十分愚蠢，不討伐，不安撫，甚至根本不理會。

俺答對這種冷漠的態度很氣憤，隨即展開猛烈的南侵。

「就讓我們恢復大元朝時代的光榮吧！」他勉勵部下道。

嘉靖二十九年，俺答從古北口長驅入關，攻下通州，隨即順著河北南下，一路打到北京城。

這下子把所有的官員都嚇壞了，甚至連整天唸咒煉丹的皇帝也暫時放下了迷信，來到朝堂與大臣們討論。

「丁汝夔，你說該怎麼辦？」嘉靖皇帝問道。

丁汝夔是兵部尚書，他沒什麼才幹，如果知道該怎麼辦，早就親自指揮調度去了，因此說道：「城中兵馬只有四、五萬人，都是老弱殘兵，恐怕……」

嘉靖皇帝看出來自己的兵部尚書沒有能力，也沒時間苛責，只好找了自己最信任的大學士嚴嵩、徐階，問他們有何因應之策。大軍壓境，京師危殆的情況本朝第一次出現，嚴嵩只會耍嘴皮，哪知道該怎麼辦？徐階提了幾個意見，也沒有什麼建設性。

入夜了，登上城樓，城外火光不絕，每一點火光，都代表著生靈塗炭。

嘉靖皇帝雖然昏庸，但還是懂得要關心臣民安危的，左思右想實在也沒有抗敵的辦法，和嚴嵩、徐階討論了一整夜，最後決定下旨向地方上徵兵勤王。

宣府、大同總兵仇鸞領兵兩萬，保定都御史楊守謙領兵萬人，相繼前來支援。

「很好，很好！」嘉靖皇帝說道：「你們都是朝廷的忠臣，京師的安危就靠你們了。」

仇鸞成爲「平虜大將軍」，總領京城全部兵馬對付兇悍的韃靼。這個人品德很有問題，靠著巴結嚴嵩升官，其實根本不會帶兵，掛著平虜大將軍的名號只敢按兵不動，根本不敢和韃靼作戰。

京城附近的百姓更苦了，他們必須忍受韃靼的燒殺擄掠，仇鸞的邊兵紀律更爲敗壞，等於把他們扒了兩層皮。

俺答派人送了一封信，信中說：「只要你們允許在邊境設立市集，我就答應撤兵。」這個要求在危如累卵的北京城內又引起一陣軒然大波，贊成派和反對派各執一詞，互不相讓，完全討論不出結果。

俺答見明朝始終沒有回應，縱兵大掠八天，呼嘯而去。

「韃子退了嗎？」仇鸞接到軍情報告，立刻下令：「全軍追擊！」他不敢帶兵衝得太快，又不願意追丟了韃靼軍，只希望能用這樣的方式彌補一下過去數日他畏懼作戰的缺失。

明軍的蹤跡中就被俺答發現了，他下令掉頭和明軍大打一場。一個不會帶兵打仗的將軍和一個身經百戰的蒙古大汗，高下立見，仇鸞被殺得大敗，死傷兩千多人，幸虧俺答並不想趕盡殺絕，這才讓他的部隊沒有就此潰散。

俺答從容不迫地離去，灰頭土臉的仇鸞等到看不見敵人的蹤影之後，命令士兵斬下死去蒙古兵的首級，收集了一下大約八十多級，帶回北京，對皇帝報捷說道：「我軍在白羊口附近追上韃靼，交戰之後大勝，斬敵無數。」

嘉靖皇帝很開心，賞給仇鸞許多金銀珍寶，又加封他爲太保。

「啓奏皇上……」嚴嵩在一旁說話了：「仇鸞的功績大家都看見了，可是，有些人可不像仇鸞那麼勇敢啊！」

「你是說……」

「兵部丁尚書、保定楊都御史，聽說他們平時都很會打仗的，不曉得爲什麼，大概是不願意陪京師一塊犧牲吧！其實，這也情有可原，不過，用在軍國大事上恐怕就有點……」

「有這種事？」嘉靖皇帝怒道：「如果他們眞的作戰不力，就應該要處斬，要不然怎能讓其他將領警惕呢？」

無能的兵部尚書丁汝夔與無辜的都御史楊守謙就這樣被嚴嵩陷害而死，至於嚴嵩爲什麼要陷害他們？那是因爲他拿了仇鸞的好處，仇鸞爲了避免洩露自己畏懼不戰的醜態，故而出此下策。

如此皇帝，如此大臣，如此將領，北方邊境，哪有可能安寧得下來？後來一直到明世宗死去，韃靼的入侵都沒有停止過。

正當明朝北方邊疆與韃靼鬧得不可開交的時候，東南方沿海的幾個省份也正爲倭寇的侵擾焦頭爛額。

倭寇的身分，早期主要是指日本浪人，他們勾結中國沿海的土匪海盜，爲禍甚深。當時，日本正值室町幕府末期，全國大亂，史稱「戰國時代」，對於武士階級的約束力減低，就有許多投機取巧的人冒險渡海，企圖在海外搶下一些利益，活動地區包括朝鮮沿岸以及中國沿岸，大多沒有嚴密的組織，也正因爲如此，才讓他們更難以對付。

其實，倭寇爲禍甚早，明太祖時代即有他們活動的蹤跡，往後百餘年間，他們都在浙江沿海一帶活動，嚴重的時候曾經大肆焚燒劫掠，挖掘墓塚，屠殺婦孺，造成沿海一帶極大的損失。

明世宗嘉靖二年下詔罷「市舶司」，倭寇爲患更大。原來市舶司從宋代即有設立，主管對外貿易事宜，部分出海的日本浪人因爲有市舶司可以做買賣，並沒有變成盜匪，市舶司一廢，他們生計無路，只好加入原有的倭寇集團，依靠搶劫爲生。

嘉靖三十六年以後，倭寇引發的動亂益發嚴重，浙江巡撫胡宗憲剿撫並用卻收不到多大的效果，朝廷只好另派將領前往防禦，在眾多將領之中，崛起了抗倭名將戚繼光。

戚繼光的祖先戚祥爲了逃避元末戰亂，遷居昌義鄉（今安徽定遠），後來追隨明太祖起兵，屢次立下戰功，後來在雲南戰死。明朝建立，朝廷追念戚祥開國之功，封戚祥之子戚斌爲明威將軍，世襲登州衛指揮僉事。如此傳了六代一百六十餘年，一直到戚繼光誕生，他們家人都是武將世家。

嘉靖二十三年，戚繼光十七歲，繼承了登州衛指揮僉事的職位。目睹倭寇兇殘的他，從小就有遠大的志向，寫下「封侯非我意，但願海波平」的詩句，刻苦學文習武。

嘉靖二十八年的鄉試，戚繼光考中武舉人，正式開始在官場之中展現長才，四年之後回到登州，負責山東一帶的防務。

倭寇主要活動地帶在浙江，戚繼光表達強烈意願希望能調往浙江，終於在兩年後如願以償，成爲浙江都司，升爲參將。

在浙江，戚繼光親眼看見明朝的腐敗，衛所軍隊紀律鬆散，老的老，病的病，毫無戰力可言，因此提議招募新軍。獲得朝廷同意之後，他親自前往浙江金華、義烏一帶，挑選當地的農民、礦工一共三千多人，加以嚴格的訓練。

「你們的職責就是抵禦倭寇，不是欺負百姓，因此，你們必須學會眞正的武藝，不要在軍營裡混飯吃！」他對部隊訓話時說道。

江南地形河道縱橫，不適合大部隊作戰，戚繼光特別研究出「鴛鴦陣」戰法，以小部隊爲單位，長短武器並用，又可以靈活地變化爲「三才陣」、「兩儀陣」，很快的，這支部隊變得驍勇善戰、紀律嚴明，在浙江先後取得高家樓、龍山、縉山、烏牛、松浦、鑒雲等戰役的勝利，扭轉日趨惡化的戰局。

人們都把這支部隊稱作「戚家軍」。

自兵部侍郎升任浙江總督的胡宗憲嫉妒賢能，對戚繼光卻不得不佩服，他說戚家軍的勝利是「自有倭以來，未有若邇來數捷之痛快人心者」，誇讚戚繼光「不但勇冠三軍，身經百戰，而且任勞任怨，認眞負責，當今朝廷將領，實在是無人能出其右啊！」

嘉靖四十一年，公元一五六二年，浙江方面的倭寇不敢繼續活動，轉而南下，從溫州與廣東南澳出擊，進犯福建。他們在福建外渺溪口寧德城外海一座名爲橫嶼的小島上建立大本營，不斷騷擾，甚至攻陷了許多城池。當地官軍不敢攻擊，與倭寇對峙一年多，陸續又有許多倭寇聚集，情勢危急。

福建官軍請求朝廷調戚繼光前來清剿，戚繼光受命，帶兵進入福建。他觀察地形，決定先對付橫嶼上的敵人。

趁著黑夜，戚繼光命士兵每人手上都拿著一束草，填出一條戰壕當作掩護，緩緩推進，一口氣殺上島中央，大破倭寇巢穴，斬敵兩千六百多人。嘉靖四十二年，戚繼光繼續進軍，連克興化、政和、壽寧，城中百姓知道是戚家軍來了，紛紛殺牛備酒，犒賞將士。

倭寇實力仍在，嘉靖四十三年，包圍仙遊，戚繼光再度出征，與福建副總兵俞大猷、廣東總兵官劉顯合力，將一萬多名倭寇打得落花流水，解了仙遊之圍，又在王倉坪、蔡坡嶺大捷。僥倖生存的倭寇徒眾紛紛感嘆道：「戚家軍一來，才讓我們知道大明朝不是好惹的啊！」

此後，倭寇仍有零星騷擾，但是大體上已經平定。

飽受倭寇之害的百姓，編了民謠頌揚戚繼光的功績：「戚我爺，戚我爺，爺未來兮民咨嗟，爺既來兮兇妖蕩盡，草木生芽。欲報之德，昊天無涯。願爺子孫繩繩兮，爲公爲侯永定國家。」

後來，戚繼光被朝廷任命爲總兵官，繼續鎮守福建。

張居正

地方上的局面動盪，中央的政局也不安穩，大約在戚繼光平定倭寇之後不久，嘉靖皇帝生了重病。身邊的臣子不停進諫請他停止服用方士煉製的丹藥，他就是聽不進去，這種丹藥的藥性燥烈，吃下去後可以使人精神抖擻，但是其中含有大量重金屬，吃多了累積在身體裡，腹中漸漸結成硬塊。

嘉靖四十五年，公元一五六六年十二月，六十歲的明世宗就這樣死在乾清宮中。

明世宗有八個兒子，長子朱載基生下來兩個月就夭折，次子朱載壑立為太子，十年之後也不幸去世，明世宗認為這是不祥之兆，所以日後再也沒有立太子，當他逝世之後，三子裕王朱載垕以倫常順序繼位，成為日後的明穆宗，定次年年號為隆慶。

明穆宗即位的時候已經三十歲了，原本，這是一個正應大有作為的年紀，可是他的身體不好，又喜歡享樂，從來不管朝政，因此國家大事幾乎全由內閣決定。

當時內閣首輔仍是徐階，大學士則有高拱、郭朴、李春芳等人，還有一個參與閣議的侍講學士張居正。

國家危難，皇帝無能，大臣理應和衷共濟，一心為國，但是這些棟樑之臣並不能互相合作，彼此之間的意見也不協調，專注在爭權奪利上，想盡辦法要把別人鬥倒，實在可惜又可悲。

徐階的城府深，處處小心謹慎，從前嚴嵩搞不垮他，今日他也不認為別人能夠搞垮他。明世宗逝世，起草遺詔的是他，廢除嘉靖年間各種迷信、齋醮、珠寶、織作的也是他，平反大禮議罪臣的還是他，一時之間，朝廷幾乎由他主導，政局彷彿也將撥雲見日。

他還辦了一件事，讓人對他的印象更好，那就是釋放了清官海瑞。

海瑞的個性剛直，甚至被認爲有些古怪。的確，在這種世道下，能出現一個一文銅錢也不肯貪的人，眞的很怪。還不只如此，他嫉惡如仇，身爲一個小小縣令，從來不給那些喜歡擺排場的大官好臉色看，甚至連皇帝的迷信他都看不順眼。

嘉靖皇帝領教過他的脾氣。嚴嵩、嚴世蕃父子伏誅，皇帝仍然整天在後宮專心齋醮，從不上朝，海瑞便上了一篇長奏章，毫不客氣的指責皇帝犯了哪些缺失，應該怎麼改，儼然一副教訓的口吻。

看完這篇文章，明世宗氣得把奏章摔在地上，怒道：「來人！去把這個大逆不道的傢伙抓起來，別讓他跑了。」

身旁的宦官黃錦勸皇帝息怒，說道：「小的早已聽說，海瑞這個人，向來瘋瘋癲癲，他在上疏之前早就抱著必死無疑的決心，先買好棺材等著啦！陛下放心，他是不會逃走的。」

明世宗半晌不說話，又叫黃錦把地上的奏章撿起來，再讀一遍，嘆道：「這個人簡直就是商朝的比干！朕卻不能當紂王。」

話是這麼說沒錯，海瑞上的書還是讓他氣得要命，終究還是下令把海瑞抓起來，讓刑部審問，被刑部定了殺頭大罪。

徐階救海瑞，與其說是欣賞海瑞的風骨，倒不如說是爲了建立自己的好名聲，海瑞這種耿介之臣，是儒家觀念中的理想官僚，卻絕對不是一個共事的好對象，救他一命，讓他官復原職，別再鬧事就差不多了。

這是徐階和他的門生張居正一起討論出來的對策。

禮部尚書高拱原本與徐階關係密切，但隨著地位日漸升高，不再對徐階那麼尊重，尤其徐階自行起草遺詔，不與他商量，反而只和張居正商量之舉，讓高拱大爲不滿，「張居正不過是個侍講學士，竟能參與遺詔？這徐階也太瞧不起人。」高拱暗自說道：「等著瞧吧，當今皇上還是裕王的時候，我就在他的王府講學了，看誰有後台囉！」

他拉攏郭朴，與他一起彈劾徐階，說他廢除嘉靖年間種種措施的行爲是「毀謗先帝，可斬也！」，還列舉了徐階家人仗勢欺人的事情，企圖整倒徐階。

高拱的手段並不高明，徐階在官員之間很受歡迎，高拱和徐階不合，大多數的朝臣都支持徐階，朝廷中的九卿都聯合起來力保徐階，彈劾高拱，終於讓高拱在隆慶元年五月辭官回家，與高拱親近的郭朴也受到連累丟官。

「叔大，多虧你了。」徐階對張居正說道：「多虧你和九卿的支持，我才得以安穩，既然如今內閣員額不足，我會向聖上力保你爲大學士，讓你的才能好好發揮在國家大政之上。」

徐階在這一波政治鬥爭中獲得表面上的勝利，但是他並沒有享受到勝利的果實，因爲他的許多措施都得罪了明穆宗身邊的宦官，明穆宗沒什麼能力，對宦官的話最聽得進去，聽多了壞話，穆宗開始討厭徐階，徐階的地位也就不保，隆慶二年秋天，徐階告老還鄉，結束政治生涯，李春芳接替他的地位成爲首輔。

這時候，高拱又靠著賄賂宦官讓明穆宗想起他的存在，重新召他入閣，李春芳不善於政治鬥爭，被他排斥，到了隆慶四年年底，高拱成功排除障礙，使李春芳罷官，新入閣的趙貞吉因與高拱不合，也被排除，高拱因而位列首輔之職。

張居正曾經和徐階一同排擠過高拱，因此高拱一直對他有所猜忌，不過，當高拱重新成爲內閣成員時，張居正表達了誠懇的善意，並且處處附和高拱，支持高拱的主張，得到高拱的信任。

「這個後生晚輩倒是很懂規矩。」高拱不比張居正大多少，只因科舉上榜年歲較早，便儼然以一副長者自居，「看來他是願意與我合作的，這樣也好，閣臣之間，是該共體時艱的時候了。」

高拱、張居正的道德標準也許不算最高，卻很有行政能力，在兩人攜手合作之下，內政頗有建樹，外交更有重大突破。

北方的蒙古這時仍由俺答汗統治，俺答年事已高，年輕時的英武霸氣不復存在，經常做出錯誤的判斷，使人心離散，看見自己孫子的妻子貌美，竟然強奪爲自己的小妾，讓他的孫子把漢那吉一氣之下便率領著自己的部眾投降中國。

這件事在朝中引起廣泛討論，絕大多數朝臣都認爲不應該接納把漢那吉，以免挑釁韃靼。高拱和張居正力排眾議。張居正說道：「一般的降將也許不該招納，把漢納吉是俺答的孫子，奇貨可居，不能輕易放掉。」

高拱則說道：「我會把這個意見稟奏皇上，請皇上定奪。」

明穆宗從來不管事，聽完高拱的意見，點頭道：「蠻夷既然仰慕我朝，則應該要加以禮遇。」

明朝政府遂命把漢那吉爲指揮使，其部將阿力哥爲千戶，並且給予豐富的賞賜。

事情果如張居正所料，把漢那吉果然奇貨可居，俺答的元配妻子自幼撫養把漢那吉，感情深厚，一直吵著要俺答讓把漢那吉回來，俺答不得已，帶兵陣列於中國邊境，派遣使者前往談判。

「把漢那吉已然歸順我朝，受封爲指揮使，如果要讓我朝官員前往蒙古，則蒙古必先與中國定盟修好，並將投降蒙古的罪臣歸還。」高拱派往談判的使者如此說道。

「好吧，好吧！」俺答說道：「你們要什麼都行。」

大同總督王崇古是和戚繼光、李成梁並稱的名將，高拱與張居正之所以力主納降，就是看了他的奏章。朝廷委任他爲代表，和俺答議定封號、進貢、互市等條件，隆慶五年，公元一五七一年三月，明朝冊封俺答爲「順義王」，同時冊封其部下爲總督、指揮、同知等官爵，長年爲患中國北方邊疆，帶來極大損害的韃靼，終於和中國和好，雙方之間的和平持續二十多年。

這是大功一件，與和議相關的人員：高拱、張居正、王崇古、巡撫方逢年等人，都因爲這件事加官進爵，不過，當和議尚未完全敲定之時，朝廷之中變故又生，身體始終不好的明穆宗抗拒不了病魔的侵擾，撒手人寰。

隆慶六年五月，乾清宮裡，高拱、張居正還有一個月前入閣的大學士高儀，三人並排，長跪在龍床之前。御榻上，明穆宗臉色蒼白，已不能說話，但是看得出來，他的神智還很清醒。

唯一站著的是司禮太監東廠提督馮保，明穆宗以眼神向他示意，他便開口說道：「皇上有旨：朕嗣祖宗大統，方才六年，竟一病不起，有負先皇所託，如今太子幼小，朕今日將他託付給你們，希望你們盡心輔佐，遵守祖訓，永保大明江山。」

馮保一面說，明穆宗一面看著高拱等人，並且不時地點頭，似乎將全部的希望都寄託在三位閣臣身上。

高拱含淚哽咽道：「臣等謹遵聖命，絕不辜負皇上所託！」

第二天，三十六歲的明穆宗去世，十歲的太子朱翊鈞即位，改明年爲萬曆元年，明神宗萬曆皇帝的時代就此展開。

小皇帝登基接受百官朝賀，群臣在高拱領銜之下高呼萬歲，然而此時，太監馮保竟然就站在御座之旁，彷彿與萬曆皇帝同時接受歡呼，群臣見狀，面面相覷，卻也不敢說些什麼。

最氣憤的就是高拱，他一向和馮保處不來，穆宗皇帝臨終前的遺命竟也被馮保改成「司禮監與閣臣同受顧命」。「怎麼！難道又要出一個劉瑾？又要出一個汪直？」高拱既怨恨又擔心。退朝之後，高拱對張居正說道：「叔大，你瞧今日這景況，豈不是又要讓宦官弄權？」

張居正回答得模稜兩可：「是啊，當年劉瑾專權，聽說很糟。」

高拱低聲說道：「依我看，不如你我合力，再加上高儀，合計合計，想個辦法排除馮保，以保朝廷。」

張居正笑道：「是該讓朝廷寧靖的時候了。」

高拱聽了張居正的話，便開始積極籌畫，想辦法彈劾馮保。

只是他萬萬想不到，張居正所謂的「讓朝廷寧靖」，要排除的對象其實是高拱。原來，張居正早已覬覦首輔之位，只因資歷聲望比不上高拱，只好依附在他底下，如今，張居正的才能已多次展現，朝廷裡服他的官員所在多有，而高拱的許多措施，其實張居正並不贊成。

幾經思量之下，張居正決定聯合馮保，排擠高拱。他把高拱的計畫全部告訴了馮保，馮保聽完，冷汗直冒，握著張居正的手說道：「若不是張閣老，我幾乎被奸人所害！」

馮保連忙跑去乾清宮與慈慶宮向兩位太后哭訴。

明神宗的生母並非明穆宗的皇后，乃是李貴妃，依照規定，只有先帝的皇后才能稱為皇太后，但是張居正與馮保商議後，決定尊皇后陳氏為仁聖皇太后，尊李貴妃為慈聖皇太后，由生母慈聖皇太后移居乾清宮，照顧並且教導年幼的皇帝。

馮保一把鼻涕一把眼淚，說自己有多麼忠心，可是高拱還想害他，分明是想成爲第二個嚴嵩，又把張居正捧了一遍：「要不是他在後面撐著，說不定高拱早就騎到皇上頭頂去了。」

兩宮太后耳根子軟，聽完非常生氣，召見大臣入宮，宣布：「大學是高拱攬權擅政，作威作福，蔑視幼主，枉爲人臣，念在過往功勞，不予深究，責令即日返回原籍，不得逗留京師。」

高拱聽見詔書，惶恐悲憤，一陣暈眩，竟然昏倒在地，張居正扶起他，說道：「高閣老，禍福無常，您要珍重啊！」領他出宮，顧了一輛騾車，把這位權傾一時的大學士送出北京城。

不久，另一位大學士高儀病死，張居正成爲內閣之中唯一的大學士，從此開始獨攬大權。

張居正權力慾高，善於操弄政治，幸而他的能力夠，使命感更強，以天下爲己任，抓權力是爲了一展抱負，因此創造出一段輝煌的治績，被評論爲史上數一數二的大政治家。

他嚴申法紀，整頓吏治，當政之後，張居正昭告百官，六部、六科均採用「考成法」，京官、地方官都得定期考核，只要有法令訂定，就一定施行，而且賞罰分明，凡是徵稅糧不足九成，一律處罰。他又命令吏部仔細清查，將那些不管事的冗員全數裁撤，確定行政系統運作完善，也更方便考核。

邊防上，張居正頗能駕馭將領，重用李成梁鎮守遼東，調動戚繼光防備京師門戶，給予他們很大的權力，對他們毫不懷疑，使他們能發揮才能，效忠朝廷。此外又提拔不少新進將領，平定倭寇與地方變亂。

戚繼光建議加緊修築邊牆，以使防備更爲鞏固，張居正採納，沿著紫荊官、燕山，經過八達嶺、居庸關、古北口、喜峰口一直到山海關的邊牆，每隔一段距離便修築一座碉堡，共有一千多座，使薊遼邊境安穩，也是今日「萬里長城」的由來。

明朝的稅制除了田賦，還有徭役，項目紛雜，常造成百姓不便，更讓許多土紳劣豪從中牟取暴利。針對這個現象，張居正徹底推行創始於嘉靖年間的「一條鞭法」，將賦役化繁爲簡，改納銀、合併差役、役歸於地；又清丈全國土地，依土地多寡徵稅，撤除許多雜稅，也將過去的欠稅一筆勾銷，與民休息，短時間內，雖讓稅收減少了一點，但是過了幾年，百姓們富了，繳稅方式又簡單明瞭，欠稅的人少，國家財富便大爲充實。

根據統計，張居正掌政四年後，京師、通州一帶的官方倉庫儲存的糧食布帛金銀之類，已經足夠使用八年。

從土木堡之變以後，明朝從未有過如今這樣國富兵強的局面，這都多虧了張居正的努力。對小皇帝來說，張居正是個敬畏的對象，倒不是因爲張居正有多跋扈，而是負責教導皇帝的太后每當小皇帝犯錯時，都這樣責備他：「如果你這樣做，被張先生知道了，那該怎麼辦？」

張居正也頗以此爲責任，經常勸明神宗應該要遵守祖訓，動不動就講愛民節用，還在文華殿上開經筵，由張居正親自主講歷史上的帝王成敗之道，皇帝則洗耳恭聽，講課之後，還得背書，背不出來就要被責罰。

萬曆六年，皇帝大婚，慈聖皇太后不能再和兒子住在一起，返回慈寧宮，臨行之前，還對明神宗說道：「以後，有什麼事不懂的就要問張先生，不要自己妄加作主，懂了沒有？」

明神宗心裡不服氣，嘴上卻一句話也不敢反駁，直到萬曆十年張居正去世之前，他這個皇帝的身分還是和傀儡一樣。

事實上，從萬曆五年開始，張居正的一些人格缺陷就已經展露得很明顯了，他喜歡別人阿諛奉承，又自以爲是國家棟樑，不把任何官員看在眼裡。

這一年，張居正的父親去世，依照傳統習俗張居正應該要回家守喪三年，可是，有人提出「奪情」之說，希望張居正不要回鄉，留在朝中繼續辦公，張居正自己也覺得朝廷裡不能沒有他，於是接受了奪情，留在朝中一面服喪，一面繼續視事。

當時的人，尤其是士大夫，最重視禮教，張居正這種「不孝」的行爲惹來極大爭議，許多官員紛紛出來彈劾他，還在明神宗面前痛罵張居正。

明神宗的反應是：把這些彈劾張居正的官員全部痛罵一頓，並且下詔：「此後若有人膽敢繼續誹謗張先生，一律殺無赦！」

張居正的地位保住了，不滿的情緒卻在醞釀。

萬曆十年，公元一五八二年六月，張居正病逝，享年五十七歲。二十歲的明神宗罷朝爲之哀悼，設了十六座祭壇供奉，並且親賜「忠正」爲謚號，百官也爲之服喪，備極哀榮。

包括明神宗自己在內，沒有人知道，在這華麗祭壇的背後，年輕皇帝內心深處竟然有種鬆了一口氣的感覺。

留給萬曆皇帝一個富強帝國的張居正，死後的地位竟在兩年之內有了一百八十度的轉變。原來，當初與張居正親善的太監馮保與明神宗親近的宦官張誠發生衝突，在張誠的攻訐下，馮保被抄家，抄出了金銀珠寶數以萬計。

「什麼？」明神宗大怒，「這個馮保，當年不是一副忠心耿耿的樣子嗎？居然貪了這麼多錢！」他隨即想到張居正，正巧此時又有人偷偷告訴他，聽說張居正的家產比馮保更多，這讓明神宗心目中的偶像破滅。

萬曆十一年，明神宗下詔追奪張居正上柱國太師及謚號，斥退張居正引薦的官員；萬曆十二年，明神宗下詔抄沒張居正家產，子孫充軍。詔書中說「張居正汙衊親藩，箝制官言，蔽塞朕聰」。又說張居正「專權亂政，罔上負恩，謀國不忠，本當斲棺戮屍，念效勞有年，姑免盡法」。

正與邪，善與叿，僅在皇帝一念之間，張居正從一代完人變成千古罪人，他締造的富強成了曇花一現，如迴光返照般，大明帝國即將迎接末日的來臨。

第三章：閹黨、倭寇與滿清入關

孩提時代的萬曆皇帝，曾經是個聰明伶俐的孩子，親政以後的表現，剛開始還差強人意，此後便墮落得令人搖頭，其昏庸的程度，竟能在昏君眾多的明朝皇帝裡名列前茅，三十餘年不上朝的紀錄，更是史上罕見。大明朝二百多年基業，就在明神宗的「無為」統治之下敲響了喪鐘。

朝廷中的黨爭、地方上的倭寇、來自海上與陸上的雙重外患，把這個富強的帝國逐步拖垮，山海關外的滿洲人趁機茁壯，統一部落，建立制度，進而入主中原，中國再度成為少數民族統治的國度，清朝的歷史就此展開，中國最後一個傳統王朝終於誕生。

十三副鎧甲

出了山海關，就是大東北，嚴寒的氣候，肥沃的黑色土壤，松花江、遼河沖積出遼闊的平原，長白山的茂密叢林，蘊藏豐富的資源。一群居民在此地奮鬥了數百年，上山打獵，下地耕種，生活單調而規律，他們曾經強大，甚至入主中原當過皇帝，後來又被趕了回來，回歸樸實。但是無所謂，他們夠強悍，不管遇到什麼挫折，都會重新站起來。

這些居民被稱爲女眞族，他們曾經在中國北方建立金朝，消滅契丹，並搶下宋朝半壁江山，成爲中原之主。

蒙古人滅了金朝，女眞人退回東北，在他們的故鄉繼續耕種、狩獵，在白山黑水之間，惕勵著精神與意志。

明朝政府在東北建了三個衛，建州衛統轄渾河以西到松花江上游；海西衛統轄遼河上游與松花江源頭一帶；野人衛則統轄黑龍江與烏蘇里江一帶漢化最淺的女眞族。後來，又有許多衛所在此建立，只不過由於地方遼闊，人口稀少，往往有名無實。

明成祖永樂十年，建州衛附近的部落長猛哥帖木兒歸順，明朝設置建州左衛由其統帥，猛哥帖木兒的弟弟凡察有自己獨立的部眾，明朝又設置建州右衛，以凡察爲指揮使，因此，建州衛、建州左衛、建州右衛合稱「建州三衛」，成爲女眞部落的重心，也就是後來被稱爲「滿州」的發源地。

滿州人並不團結，部落與部落之間不很融洽，有的部落與明朝親善，有的和蒙古要好，明朝遼東總兵李成梁擅長利用他們之間的衝突，合縱連橫，繼而治理整個東北的女眞部落，成效卓著。

明神宗萬曆二年，建州右衛指揮王杲叛變，攻擊李成梁，被李成梁擊潰，王杲逃往海西衛的哈達部落。

哈達部向來效忠明朝，不敢接納叛將，便將王杲捉起來送給李成梁。王杲的兒子阿台要爲父報仇，求助於哈達部落的敵人葉赫部一同進攻哈達，李成梁領兵協助哈達，擊敗阿台，進兵古勒城。

建州左衛的愛新覺羅部領袖覺昌安是猛哥帖木兒的後裔，向來順從明朝，他的孫女是阿台的妻子。聽說孫女婿和李成梁爆發衝突，連忙帶著兒子塔克世、孫子努爾哈赤前往古勒城，打算從中調解。

此時，建州蘇克素護河部的圖倫城主尼堪外蘭自願擔任李成梁的嚮導，帶領李成梁大軍攻入古勒城，縱兵屠殺，阿台陣亡，和事佬覺昌安、塔克世也都死在亂軍之中，努爾哈赤則被李成梁俘虜。

「將軍何故殺我父祖？」當時還是個少年的努爾哈赤已是英氣勃勃，對大名鼎鼎的李成梁毫不畏懼，直指著他問道：「我們愛新覺羅家向來對大明忠心耿耿，今日來此只想調停，難道這就是大明朝對代外族的方法嗎？」

李成梁自知理虧，不斷好言相勸，還教人找出覺昌安、塔克世的遺體，好生安葬，對努爾哈赤道：「你父、祖皆亡，一個少年人家無依無靠的，不如就暫時在我這裡幫忙吧！」

努爾哈赤知道李成梁故意要留他在身邊監視，卻也無可奈何。

「你祖父帶來的人馬、遺物，都在這裡了。」李成梁說道：「你如果還需要什麼幫助，儘管開口，我能幫上忙的，一定會盡力。」

所謂遺物，除了騎兵二、三十名都是家人之外，僅有鎧甲一十三副。努爾哈赤看著這十三副鎧甲，心中暗自禱祝：「只要還有一口氣在，我一定要報此血海深仇。」

李成梁對努爾哈赤的看管並沒有很嚴，而且正如他所說，只要努爾哈赤需要什麼幫助，李成梁都會很盡力的幫忙。對努爾哈赤來說，李成梁既是仇敵，又是恩人，感情十分複雜。

明神宗萬曆十一年，北京的朝廷不平靜，皇帝下詔奪去了張居正的爵位封號，政治上的是非倒轉；東北的建州衛也不平靜，二十五歲的努爾哈赤，領著自己的人馬，以報仇爲名義攻打圖倫城，追殺尼堪外蘭。

尼堪外蘭很會逃，努爾哈赤也很會追，尼堪外蘭躲遍了建州三衛的六個部落，努爾哈赤也就順勢攻城掠地，統一了建州六部。

萬曆十四年，公元一五八六年，尼堪外蘭逃進明朝邊境，努爾哈赤帶著兵馬，來到邊境之上，派人去和明朝邊將交涉：「你們是天朝上國，我們女眞向來順從，但是如今有家賊逃入上國境內，我們要清理門戶，必須勞煩上國將家賊交還，不然的話，你們就會失去上國的尊嚴。」

左一句上國，右一句天朝，表面上很給面子，實際上含有威脅的口吻，明朝邊將聽出話中涵義，不願意爲了這種小事破壞和平，因此答應了努爾哈赤的要求，逮住尼堪外蘭，並將他殺死。

「爺爺，爹爹……」努爾哈赤忍住眼中的淚，低聲對上天祈禱：「直到今天，我才終於替你們報仇了，但是，這樣還不夠，我還要讓愛新覺羅、讓女眞族強大起來，希望你們一定要幫我。」

成功除掉尼堪外蘭，讓努爾哈赤的聲威大振，明朝封他爲建州衛都督僉事，讓他統一建州六部的行動變得名正言順。

他的漢化程度頗深，最愛的兩本書，一本是《孫子兵法》，另一本則是《三國演義》，一部兵書一部小說，竟讓他的權謀遠遠勝過女眞各族的領袖，因此戰無不勝，攻無不克。

在不斷壯大的過程中，努爾哈赤麾下的猛將與智將也日漸增加，當他攻打圖倫城時，士卒不滿百人，鎧甲不過三十副，兼併、降服眾多部落，許多勇士都成爲努爾哈赤陣營中的柱石。

蘇完部族長索爾果領有五百戶，他的兒子費英冬、衛齊、佟圖賴、鰲拜等人都是以一當百，驍勇善戰的大將之才；棟鄂部族長何和禮帳下人丁眾多，兵強馬壯，雄赳赳，氣昂昂；雅爾古寨主扈喇虎有個少年英勇的兒子扈爾漢，冷靜沉著，遇敵從不慌張，總是以少勝多；庫爾喀部族長郎杜一家人全都是勇士，在一場動亂中郎杜被部下殺死，妻子背著小兒子，跳上馬背，左右射箭，逃出敵人魔掌，郎杜的兒子楊古利年僅十四歲，竟然手刃殺父仇人，過了幾年，成爲智勇雙全的大將，率領他的弟弟冷格里、納穆泰等人爲努爾哈赤盡忠。

其他還有尼馬察部的葉克舒、琥球、棟鄂部的魯可蘇、哈達部的蘇巴海、綏芬路屯長康果禮，以及勞薩、圖魯什、博爾晉、薩穆什喀、額爾德尼、達海……文武將相之才，盡入彀中。

「我們女眞族個個都是以一敵千的勇士，只要能滿一萬人，天下就沒有對手了。」努爾哈赤無比自豪地說道。

萬曆十六年，明朝政府特別開放撫順清河寬甸靉陽四個地區，與建州互市，逐漸被稱之爲「滿州」的建州衛，已經儼然成爲大明帝國周邊的一股重要勢力。

女眞還是未能完全團結，這是努爾哈赤十分擔心的，萬曆二十一年，公元一五九三年，嫉妒努爾哈赤強大的女眞部落：海西衛的扈倫四部葉赫、哈達、輝發、烏拉，聯合長白山的珠舍里、納殷，西北蒙古的科爾沁、錫伯等部落，合計三萬人，大舉進攻建州。

敵方的軍力遠遠多過建州好幾倍，但是努爾哈赤毫不畏懼，率領麾下猛將大戰於渾河之上，這條河，努爾哈赤是有特殊情感的，多年以前，努爾哈赤曾經在這裡創下一場不可思議的戰績：他和他的二弟穆爾哈赤帶領兩名包衣奴才對抗來犯的八百敵軍，他徒步衝入敵陣，連殺二十餘人，奮勇的模樣把敵人嚇呆了，紛紛逃亡，努爾哈赤繼續追擊，又殺六十多人。

「四人能敵八百之眾，足見天意在我啊！」努爾哈赤回想起那場得意之作，面對眼前的三萬大軍，心中竟然有一種興奮的感覺。

結果，這場渾河之戰努爾哈赤大獲全勝，珠舍里、納殷兩部被建州兼併，科爾沁、錫伯退回蒙古，葉赫部見風轉舵，發覺情勢不妙，轉而與努爾哈赤合作，共同討伐哈達。

哈達向明朝求救，此時明朝已經陷入焦頭爛額的政局，名將李成梁被彈劾去職，東北並無人才可以救援哈達，因此，哈達只好投降了努爾哈赤。

葉赫、哈達兩部，一北一南，素來稱作明朝東北兩大屏障，現在兩大屏障都落入努爾哈赤手中，他的霸業，已經無人能夠抵擋。

萬曆二十三年，公元一五九五年，明朝爲了懷柔日漸強大的建州愛新覺羅部，特別冊封努爾哈赤爲龍虎將軍。

「龍虎將軍?」接受冊封那天，努爾哈赤的態度表現得十分恭順，心裡卻覺得有點好笑，統一女眞的征戰還在進行，努爾哈赤的眼光已經投向更高更遠的那一端。

豐臣秀吉

日本，東方的島國，倭寇的發祥地，大和民族賴以維生的家鄉。

約在成吉思汗馳騁歐亞大陸的同時，日本的歷史進入了幕府時代，天皇失去實權，封建的支配者以征夷大將軍的名義設置「幕府」，統率全國各地的「大名」。

明朝開國之時，足利義滿建立了室町幕府，並與中國採取友好政策，事隔百年，室町幕府的控制力量大爲衰弱，地方上的守護大名紛紛叛亂，群雄並起，進入了「戰國時代」。

又過一百多年，發跡自尾張國（今日本名古屋附近）的「守護代」織田氏，出現了一位天才型的人物——織田信長，他在公元一五六〇年的「桶峽間之戰」，以三千兵力擊敗了四萬人的東海霸主今川義元上洛大軍，在往後十年之間，平定了鄰近諸侯，進京掌握政局，並在公元一五六三年放逐他自己擁立的幕府將軍足利義昭，結束室町幕府。

此後，他又花將近十年時間大體平定了反對的勢力，成爲日本霸主，正當即將統一日本之時，京都爆發了名爲「本能寺之變」的部屬叛變行動，奪去了他的性命。

織田信長有個得力的部下，名叫羽柴秀吉，原本只是個替織田信長遞草鞋的小廝，被信長破格拔擢爲大將。本能寺之變之後，他迅速調兵從前線趕回京都，消滅叛變信長的明智光秀，又在一年之後的「賤岳之戰」中擊敗了與他抗爭的信長手下大將柴田勝家，以平民的身分成爲織田信長的繼承者，在大阪築城，掌握全日本的控制權。

傳統日本是個非常嚴格的階級社會，羽柴秀吉是平民階級，即使他擁有全日本最強大的軍事與政治力量，也不能出任征夷大將軍，於是他只好從公卿的方向著手，尋求一個尊貴的身分，一五八五年，他擔任了「關白」之職，兼任太政大臣，天皇賜姓豐臣，是爲豐臣秀吉。

以平民的身分成爲天下共主，這是日本歷史上前所未見的，在豐臣秀吉心中，已經沒有什麼事能難得倒他。

日本後陽成天皇天正十五年，公元一五八七年，秀吉派兵討伐九州島津氏，並在次年迎接天皇至京都聚樂地舉行茶會，要求天下大名效忠皇室，種種作法與中國春秋時代「尊王攘夷」的霸主沒有兩樣，兩年後，他又消滅了關東地區的北條氏，降服了陸奧、出羽（在今日本本州北方）的伊達氏等大名，完成全國統一。

日本恢復了秩序，過去的光榮就該要回來，甚至要登上前所未有的顚峰。豐臣秀吉的野心熾烈，他命令部下向西方的朝鮮國要求進貢，甚至進一步致書中國皇帝要求貢物。

明朝沒怎麼理會日本的要求，這點秀吉可以忍受，他們畢竟是大國，但是朝鮮的反應卻氣人，不接受進貢的要求，對其他的要求也一概不予理會。

「瞧不起我們日本，那就打吧！」豐臣秀吉說道。

他很重視這場戰役，爲了指揮大局，把關白之職讓給養子豐臣秀次，自任太閤，從大阪移居姬路城，並在支持他的豪商力主之下召集了二十萬大軍，以加藤清正、小西行長、黑田長政等人爲先鋒，渡過對馬島，在朝鮮釜山登陸，目標韓國京城，展開了他對外侵略的行動。

這是日本天正十九年，明朝萬曆二十年，公元一五九二年的事。

朝鮮李氏王朝約在明太祖洪武年間建國，對明朝一向很恭順，年年遣使入貢，並在國內提倡儒術，學習中國文物制度。

也因爲如此，重文輕武的觀念深植人心，太平日子過久了，突然遭到日本大軍的攻擊，根本不知道該如何迎戰，好不容易組織起來的軍隊，一遇上日本軍就被殺得片甲不留，不到一個月，京城（今韓國首爾）、平壤相繼淪陷，朝鮮全國幾乎都被日本佔領。

朝鮮國王一路逃到中國邊境的義州，不斷派出使者向中國求救。

明朝接獲消息，展開討論，一致認爲朝鮮屬於中國藩屬，不得不救，可是這種邊境上的小爭端實在不需勞師動眾，就派了一名游擊史儒率兵前往救援，這個史儒不會打仗，才剛到朝鮮，救被日軍擊潰。

這下子滿朝為之震動，改派大軍征剿，以兵部侍郎宋應昌擔任經略，李成梁之子李如松為提督，率領西北諸衛所兵馬出發，另外派遣沈惟敬擔任使者，一窺日本虛實。

豐臣秀吉沉醉在勝利的美夢中，沒有想過和談的問題，但是時間拖久了，日軍疲態出現，水師多次敗給朝鮮名將李舜臣，陸上軍隊又得面對籌糧困難的窘境，士氣日漸低落。

因此，當沈惟敬來到日本前鋒大將軍營中時，小西行長轉達了秀吉的意見：「我們並不想佔領朝鮮，只想要有適當的貿易往來，與朝鮮劃大同江為界就可以退兵。」

沈惟敬把日方的態度回報朝廷，朝廷的回答是：「倭人向來狡詐，絕不可信任。」

李如松繼續進兵，在平壤擊敗了日軍，收復朝鮮北部四道，這時傳來南方的戰報：「倭人已經放棄王京，打算撤退。」

「倭人怕了嗎？」李如松頗有乃父之風，能征善戰，卻容易犯輕敵的毛病，他道：「現在不追，豈不是平白放走大功一件？」

他讓步兵留守，自己率領輕騎兵追趕，滿心以為追上日本軍隊之時就是建功立業的時刻，想不到中了日本的誘敵之計，在王京附近三十里地一處名叫碧蹄館的地方被日軍襲擊，大敗而歸。

經過這場失敗，明朝廷議的主張轉向議和，便讓沈惟敬再度前往談判，日本方面的談判代表是小西行長，他是個基督徒，態度溫和有禮，提出的條件與要求是：「中國朝鮮定期進貢，三國和平，日本可以撤出京城，退守釜山。」

「只退往釜山，豈不是不懷好意？」經略宋應昌說道：「我軍一旦撤退，日軍必定再犯。」

兵部給事中侯慶遠說道：「我朝與日本無冤無仇，爲了藩屬力爭，已經聲威遠播，能夠凱旋回來，實在是獲益良多。」

兵部尚書石星贊同這樣的說法，詢問明神宗，這個意見得到首肯，於是令朝鮮國王返回京城，中國軍隊撤退。

「那，還有一件事……」禮部的官員們說道：「這裡還有進貢的問題哪！」

由於文字表達方式的問題，在中國看來，這不是日本要求「進貢」，而是要求「賞賜」，但是日本與中國又沒什麼直接的利害關係，自居爲萬邦之主的明朝，不會把這種事看得有多嚴重。

「那就比照前例吧！」禮部官員們討論一番之後，這麼說道。

前例是什麼？翻開史書，關於這個蕞爾小國的記載眞不少，漢朝曾經封了一個「漢倭奴國王」，三國時魏國曾經封了一個「親魏倭王」；隋朝時，日本天皇致書隋煬帝，國書內有「日出處天子致書，日沒處天子無恙」的字眼，惹得隋煬帝不大高興，沒怎麼理會日本使者；唐朝時，日本攻打朝鮮半島，中國大將劉仁軌的水師把日本水師打得落荒而逃；元朝時，蒙古征日，兩次遇上颱風，還沒登陸就被吹翻……

這些已經足夠了，禮部官員們決定用比較符合上國禮儀的方式，封了一個不痛不癢的「日本國王」給秀吉，不討論進貢或者賞賜的問題。

不過，這麼簡單的議論竟然拖了兩年多才有答案，只是這答案並不是豐臣秀吉想要的，明朝敷衍的態度惹火了他，「日本國王？我們日本的主宰是天皇陛下，封我為國王，明國想陷我於不義嗎？」

還有那朝鮮更是可惡，明明被打得毫無招架之力，現在竟像沒發生過任何事似的，也不知道派兩個重臣前來朝賀一番，這讓豐臣秀吉更生氣，他退回了明朝的誥封，下令第二次出兵征伐。

日本軍隊的組成都是各地大名底下的武士階級，大名有多少俸祿，就能募多少武士，豐臣秀吉名義上統一全國，實際上這批軍隊仍是從地方大名那裡調動而來，除了前鋒小西行長、加藤清正、福島正則等人之外，都不是秀吉的嫡系部隊，他們長年駐守海外，早已心生厭煩，作戰起來不肯賣力，因此沒有先前那般勢如破竹。

明朝對日本人突然翻臉感到莫名其妙，沈惟敬回到北京，和主張議和的石星一起被逮捕，以交涉不力、錯估形勢等罪名論了死罪。

日軍作戰雖不賣力，但那朝鮮軍隊實在太不爭氣，仍被日軍打得節節敗退，慶州、南原、全州等地相繼淪陷，離京城僅一條漢江之隔，與城中的明軍、朝鮮軍對峙。

中國以兵部尚書刑玠為蓟遼總督，以御史楊鎬擔任經略，麻貴為備倭大將軍。刑玠請求徵調北京、遼東、山西、陝西、浙江、福建及四川各地衛所的軍隊大舉東征。

軍隊集結完成，刑玠主動出擊，命楊鎬、麻貴率軍南渡漢江，攻打慶州。日軍主力都在慶州南方的蔚山、島山兩地，楊鎬全力攻擊蔚山，擊退敵人，繼續與麻貴合圍島山，守將加藤清正拚死抵抗，激戰十天十夜，並以大砲轟擊，雙方死傷都很慘重。

小西行長在釜山聽說前線危急，派了三千精銳前來救援，並且在島山附近製造謠言，說日本方面的大批援軍即將從海上登陸。

謠言竟把楊鎬騙過，島山臨海，如果日軍從海上來攻，只怕明軍會敗得很慘，他越想越怕，仗還沒打完就忙著撤退，日軍從後面追了上來，一口氣消滅了一萬多的明軍。

退守王京的楊鎬吃了這樣一場大敗仗，竟然回報朝廷，說他打了一場漂亮的「蔚山大捷」，企圖想要矇混過去。

負責遞送奏章的丁應泰將整椿事情的經過原原本本的告訴朝廷，這下子連不愛管事的明神宗都火大了，下旨查辦楊鎬，並以天津巡撫萬世德取代楊鎬的經略位置。

往後一年，明朝、朝鮮聯軍以及日本軍之間往返交戰，陷入膠著。明軍方面，補給線拉得太長，難以取勝；日軍方面，補給迅速，士卒卻沒有求勝之心。

這場毫無意義的戰爭結束得很突然，原來日本太閣豐臣秀吉在公元一五九八年病逝，兒子年幼，沒有像樣的繼承人，最有勢力的大名德川家康野心勃勃，日本似乎又將陷入大亂，駐守在朝鮮的將領急於趕回國內，紛紛撤兵。

日軍忽然匆忙撤退，經略萬世德還不大敢相信，只是遠遠的觀望著，等他確定日本人眞的在撤退，連忙會同刑玠領軍追趕，咬住日軍的尾巴打了幾仗，略有斬獲，而日軍已經全部撤離朝鮮半島。

萬世德與刑玠商量一番，決定以大捷稟奏朝廷，「倭軍眞的撤退了啊！」萬世德說道：「雖然不知道爲什麼，不過總算是大功一件。」

明神宗萬曆二十七年，公元一五九九年，明神宗詔告天下，宣揚平定倭國的捷報，宣布刑玠進位爲太子太保，升任萬世德爲右副都御史，麻貴加都督，有功人員均有封賞。皇帝心情眞的很好，連原本定了死罪的楊鎬、石星都免罪獲釋，後來還重新起用，再度當官。

歷時七年，耗資數百萬，動員數十萬大軍，明朝爲了幫助朝鮮的確犧牲很大，作戰上雖然沒有值得稱道的地方，畢竟還是將朝鮮的兩京收復，替李氏王朝復國，從此朝鮮對明朝深深感激，即使後來明朝滅亡了，朝鮮仍然念念不忘。

日本軍隊回到國內，又是一番爭奪，後來德川家康建立了江戶幕府，開始了兩百多年的鎖國，不再對外侵略。

只不過，由豐臣秀吉建立「居寧波，征服印度」的觀念，已經漸漸成爲日本武人內心深處的理想，「從朝鮮半島進入中國，從中國征服世界」的行動，在很久很久以後付諸實行，並在遠東三個國家之間造成錯綜複雜的恩怨情仇。

明朝政府當然不可能看得這麼遠，不過當時已經有一批見識超凡的人體認到朝鮮戰爭即將帶來的隱憂。「東北、西北的軍隊都調去打日本了，這不是平白送給滿州人和蒙古人一個大好機會嗎？」

「留中不發」

滿州人崛起了，日本人打來了，巍峨的大明朝在做些什麼？當然還是一如往昔，沉浸在官僚政治的大染缸中，漸漸迷失方向。

朝廷裡唯一能夠超脫這套官僚體制的，就是高居萬物頂端的皇帝陛下。明神宗萬曆皇帝二十歲親政，在張居正的諄諄教誨中，年輕的皇帝滿腹經綸，衝勁十足，接手的是個有錢有勢的東亞第一強國，滿心想要有番大作爲。

可是一連串的打擊卻讓萬曆皇帝心灰意冷。無意之間發現了滿口仁義道德的張居正竟然家財萬貫，貪污不少銀兩，這讓他的情感受到傷害，他選擇以激烈手段來處理這件事：奪爵、抄家、子孫充軍，張居正過去的功業，被他一筆勾銷。

初掌大權的他，勵精圖治，不辭辛勞，萬曆十二年八月起，北京附近連月不雨，鬧了旱災，他親自率領文武百官，以步行方式往返二十里至京城南郊主持祭祀，太監勸他坐轎子，他不願意，走到腳底磨出水泡，只爲了展現誠意。

萬曆十三年五月，山西、河南、山東、湖廣等地接連發生水災與蝗災，明神宗臨朝聽政之後，又召集閣臣商議因應對策，最後由他親自下詔，免去災區一年的田租稅糧。

同年，尙寶司丞徐貞明上表建議開發北方水利，增加糧食生產，明神宗看了奏表，頻頻點頭稱讚：「這的確是好辦法，應該讓他發揮。」他提拔徐貞明擔任少卿，兼任監察御史、墾田使，負起京畿農田治理之責，才花一年時間，就開墾三萬九千多畝土地。

對於臣下的建言，年輕的萬曆皇帝往往能虛心接受。萬曆十四年三月，禮部官員們討論政局，提出奏表指出：「如今天下尙不太平，原因乃是額外的徵收過多，不定時的勞役過繁，願陛下以身作則，力行節儉，以使百姓安居樂業。」

明神宗看完奏表，第二天上朝時當眾表示：「禮部的意見朕知道了，朕一定躬行節儉，絕不任意徵收稅賦勞役。」

想不到，這份勤勉與誠意竟然成爲萬曆皇帝的絕響。

就在這一年，明神宗最寵愛的鄭貴妃生了一個兒子，取名朱常洵，明神宗欣喜非常，當下冊封鄭氏爲皇貴妃。

這並不是一樁了不起的大事，皇帝愛封自己最愛的妃子，只要不廢皇后，那就理所當然，無關大局，但是，朝臣卻爲這件事議論紛紛。原來，明神宗已經有過兩個兒子，次子早死，長子名叫朱常洛，是恭妃王氏所生，這個兒子雖非嫡長子，但從倫常秩序來看，理應立爲太子，現在明神宗封鄭貴妃，豈非表示他有意封朱常洵爲太子？

給事中姜應麟第一個跳出來說話，他上了一篇奏表，請求明神宗趕緊立朱常洛爲東宮太子。

「朕立不立太子，那是朕的家務事，是這些奴才管得了的嗎？」明神宗憤怒異常，立刻下詔將姜應麟貶官。

誰知道過了不久，又有一個不怕死的吏部員外郎沈璟做出同樣的請求。明神宗依舊將他貶謫。

接連兩個要求立儲的官員被廢，似乎眞的顯示出皇帝打算立朱常洵的企圖，從這件事可以看出明神宗的智慧有限，在還沒立儲的情況下，他大可以不必這樣反應激烈，說不定不會讓那些以清流自居的臣子爲了這種事吵翻了天。

結果，姜應麟、沈璟的被黜反而激起了群臣的喋喋不休，連首輔申時行爲了順應眾朝臣的意見，也只好聯合閣臣請求萬曆皇帝明明白白的下令立儲。

「朕想把位子傳給誰，還得要聽這些老匹夫的話嗎？」明神宗問道。從前張居正教給他很多學問，這時候派上了用場，向來覺得自己就是天地至尊的他，仔細思索這個問題之後，赫然發現，貴爲專制獨裁的皇帝，在官僚體系完備的情況下，竟然連決定繼承人的權力也沒有。

他長嘆一口氣，說道：「果眞這樣的話，朕當這個皇帝還有什麼意思？」
明神宗沒有回應申時行的建議，只是第二天清晨，百官上朝之時，沒有看見皇帝的蹤影。「皇上龍體欠安，頭暈眼黑，今日暫且罷朝了。」負責傳話的小宦官說道。
百官面面相覷，申時行知道皇帝沒有生病，只是不想再和群臣辯論立儲的問題，但是有的時候，一群人的情緒要是起來了，就很難平撫下去，尤其是知識分子。
接連幾天，皇帝都沒有上朝，官員之中有人說話了：「皇上不願意見咱們，是不是因爲他要立幼子爲帝？我們身爲朝廷忠臣，不能讓皇上犯下這種違背倫常之事！」
「皇上不上朝，還不是被鄭貴妃迷住了！」有人竟然這樣說道：「鄭貴妃要讓自己的兒子當儲君，怎不會在皇上面前猛灌迷湯！」
「皇上被奸人蒙蔽，太阿倒懸！」
激烈的言論紛紛出籠，抨擊聲浪極大，後來甚至連一些吏員也開始抨擊鄭貴妃，有些話甚至說得很難聽。這就是讀書人的風骨，皇帝操縱生殺大權是沒有錯，但是，只要讀書人面對這種「大節」之時，他們就會不怕死，不畏強權，捍衛自己心目中的「正義」與「道德」。
內閣首輔申時行是個好好先生，當初他帶頭上書請立儲君是爲了平撫眾人意見洶洶，倒不是他眞的認爲立儲之事有那麼急迫，如今看見這些討論已經一發不可收拾，又轉而建議皇帝，希望他能下旨規定各部官員的議論僅止於自身職掌，並且不准那些不是言官的人擅自發表立儲的意見。

萬曆皇帝看了申時行的意見，點點頭，把奏章放在一旁，沒有任何指示。

這下子申時行連同僚都得罪了，言官們認爲申時行蒙蔽皇上，紛紛上表彈劾，鬧得不可開交。

躲在後宮，不肯辦公，算是一種抗議，偏偏這種抗議很浪費錢，因爲他總利用躲在後宮之時大肆享樂，動不動就下令將國庫中儲存的白銀挪到宮廷庫房之中好供他花用。這也算是一種報復，在他心中，朝中那些大臣都要和他作對，他就要多搶些大臣們辛苦賺來的銀子。

建議立儲的奏章不時送來，明神宗有時候看看奏表，有時候回應一下，有時候發怒起來重責一兩個官員。但他知道再怎麼重責也沒有用，這些官員書讀多了，腦袋和脖子都很硬，根本不怕死，堂堂的皇帝，也只好委婉的採取拖延策略，「皇后還沒生孩子哪！等皇后有了子嗣，再談立儲之事不遲。」

萬曆十七年，公元一五八九年十二月廿一日，大理寺評事雒于仁上了一篇《酒色財氣四箴疏》，嚴厲的筆調直指明神宗，說他整天躲在後宮喝酒，溺愛鄭貴妃，貪財好貨，意氣用事不與大臣見面，不理政事，不聽經筵，以致國勢日非，朝政敗壞。

這篇文章也許道出了明神宗的缺點，但是實在太不給皇帝面子，讓明神宗很難堪，也很生氣，不過他倒不是個暴虐的君主，並沒有立刻拿雒于仁開刀，一直撐到萬曆十八年元旦在毓德宮召見全體內閣大學士時，才把這份奏疏拿出來，遞給申時行。

「諸位先生們，這份奏疏直說朕酒色財氣兼而有之，你們替朕評一評。」萬曆皇帝說得很客氣。

申時行展開奏疏，才看了兩行，萬曆皇帝就忍不住說道：「他說朕好酒，誰不喝酒呢？朕喝酒後，從未有過失儀之事！他說朕好色，寵愛鄭貴妃，朕只因鄭貴妃勤勞，讓她隨時伺候著，恭妃王氏育有皇長子，朕讓她負起照管之責，母子相依，有何偏愛可言？」

大學士們只能頻頻點頭稱是。

萬曆皇帝命人把兩個皇子朱常洛與朱常洵找來，轉頭問申時行等人道：「你們覺得他們倆儀表如何？」

朱常洛不滿十歲，朱常洵不滿五歲，實在沒有什麼「儀表」可言，但是閣臣們仍然下拜稱頌。申時行說道：「皇長子龍鳳之姿，將來一定會成爲有道之君；皇三子蘭芽玉質，將來一定也是皇室的驕傲。」

畢竟兩人都是萬曆皇帝生的，被這樣讚美，臉上的不岳漸漸退去。

大學士們察言觀色，王錫爵說道：「陛下，還是盡早冊立皇太子吧！免得議論紛紛。」

萬曆皇帝指著奏章說道：「這雒于仁的奏章是在詆毀朕躬，總該要嚴辦吧？」

申時行說道：「這份奏章言詞無理，固然不該，但也不可因此嚴辦，以免朝臣信以爲眞，恐將影響聖譽。」

「你說得很對。」萬曆皇帝道：「既然如此，朕就將這份奏章留中不發，你去和雒于仁說一聲，叫他稱病辭官吧！朕不想再見到這種人。」

「……臣等遵旨。」

「朕知道你們覺得不舒坦，朕又何嘗不是呢？只不過皇長子與皇三子均爲朕所生，外人若想離間我父子之情，那就不是人臣之道，你們去和那些喜歡亂說話的人講一聲，要是明年不再爲此爭論，則後年可以立儲，否則，就等皇長子十五歲的時候再說。」萬曆皇帝揮了揮手道：「你們跪安吧。」

此後，不只是議論立儲的奏疏，凡是任何有爭議、難以立刻決定的爭端，萬曆皇帝的處理方法就是「留中不發」，留中的意思，就是對這個問題既不允許，也不拒絕，不裁示，也不公布，直接擱置就算了事。

到後來，十份奏章有六七份都會留中，大學士葉向高感嘆地表示：「一事之請，難於拔山，一疏之行，曠然經歲……」皇帝不上朝，奏章不處理，重要大事沒辦法解決，如此政局，怎能清明？

日本攻打朝鮮，努爾哈赤橫掃東北，這兩件事雖然暫時轉移了部分朝臣議論的焦點，但是立儲之事，他們仍然沒有放棄。萬曆皇帝總是以皇后無子爲理由，一再推託。

拖了十幾年，朝臣不但沒有放棄，態度反而更加堅決，明神宗曾經想用諸子同立爲王的方式混淆視聽，但是騙不過精明的大臣們，皇帝迫於無奈，只好在萬曆二十九年，公元一六〇一年十月，皇長子朱常洛大婚之日，宣布立其爲太子。

這場君臣之爭似乎以皇帝落敗收場，但是萬曆皇帝有辦法彌補心中的缺憾，比從前更貪財，更大手筆的從國庫調銀子。

還不止如此，明神宗統治時期，地方上的變亂已經日趨嚴重，每次派遣官兵征討就得花費大量金錢。萬曆皇帝很喜歡存銀子，從國庫挪來的銀子其實並不怎麼常使用，全都囤積在宮廷庫房之中。

雖說如此，萬曆皇帝還是經常叫窮，不斷出兵耗資鉅萬，給他一個很好的理由得以從事聚斂的活動，「礦稅之擾」於是成爲萬曆年間最讓百姓詬病的苛政。

「礦」是礦產，「稅」是稅收，兩項都是國家理所當然的財源，不過萬曆皇帝的方法與眾不同，他不相信戶部負責徵稅的官員，派了太監前往各地監督礦場及稅務機構，稱爲「礦監」與「稅使」。

明朝宦官的囂張是人人都知道的，現在，這些宦官們得到皇帝授意，囂張程度更上層樓，危害的範圍更加廣大，「礦監」、「稅使」們假借天子權威，擅自干涉地方上的行政司法，他們可以任意責罵毆打地方官員，也可以隨意侵佔百姓田產，甚至謀財害命。

到後來，礦監和稅使甚至在各地建立自己的衙門，一名太監有隨從百餘人，分遣官十餘人，分遣官又有隨從百餘人，他們手裡握著明神宗御賜的官防，到處替明神宗搜刮財物。

從萬曆二十五年到萬曆三十年，這群走狗已經替明神宗搜刮了白銀一千七百一十萬兩，黃金三萬六千兩，這還不包括他們中飽私囊的數目。

礦監陳增負責主持山東地方的礦務，一到當地便開始索賄，不願賄賂的他便彈劾，肆虐山東十年之久。

另一名太監陳奉身兼荊州稅使與興國礦監，每次出巡總是帶著他的爪牙到處欺負人，鞭打官吏，剽劫商旅，農民與商人對他們恨之入骨，有一次他從武昌出巡，走到郊外，就被一群又一群憤怒的民眾丟擲石塊，還有人要拿棍棒毆打他，但陳奉身邊都是武功高強的衛士，保著陳奉落荒而逃，如過街老鼠。

陳奉大怒，「這幾個地方的知府太可惡，竟然縱容百姓毆打朝廷命官，我要讓他們吃不了兜著走。」隨即上奏明神宗，誣告襄陽知府、黃州知府與荊門知州三人煽動民變，企圖劫掠朝廷命官，要明神宗將他們革職。

過了幾天，有人向陳奉報告，說地方百姓挖到唐朝宰相李林甫妻子楊氏的墳墓，得到黃金珠寶無數，陳奉連忙派出隨從將這名百姓抓起來，挖掘到的財產充公，上奏朝廷。

明神宗竟然嘉勉他的表現，讓他精神更加抖擻，開礦監督搖身一變成為挖墳監督，轄區內所有大墳墓，不管新的舊的，全部遭殃。他的黨羽，在挖墓的同時，還喪盡天良，公然搶劫百姓，姦淫良家婦女。

他的舉動激起更大規模的民變，上萬百姓來到官署前面抗議陳奉及其爪牙的惡行，地方官也頻頻上奏彈劾陳奉，都被萬曆皇帝擱置下來。

「這陳奉很好啊！」明神宗道：「每次都能想出新的辦法替朝廷廣開財源。」

督理南方湖口航稅的宦官李道方正好回京，他向萬曆皇帝密報道：「皇上，您別被陳奉給騙了，他在長江上設防務，在道路上設關卡，爲的是阻劫商船、商隊，然後變賣他們的貨物，如果賣了三萬兩，頂多繳上一萬兩，其餘的他都自己留著啦！」

明神宗臉色一沉，「有這種事？」他很討厭有人和他搶錢，查證陳奉眞的有這樣的作爲，便下旨免了陳奉的礦監稅使職，調回京師。

萬曆三十三年，公元一六〇五年，禮部尚書馮琦上表，痛陳「礦稅」的弊病：「礦監稅使帶給天下百姓的痛苦，比作戰打仗還要嚴重，陛下經營礦務稅收是爲了活絡商機，這些宦官的所作所爲卻是在使商機困頓，他們仗著皇上信任，在外面作威作福，引發的民變不知凡幾，陛下愛民之心全被這些小人所害，願陛下明察……」

在此之前，明神宗已經收到無數份彈劾礦稅的奏表，大多數都被他留中不發，看完這一份文字中多少拍了拍馬屁卻入情入李的奏疏之後，也深深感到自己這項措施的確有疏失，於是就在這年十二月下詔各地停止開礦。

礦監的弊端總算告一段落，稅使則一直保留著，直到萬曆末年都沒有改變。

明朝前代出過幾個弄權的大太監在中央把持朝政，把局勢搞得烏煙瘴氣，萬曆年間沒有出現這樣的大太監，卻出了幾百個不算太大的太監，危害更深更廣，他們能這樣得到明神宗的信任，一部分的原因也在於這些宦官多半與鄭貴妃有聯絡，鄭貴妃在皇帝面前猛灌迷湯，明神宗怎會不聽？

一些大臣看不下去了，皇太子雖然已立，被封為福王的朱常洵仍然留在京師，鄭貴妃也經常在皇帝面前搬弄是非——至少大臣們這麼認為。有個刑部侍郎叫做呂坤，是頗享盛名的理學家，他寫了一部《閨範圖說》，宣揚歷代婦德，萬曆皇帝無意間看了，覺得很不錯，就讓鄭貴妃也看，鄭貴妃的哥哥鄭國泰還慎重其事地將全書重刻付印。

有人針對這件事寫了篇名為《憂危竑議》的文章，說這篇文章寫漢明德馬皇后的故事，表面宣揚婦德，其實是在逢迎鄭貴妃，皇地將書賜給鄭貴妃，表明了皇帝的心意，而鄭貴妃將這篇文章重印，也暗示她即將奪取皇后地位，這樣，福王就會成為太子。

這篇文章惹出一場風波，後來查出作者，被明神宗革職充軍。事隔五年，又有人匿名寫了一篇《續憂危竑議》，全文只有三百多字，以一問一答方式寫作，答話者取名「鄭福成」，意思就是鄭貴妃之子福王應當成事，從頭到尾都在諷刺明神宗立儲毫無誠意，只是掩人耳目，混淆視聽，總有一天會更易等等。

「這詆毀得也太嚴重了吧？」看過的人都這麼說。

不到兩天，京師附近街頭巷尾，這篇文章到處流傳，人們都很害怕，擔心那場必定發生的風暴會嚴重到什麼地步，他們把《續憂危竑議》稱爲「妖書」，成爲一項禁忌但人人都想談的話題。

最生氣的當然就是明神宗，他立刻下令東廠率領錦衣衛嚴加查辦，並且要求收回所有的妖書。大學士朱賡仔細閱讀了妖書的內容，發覺其中議論他的地方也不少，連忙向明神宗稟奏：「皇上，這篇妖書分明是那些所謂的清流寫來陷害人的，您可別信哪！」

另一位大學士沈一貫也說道：「這是圖謀不軌之人所作的！」

明神宗說道：「既然你們心裡有底，就讓你們去辦吧！」

當時稟政的大學士有三位，沈一貫、沈鯉、朱賡，其中沈一貫與朱賡是一派，他們附和萬曆皇帝的旨意，支持暫緩立儲，也對鄭貴妃與福王比較友善，和另一群目前以沈鯉爲首，堅決主張立朱常洛爲儲君，並且對萬曆皇帝種種昏庸作爲直諫不諱，自命爲清流的官員們之間對立傾軋，已經是多年來外朝大臣的政治模式。

此次的妖書事件演變成大學士之間的嚴重傾軋，沈一貫親信的給事錢夢臬、御史康丕揚指稱妖書乃是禮部侍郎郭正域所作。郭正域是皇太子朱常洛的老師，而沈鯉又是郭正域的老師，「清流」與「非清流」之間的對立就此尖銳起來。

沈鯉、郭正域成了嫌犯，暫時不視事，康丕揚抓了郭正域身邊的親信，包括他的朋友與僕人，嚴加拷問，企圖屈打成招，但是這些人即使被酷刑折磨得只剩下一口氣，也不承認製作妖書。

反覆的調查與拷打持續大半年，直到萬曆三十三年，東廠提督司禮太監陳矩對康丕揚說道：「你還是放了他們吧！太子爺已經說話了。」

康丕揚問道：「他怎麼說？」

陳矩答道：「他說，既然審了大半年都沒有水落石出，那就代表妖書不是郭正域寫的啦！你為什麼一定要殺他的老師？如果你饒得過太子爺，那就饒了郭正域他們吧！」

這番話說得康丕揚毛骨悚然，他並沒有把握扳倒太子，萬一以後太子成了皇帝，他有幾條命可以繼續得罪下去？於是在他得到沈一貫的首肯之後，不再繼續調查郭正域。

但是，一樁詆毀皇帝的公案總不能不了了之，陳矩指揮錦衣衛，抓到一個嫌犯，名叫皦生光，他是順天府的生員，最喜歡寫一些亂七八糟的文章詐取錢財，在錦衣衛連日的「審訊」之下，皦生光承認：「妖書是我寫的……」

說話的時候，皦生光眼睛睜不開，嘴裡的牙齒掉了一大半，渾身是傷，不停地淌血，任誰看到他，都知道那是屈打成招的結果。

官員間的傾軋並未因妖書案告終而了結，反而越演越烈，到了萬曆三十五年，朝廷黨派眾多，自詡清流者，以東林黨勢力最爲龐大，東林黨的名稱，則來自精神領袖顧憲成講學的東林書院。

顧憲成是萬曆八年的進士，學識淵博，能言善道，在吏部當過主事、員外郎，位階不高，卻很敢說話，立儲之事就是他積極主張的項目之一，並能影響輿論。

曾任首輔的大學士王錫爵對他說道：「如今朝中有個奇怪的現象，朝廷認爲對的，外臣一定認爲不對；朝廷認爲不對的，外臣一定認爲是對的。」

顧憲成則反唇相譏道：「我倒覺得應該這樣說，外臣認爲對的，朝廷一定認爲錯；外臣認爲錯，朝廷一定認爲是對的。」

萬曆二十二年，顧憲成執意要推薦不爲明神宗所喜的王家屏繼任首輔，觸怒了明神宗，顧憲成因此遭到革職，結束官場生涯。他回到故鄉浙江無錫重建荒廢已久的東林書院，並在其中講學。

他在朝廷之中結識了一群意氣相投的生死之交：高攀龍、錢一本、薛敷教、于孔兼等人，這些人受到顧憲成影響，紛紛辭官，來到東林書院與顧憲成一同講學，蔚爲一股風潮。

書院門口貼著一副對聯：「風聲、雨聲、讀書聲，聲聲入耳；家事、國事、天下事，事事關心。」顧憲成經常說道：「當京官的不忠心，當地方官的不爲百姓，隱居鄉里而不管世事的，就不配稱爲君子。」

在顧憲成的思想指導下，這群人發揚傳統儒學及理學的精神，經常抨擊時政，評論人物，朝廷之中也有不少人和他們遙相呼應，以清流自詡，就形成了日後被指稱的「東林黨」，在朝廷中的聲勢十分浩大。

東林黨堅持理想，擇善固執，遇到覺得不合理的事，即使殺頭也要力爭到底，凡是他們認爲正義的主張，他們就會永遠堅持，不畏艱難，不過，東林黨有時候的堅持已經接近迂腐，朝廷政治常因他們的爭論不休，導致很多事情延宕，效率不彰。

有些官員看不慣東林黨這種個性，結合起來與他們對抗，好比沈一貫、朱賡等人，他們也不全是爲了私利而反對東林，只因爲不欣賞東林黨的那股拗脾氣，認爲這並不是爲政該有的態度，才處處與他們對立。

「要是每個人都像東林黨那樣，事情就不用做了。」反對派這樣說道。

齊人方詩教、韓凌、周永春結合起來反對東林，號稱「齊黨」；荊楚人士官應震吳亮嗣等人則號稱「楚黨」；國子祭酒湯賓尹爲宣城人，和他親善的就被稱爲「宣黨」；浙江人劉廷元、姚宗文被稱作「浙黨」；另外還有崑山人爲主的「崑黨」，這五個黨經常聯合起來攻擊東林黨。

光是一個立儲的問題就讓他們爭執了二十多年，即使朱常洛成了皇太子，東林黨仍不肯罷休，直到萬曆四十一年，宮中又謠言紛紛，說鄭貴妃藏了一批妖人，打算用法術詛咒皇太子，好讓福王可以繼承皇太子地位。

朝中清流群情激動，要求福王離開京城，前去封地洛揚。大學士葉向高頻頻上奏向明神宗要求，明神宗本來懶得管，但是大臣們吵得太兇，明神宗便叫鄭貴妃去詢問福王朱常洵的意見。

朱常洵說道：「我在洛陽無家無業的，怎麼活啊？好歹也得給我四萬頃田地，讓我沒有後顧之憂，我才好出發啊！」

此一要求提附閣議，葉向高認爲此事並無前例可循，本來不肯答應，但是那些和東林書院關係密切的官員們則認爲，只要福王能離開，不妨答應，葉向高只好討價還價，把田地數目降到兩萬頃，得到了福王的同意。

萬曆四十二年，福王到了洛陽，果然人如其封號，作威作福，還在洛陽設立鹽市，規定當地百姓只能在那裡買鹽，與民爭利，萬曆皇帝聽了這些，也毫不介意，依然放任朱常洵胡作非爲。

由此可見，東林黨等「清流」會在立儲之事上爭論不休，也非無的放矢，明神宗的偏袒徇私眞的有可能會讓國家陷入動亂，而他們最不願看見的，就是這樣的發展。

萬曆四十三年五月四日傍晚，一個中年男子手持木棍打傷衛兵，闖入太子居住的慈慶宮，內宮韓本用聽見騷動，領著手下將那男子團團包圍，一陣扭打，終於將他抓住，送交審問。

審問的結果出來了，原來那男子名叫張差，是薊州人士，宦官龐保、劉成差遣他來，要他行刺皇太子。

這樣的答案嚇壞了所有人，因爲龐保、劉成不是別人，就是鄭貴妃身邊的太監，於是群聲鼎沸，都說是鄭貴妃的兄長鄭國泰主使，鄭國泰越辯解，參劾他的人越多。

爲了解決這件事，萬曆皇帝二十五年來第一次召見閣臣百官，他拉著太子對百官說道：「昨天有個瘋子要傷害太子，外廷之中有許多閒言閒語，誰無父子？爲什麼要這樣挑撥離間？」

百官一句話也沒有說。

明神宗繼續道：「現在，與這件事有關的龐保、劉成已經伏法，其他和本案無關的人不准再加以牽連，知道嗎？」他拉著太子的手說道：「常洛是個孝順的孩子，朕撫養他長大成人，如果有別的意思，還會等到今天嗎？」

群臣仍是鴉雀無聲。

明神宗對朱常洛說道：「你有什麼話，可以直接和他們說。」

朱常洛說道：「一個瘋子幹的事，解決了就算，不需要株連。希望諸位卿家不要再妄加議論，讓自己成爲不忠之臣，害得我成爲不孝之子。」

明神宗沉著臉問群臣道：「你們都聽見了嗎？」

百官叩頭謝罪，這樁「梃擊」之案便不了了之，萬曆皇帝當初罷朝，是因爲立儲的爭議；最後一次上朝，也是因爲皇儲的風波，大臣們會爲了這種事爭論成這樣，也難怪明神宗倦勤。

天命

皇帝不管事，群臣勾心鬥角，百姓苦於礦稅荼毒，社會危機隨時就要爆發，在此同時，滿州努爾哈赤的力量不斷增強，地盤也不斷擴大，終於可以和明朝一較高下。

萬曆四十四年，公元一六一六年正月，統一建州女眞，消滅哈達、輝發、烏拉，控有建州、長白、扈倫三部之地的努爾哈赤，在赫圖阿拉（今遼寧省新賓縣）登基，自稱建州國汗，年號天命。

當明朝冊封努爾哈赤為龍虎將軍之時，努爾哈赤並沒有被這種榮耀沖昏頭，反而讓他體認到明朝政府的無能，開始規劃大計。

在他不斷征戰的過程裡，不少才學智士投入他的帳下，他讓這些學者共同研究，制訂出滿州文字，到了萬曆二十九年，他又將自己的嫡系部隊一千二百人分為四個「牛彔」，每牛彔置一名「額眞」為統帥，分別以黃、白、紅、藍四色旗幟作為象徵。

近二十年之後，編制擴大，一牛彔增為四百人，每五牛彔設置一「甲喇額眞」，每五甲喇額眞設一「固山額眞」，四色旗幟又增加了不同顏色的鑲邊，成為鑲黃、鑲白、鑲紅、鑲藍，加上原有的四旗，成為滿清八旗兵的由來。

八旗並非單純的兵制，還包括徵賦、勞役、刑罰以及各種管轄滿州人的制度，滿州人原本鬆散的部落組織，就在八旗制度下逐漸變成國家的形貌。

登基稱汗那天，八旗貝勒、大臣共同尊奉努爾哈赤為「承奉天命養育列國英明汗」，帳下精兵排列整齊，身披鎧甲，手執大刀，有騎兵，有步兵，也有弓兵，聲勢浩大，努爾哈赤再也不是當初那個只有十三副鎧甲的可憐少年了。

天命三年，公元一六一八年四月十三日，努爾哈赤發表「七大恨」祭告上天，隨即與明朝翻臉，大舉進兵明朝東北重鎮撫順。

七大恨的內容，除了指責明朝當年殺害努爾哈赤父祖的仇恨之外，大體反映了努爾哈赤的一個思想：明朝利用女真各部之間的分歧，使女真無法團結，方便明朝對女真的控制，因此，努爾哈赤統一女真，最大的障礙就是明朝。

兩天之後，女真軍隊來到撫順城外，這裡是明朝開放給建州互為貿易的地方。昨天已有女真使者前來撫順馬市對當地商民宣稱：「將有三千韃子來此買馬，會有一筆大買賣！」

因此努爾哈赤軍隊到來之時，只敲了敲城門，門就開了，商人紛紛出城想要和這些「韃子」們做買賣，誰知韃子們頭也不回，直接進城，輕輕鬆鬆，不費一兵一卒就將撫順城拿下。

「《孫子兵法》講不戰而屈人之兵，今天我終於做到了啊！」努爾哈赤對這場仗得意萬分。不過他並沒有因此驕矜，繼續進兵平定撫順附近城池，擊敗明朝遼東總兵官張承胤，擄獲錙重數千，戰馬九千匹，大獲全勝。

明朝接獲報告，大為震驚，撫順乃是東北重鎮，一旦喪失，關外領土就有危險了，當時名將戚繼光、李成梁等人去世已久，朝廷竟然起用曾在朝鮮之役中打了大敗仗的楊鎬擔任經略，統帥四路軍：前任遼東總兵官馬林、山海關總兵杜松、遼東總兵李成梁之子李如柏、總兵劉綎分別爲東西南北四路主將，會合朝鮮兵馬十萬，合計兵馬號稱四十七萬大軍，企圖一舉消滅努爾哈赤的勢力。

明軍數量足有滿州軍數倍之多，軍中配有西洋引進的大砲與火槍，破壞力十足。反觀滿州軍隊，只有大刀弓箭之類的傳統兵器，強弱之勢從表面上看非常明顯。

但是明軍也不是沒有弱點，楊鎬的品德與能力都有問題，那是在朝鮮之役就已證明過的，四路主將只有杜松、劉綎比較善戰，李如柏、馬林等總兵治軍不嚴，底下將兵貪生怕死，愛財如命，而且四路兵馬分頭進攻，力量分散。

「管你來幾路，我只用一路兵馬迎戰！」努爾哈赤說道。他集中全部八旗兵的力量，謀定而後動，充分利用女眞族善於騎射的優點，火速進兵。

天命四年三月一日，努爾哈赤在赫圖阿拉以西的薩爾滸山地（今遼寧撫順東）攔截到杜松的主力部隊，明軍只有一路，兵力不如滿州軍，天上降下大雪，氣候酷寒，士兵凍得發抖，八旗兵卻早已習慣這種天候，一場大戰，杜松戰死，旗下總兵王宣、趙夢麟等人皆盡殉國，數萬兵馬全軍覆沒。

「很好，這只是第一步！」努爾哈赤隨即調兵轉向北方，繼續截擊明軍。

馬林的部隊正由開原出三岔口進入赫圖阿拉北方，聽說杜松戰敗身亡，十分害怕，打算撤退，卻被努爾哈赤追上，一陣弓矢連射，明軍陣形大亂。努爾哈赤笑道：「這樣的隊伍，用不著我親自出馬，代善，你領兵去消滅他們！」

代善是努爾哈赤的二兒子，被封爲大貝勒，英勇善戰，他領著兵馬，故佈疑陣，誘得明軍亂成一團，緊接著突襲猛攻，馬林自知無力對抗，領著殘兵倉皇逃亡。

「父汗，未能殲滅敵軍，請以軍法處置。」代善拱手說道。

「哈哈！」努爾哈赤揮了揮手，「仗還沒打完呢，這明朝軍隊不堪一擊，你還怕沒機會建立更大的功勞嗎？」

果然，三天之後，滿州軍追上了劉鋌的兵馬，又是代善出征，他親手殺死了劉鋌，將這股部隊全軍殲滅，擄獲大量的物資。

朝鮮的援軍由游擊喬一琦監軍，數量雖然多達十萬，卻沒有什麼戰力，和滿州軍一交鋒，不是死，就是投降，逼得喬一琦跳崖自盡。還有那幫助明朝的女眞葉赫部，也紛紛逃走。

李如柏本想繼續進兵，卻收到了經略楊鎬的命令，倉皇撤退。

短短五天之內，歷經一場「薩爾滸之役」，明軍數十萬大軍幾乎潰散光，戰死四名總兵，道員、副將、參將、游擊、都司等將官死亡三百多人，丟失馬匹、騾子、駱駝等牲口兩萬八千多匹，遺棄大小鐵槍火砲兩萬多件。

這一場仗，象徵著另一個時代即將開始，努爾哈赤再也瞧不起自居天朝上國的明朝，準備以消滅明朝爲最後目標，當他打下開原、鐵嶺，消滅始終保持敵隊的葉赫部落，正是統一滿州各部之後，便將國號更改爲「金」。爲了與消滅北宋的金國區別，史書上稱之爲「後金」。

「當年，我們女眞人的大金國完顏部曾經橫掃中原，雄據一方，如今，我們愛新覺羅部也將以金爲國號，重振當年的威儀。」

努爾哈赤的雄心壯志明朝並沒有聽見，楊鎬回京之後立刻遭到逮捕，被判了死罪，但是，繼任的人選呢？討論了半天，最後決定以曾經擔任遼東巡撫的熊廷弼擔任遼東經略。

熊廷弼對於遼東事務十分熟悉，當他抵達之時，努爾哈赤已經打下了開原，東北隨時有淪陷的危險，軍民紛紛逃竄流亡，局面混亂，形勢危殆。熊廷弼來到瀋陽，命人將逃亡將士逮捕，審問後殺了三人，其餘釋放，請他們嚴加把守各地要塞，並且激勵士兵，打造戰甲，修城牆、挖戰壕，嚴格執行軍令。過了幾個月，危急的局面終於漸漸穩定下來。

努爾哈赤得知明朝方面來了一個有能力的將領，倒也沒有爲此懊惱，他派出不少間諜探聽情報，得知熊廷弼的爲人。原來他個性剛愎，喜歡謾罵，和廣寧巡撫王化貞不和，那王化貞並不擅長作戰，偏偏眞正能夠掌握兵權的又是他，熊廷弼位居經略，只能統領一萬兵馬。

「這就沒什麼好怕了啊！」努爾哈赤笑道。

利用「經撫不和」的機會，努爾哈赤頻頻攻城掠地，佔據了遼東絕大部分的土地，果然不久之後，明朝內部就有人彈劾熊廷弼，說他「怯懦畏戰，擁兵不動」，熊廷弼因而遭到撤換。

繼任的遼東經略名叫袁應泰，很有責任感，也很用心，更滿腔熱血地立誓要與遼東共存亡，可惜他不善於用兵，不懂得判斷局勢，竟然改變熊廷弼的方略轉守爲攻，輕啓戰端。

文官出身的袁應泰，身經百戰的努爾哈赤怎會放在眼裡？

「天命在我大金。」努爾哈赤很有信心，剩下的只是時機了。

疑案重重

東北局勢危急，明朝的內部更不穩定。

萬曆四十八年，公元一六二〇年七月二十一日，鬼混了大半輩子的明神宗在病床上躺了好幾個月，最後還是離開人世，遺詔由大學士方從哲撰寫，內容表示他很後悔自己一生的所作所爲，包括礦稅、荒殆等等弊病，希望皇太子朱常洛即位之後可以改善這些缺失云云。

打開後宮庫房一看，萬曆皇帝搜刮了大半輩子的銀子整整齊齊地堆放其中，根本沒有花用，有些銀子甚至已經腐朽了，光把完好的銀子取出來秤一秤重量，便有好幾千萬兩，令人嘆爲觀止。

萬曆皇帝死前究竟有否後悔，沒有人知道，也許將礦稅列爲弊病只是方從哲的一廂情願，不過，繼位的朱常洛也沒有達到遺詔之中的期望。

官員們爭執了二十多年，好不容易讓朱常洛登基，結果這個他們拚命爭取來的「正統」，在位僅僅一個月，是明朝歷史上享國最短的皇帝，和他父親長達四十八年的統治正好形成一個對比。

廟號明光宗的朱常洛即位時已經三十九歲，體弱多病，又喜好女色。從前和他爭奪皇位的福王之母鄭貴妃還留居在乾清宮中，爲了避免遭到報復，便從身邊挑選八位美貌侍女送入宮中，希望能贏得明光宗的歡心，又不斷討好明光宗最寵愛的李選侍，主張立她爲皇后。

這招果然奏效，明光宗很感謝鄭貴妃，便把方從哲等大學士找來，說道：「先帝遺意，要立鄭貴妃爲皇太后，你們覺得如何？」

方從哲小心謹愼，不直接給答案，只說道：「此事需要會同禮部商議。」

「那就讓禮部去合計合計吧！」

禮部官員討論了好幾天，侍郎孫如遊堅決反對，結果這個問題就這樣擱置下來。

又過幾天，明光宗患了痢疾，拉肚子拉得很兇，太醫崔文昇開了一帖藥讓皇帝服下，結果腹瀉情況更爲嚴重，一個晚上竟要來上三、四十次，原本體質就虛弱的明光宗更加萎頓不堪。

人人都說是太醫被鄭貴妃買通了要陷害皇帝，但是沒有證據又不能亂說。

給事中楊漣、御史左光斗、吏部尚書周嘉謨等人找來鄭貴妃的兒子鄭養性，對他說道：「你姨母這些年來爲了兒子也實在夠辛苦了，可是如今皇上已經登基，如果她還要用手段整治，那就不是為人臣子該有的舉動，你若有心，該好好勸勸她。」

鄭養性被楊漣等人的誠意感動，勸說鄭貴妃搬出皇帝才能居住的乾清宮，移居慈寧宮。

這種純粹象徵性意義的舉動並不能解決實際的問題，明光宗的病沒有好，而且益發嚴重，又過數日，明光宗只剩下一口氣，他召見方從哲等人，囑咐道：「看來朕快要不行了，朕的長子由校年紀尚輕，你們要好好輔佐他……」

方從哲說：「皇上春秋正盛，切莫作此打算……」

明光宗虛弱地笑了笑，「你當年不是也不怎麼支持朕嗎？」

方從哲跪著不敢說話，他的確屬於沈一貫一派，對於皇儲之爭抱持觀望態度，但也不至於反對明光宗，被這麼一句話說得不知該如何是好。

明光宗沒在這個問題上多說，只問道：「鴻臚寺有個叫李可灼的，聽說會煉丹，讓他來給朕試試，你看如何？」

方從哲唯唯說道：「既然陛下有良方，不妨一試……」

李可灼進宮，獻上了一顆紅色的藥丸，明光宗沒多想便服了下去，頓時覺得神清氣爽，彷彿好了一大半，便讓李可灼再獻一丸，誰知當天晚上明光宗便一命嗚呼。

這件事稱作「紅丸案」，群臣紛起議論，御史鄭宗周、郭如楚等人參劾方從哲，並且堅決主張應將太醫崔文昇、鴻臚寺丞李可灼等人處死，以謝太廟。

處死了兇手，問題並沒有解決，國不可一日無君，明光宗的長子朱由校由李選侍撫養長大，目前居住在乾清宮中。

皇帝一死，李選侍仍留在宮中，打算以太后的身分臨朝聽政。

楊漣、周嘉謨等人議論道：「李選侍還沒有冊封，竟然也敢以皇太后自居，足見心如蛇蠍！給我找來，如果讓她以撫養爲名行專權之實，將來難保不會發生唐朝武氏之禍，這樣的人，不能把少主託付給她。」

他們聯合有權力的大臣，進入宮中，對皇長子身邊的宦官們說明來意，得到司禮太監王安的協助，在大行皇帝的靈位前哭泣一陣，隨即將皇長子請出，前往文華殿，請皇長子早日登基。

「父皇突然駕崩，國家紛亂，我又不是皇太子，一切應該從長計議……」朱由校不是一個有決斷力的人，遇見這種事，猶疑不決。

天色已晚，登基之事又不能草率，群臣見狀，只好又簇擁著朱由校返回太子東宮慈慶宮居住。

在乾清宮等著處置大事的李選侍聽說群臣的舉動，非常生氣，厲聲問：「這到底是誰主使的？」

宦官李進忠答道：「是給事中楊漣和御史左光斗。」

李選侍叫道：「把他們給我找來！」

李進忠前往說明來意，左光斗說道：「我乃天子之臣，不是天子召見，我不必前往！」

「那……李娘娘很想念皇長子，請他出來去和娘娘見一面吧！」

「胡說！」楊漣怒道：「皇長子乃是國之儲君，李選侍既非皇后，亦非生母，豈可任意召見儲君？你快點滾回去！」

李進忠細聲細氣地說了一聲：「是！」轉頭要走。

「你等等！」左光斗叫住了他，說道：「殿下明日便將登基，如今卻還在慈慶宮中，哪有天子居於東宮，而宮人卻居住正殿的道理？你回去和李選侍說，教她明日立刻移宮，否則會有什麼後果，要她自行負責。」

李進忠回去後，大臣們還聚在一起，有人表示：「左御史說得也太……其實，李選侍也有先帝顧命……」

左光斗怒道：「先帝要先顧好兒子，還是顧好小妾？你們吃的是李家的俸祿嗎？今天的事就這樣決定，除非能把我殺了，否則一定要李選侍離開乾清宮！」

他堅決的態度影響不少人，因此大臣的口徑一致，他們圍繞在皇長子朱由校身邊鼓譟，周嘉謨等人又在旁邊助威，朱由校逼不得已只好寫了一份手諭，請李選侍離開乾清宮。

這件事稱爲「移宮案」，和先前發生的「梃擊案」、「紅丸案」合稱明末三大案，基本上都是圍繞著立儲、黨爭而發生。

紅丸案爆發後，大學士方從折並沒有嚴懲李可灼，只是罰奉了事，便有人群起攻擊方從哲，黨爭再度展開，而朝廷官員之中其實也有不少人同情李選侍的，他們都覺得楊漣、左光斗等人逼著皇長子逐退庶母，實在有損皇長子的孝道。

「李選侍畢竟有著養育之恩，這樣做不是太過分了嗎？」

大臣之間的不和，已在悄悄醞釀。

魏忠賢

萬曆四十八年，同時也是明光宗泰昌元年九月六日，皇長子朱由校即位，是為明熹宗，新皇帝下詔，本年八月以後年號爲泰昌，明年正月起改元天啓。

即位才過兩天，就有給事中惠世揚彈劾大學士方從哲，列舉十大罪狀，其中三項可殺，包括在梃擊案中庇護奸黨，在紅丸案中袒護崔文昇、李可灼，在移宮案之中放任李選侍佔據乾清宮。

惠世揚的彈劾反映了朝廷之中極具勢力的東林黨心聲，方從哲個性溫和，受不了接連不斷的謾罵與攻訐，便向皇帝提出辭呈，明熹宗曾經多次慰留，卻也抵擋不住那股反對他的聲浪，只好讓他在本年十二月十八日告老還鄉。

方從哲致仕，朝廷中的黨派之爭卻越演越烈，同情李選侍，認爲不該強逼移宮的大有人在，御史賈繼春便厲聲指責：「楊漣強逼皇上的行爲，是爲不忠；讓皇上逐退庶母，是爲不孝！」

「聽說李選侍當初被逼得自縊，幸虧沒有大礙，不然才教皇上傷心呢！」有人附和道。

「皇上其實想讓李選侍留下來的，他從小由李選侍養大，這種依戀之情，楊漣、左光斗那些傢伙，爲了讓自己升官，竟然毫不憐憫，執意爲之，實在枉爲人臣！」

楊漣遭到這些攻擊，憤怒無比，又不安於位，便向皇帝請辭。

明熹宗安慰道：「你的表現，忠誠正直，値得嘉勉，不過，既然你忍受不住這些，暫且歇息一下，也許有益。」准了楊漣請辭。

楊漣辭官獲准，東林黨又群起圍攻彈劾他的賈繼春等人，於是賈繼春又遭到免職。

官員們因爲門戶之見，演變成毫無意義的惡鬥，天啓二年四月，禮部尚書孫愼行上表追論紅丸案，認定方從哲有弒逆之嫌，請求嚴懲。

明熹宗看了奏表，召集百官，對他們說道：「你們商議商議，有什麼結果再來稟報。」

參與討論的官員共有一百一十多人，其中只有兩人替方從哲說話，也有些人把矛頭指向崔文昇、李可灼，說道：「要懲罰，就該懲罰罪魁禍首，方從哲再怎麼說也只是被他們蒙蔽而已。」

辯論的結果是，崔文昇貶謫南京擔任閒官，李可灼發配邊疆充軍，方從哲因爲是老臣，素有功績，因此置而不問。

從這件事的處理上，可以看出朝廷之中東林黨勢力的強大，幾乎只要和他們意見相左的事，就會被他們彈劾到底。

反對東林黨的人當然不在少數，而且也曾經結合成各股不同的力量，但總是實力分散，難以和東林黨相抗衡，直到太監魏忠賢的崛起，才讓他們有了共同依附的對象。

魏忠賢就是先前在移宮案中幫忙傳話的宦官李進忠，他原本就姓魏，出身自一個窮困農家，大字不識一個，娶了妻子，靠著幾畝薄田過活，卻又喜歡和人賭錢，整天不務正業，把錢輸光了，還不出賭債，差點連命都賠上。

有一次又輸了錢，被債主們逼得緊，賭氣說道：「哼！與其這樣窮困一輩子，不如進宮裡當太監！」一咬牙，把自己給閹了，拋棄了妻子，賣了田產、女兒，拿著一點微薄的銀子買通太監，取了個名字叫李進忠，投奔皇宮去了，這是萬曆年間的事。

皇宮裡的宦官成千上萬，想要混出頭比登天還難，李進忠的運氣很不錯，他結交了皇太子朱常洛兒子的奶媽，就此平步青雲。

當時後宮之中流行著一種詭異而浪漫的遊戲，就是宮女與宦官之間的「對食」，名義上，後宮數萬宮女都是皇帝的女人，但是皇帝心有餘而力不足，不可能每一個他都要，不得皇帝臨幸的宮女，爲了尋求慰藉，只好找上那些不男不女的宦官。

宦官們有心無力，只能發揮溫情攻勢，不時噓寒問暖，一起吃飯，一同聊天，有時候還睡在一塊，彷彿眞的夫妻，但畢竟只是心靈上的慰藉。「對食」這個名詞，已經道盡一切。

「朱常洛兒子的奶媽」客氏，一看見李進忠，就被他深深的吸引，兩人對食多年，感情深厚。李進忠在客氏引薦下，成為李選侍身邊的宦官，後來，朱常洛成了明光宗，朱常洛的兒子成了明熹宗，客氏變成皇帝的奶媽，李進忠的地位就此提昇。

「你既然本姓魏，那就繼續姓魏吧！」明熹宗說道：「朕賜你名為忠賢，希望你能好好為國盡忠，成為一個賢德的宦官。」

魏忠賢到底賢不賢，真的很難說，但是他對明熹宗的「忠」，似乎是發自內心的。從明熹宗還是個小皇孫的時候，魏忠賢就幫著李選侍與客氏照顧著他，不論小皇孫想要什麼，魏忠賢總是千方百計地幫他弄來，小皇孫高興起來，想辦法捉弄魏忠賢，魏忠賢也總是樂呵呵地陪著他嬉鬧，在魏忠賢心裡，小皇孫不只是他的主子，也彷彿是他的孩子。

明熹宗登基時還不滿十六歲，他對養母李選侍的依戀已經被大臣剝奪，只好將這份依戀轉移至奶媽客氏身上，而天皇貴冑向來無法滿足的父愛，自然落在魏忠賢頭上。沒過多久，客氏被封為奉聖夫人，而魏忠賢也因此成為司禮監秉筆太監，提督保和三殿，後來又兼任東廠提督。

司禮太監是所有宦官之中職權最高的，秉筆太監又是和皇帝最親近的，從前的劉瑾、王振等宦官，都是由司禮太監進而掌握大權，掌握了東廠以後，便更加肆無忌憚，魏忠賢也是如此，他利用職權，除掉威脅，拉攏有權力的大學士，培養自己的班底。

明熹宗有項特殊嗜好，那就是木工，他的手藝很巧，精心製作出來的各種雕刻、工藝品甚至達到藝術的境界，但是這樣很花時間，也讓他沒有心情去管政事。

魏忠賢看準這一點，每次都趁著明熹宗在後宮敲敲打打的時候，拿著公文前去稟奏，明熹宗聽完，總是毫不在意地說道：「朕都知道了，你看著辦吧！」

他掌權的模式幾乎和明武宗時代的劉瑾一模一樣，這樣的動作很容易引起非議，果然沒過多久，便有東林黨人出來彈劾魏忠賢，指出魏忠賢與劉瑾的相似之處，事情後來不了了之，卻讓魏忠賢開始提防東林黨。

天啓二年，朝廷重新啓用被罷黜的楊漣擔任左副都御使之職，當時，魏忠賢已經得到重用，也有不少大臣依附在他底下，只不過氣焰還沒有那麼囂張，楊漣與左光斗、趙南星、魏大中等人發表言論，抨擊魏忠賢。

天啓四年，公元一六二四年六月，楊漣上了一份奏表彈劾魏忠賢大罪二十四條，指責他「初猶謬爲小忠小信以倖恩，繼乃敢爲大奸大惡以亂政」。又說他讓「掖廷之中，但知有忠賢，不知有陛下；都城之內，但知有忠賢，不知有陛下」。欺君罔上，操弄政局，無所不爲云云。

這份奏章當然是魏忠賢先看見，他很害怕，因爲鏗鏘的字裡行間竟沒有一句不切中要害，他找來客氏商量道：「這份奏表，你看怎麼樣？」

客氏頭腦很清楚，也頗有一點小聰明，她道：「如果留中不發，那就代表你承認裡面說的啦！」

魏忠賢點點頭，「你說得沒錯。」嘆了口氣，又道：「看來得讓皇上知道了，但是該怎麼跟他說呢？」

客氏說道：「這你放心，儘管去向皇上哭訴，辭掉官職也沒關係，一切由我打點。」

魏忠賢聽了這話，便去找明熹宗，哭著說道：「皇上，您瞧，我每天忙裡忙外的，不就是爲了替皇上您分憂解勞嗎？如今這個楊漣竟然上奏把我說得十惡不赦，我該如何是好？」

明熹宗仍在刨木頭，聽了這話，把奏表接過去，翻了翻，隨口問道：「你說應該怎麼辦呢？」

魏忠賢忽然叩首說道：「皇上，小的蒙受這種不白之冤，還是不要當那什麼勞什子秉筆太監了，東廠提督也不適合小的，還是讓小的專心伺候皇上吧！」

看見這種情況，明熹宗才知道事態嚴重，他又把奏表接過去，對魏忠賢好生勸慰：「你先別著急，代朕把事情問明白了，再做處置不遲。」

明熹宗能從哪裡把事情「弄明白」？當然是客氏那裡，客氏當然也老實不客氣，說道：「皇上，恕我直言，那些個楊漣、左光斗什麼的，沒一個好傢伙，他們結黨營私，自以爲了不起，總喜歡和朝廷作對，您別信他們的。」

第二天，皇帝降旨，慰留魏忠賢，痛罵了楊漣一頓，還說如果楊漣以後再犯，必將重重懲處等等。

「這是什麼話？楊副都這番上奏，句句忠誠，怎說什麼下次『再犯』？如此還有天理嗎？」

給事中魏大中、陳良訓、御使袁化中等七十餘人，聯名上書，彈劾魏忠賢。

魏忠賢已經毫無顧忌了，他讓親近他的大理寺丞徐大化擬了一篇文章，以皇帝名義降旨，娓娓敘述魏忠賢的功勞，把他捧上了天。還有人對魏忠賢說道：「如果要排除這些傢伙的攻擊，唯一的辦法就是殺雞儆猴。」

於是，魏忠賢整肅了一個小小的工部郎中，把他重打一百大板而死，又把內閣首輔葉向高的外甥抓來，扒了褲子痛打一頓，還叫一群宦官聚眾前往葉向高的府邸叫囂辱罵。

葉向高嘆道：「國家兩百年來沒見過這種怪事，教我如何面對滿朝文武？」憤而辭職。

接替葉向高的內閣首輔顧秉謙一向很支持魏忠賢，而御使崔呈秀甚至自願認魏忠賢爲乾爹，成爲他門下的一員，這讓魏忠賢在朝廷中的敵對勢力大爲削弱，他也因此可以更加無情地對待政敵。

崔呈秀貪污，被左副都御使高攀龍察覺，遭到彈劾，吏部尚書趙南星也加入彈劾的行列。崔呈秀十分痛恨，對魏忠賢說道：「如果不把趙南星、高攀龍等人除掉，總有一天我們連怎麼死的都不知道。」

魏忠賢深表贊同，讓大學士魏廣微出面，唆使御使陳九疇出面彈劾趙南星、高攀龍結黨營私，並在明熹宗面前把話說得很嚴重，明熹宗聽完十分生氣，下詔痛罵了趙南星等人一頓，氣得他與高攀龍相繼辭職。

左光斗、楊漣、袁化中等人聽說趙南星的遭遇，也都憤而辭職，號稱正人君子的東林人士紛紛去職，能制衡魏忠賢的人變得更少。

大學士顧秉謙、魏廣微等人十分厭惡東林人士，他們開始發揮輿論的力量，編寫書刊，將趙南星、楊漣、左光斗等人評論為「邪黨」，而阿附魏忠賢的則稱為「正人」。不久，崔呈秀也編了一本《天鑒錄》，正式列出了「東林黨」這樣的名詞，原本只在私底下的稱呼，就此浮上檯面。

魏忠賢便以這部書為參考，選擇羅織罪名的對象。

「黨」這個字在中國向來不是個好字眼，被列名「東林黨」的人們十分痛恨這種說法，他們反批那群依附在魏忠賢身邊的人為「閹黨」，著書立說，痛斥閹黨的種種罪行。

然而，魏忠賢畢竟是最得勢的太監，除了那個把他當成親人的皇帝，沒有人能夠制得住他，老太監想做什麼就做什麼，包括逮捕、廷杖、下獄，只要被他視為政敵，就逃不過這樣的命運。

皇帝那一關有客氏擋著，就算客氏仍然引起皇帝懷疑，魏忠賢身邊的諸多能臣仍能編得出一套無論如何都能說得通的謊言欺騙明熹宗，讓他放心的回後宮做他最喜歡的木工。

與其說魏忠賢有意要陷害這些東林黨，倒不如說因為東林黨原本的樹大招風惹來反對他們的勢力，結合在魏忠賢底下，一同對付他們。

羅織的罪名往往由梃擊、紅丸、移宮三案之中尋找題材，當初楊漣逼迫李選侍移宮時，曾經透過宦官王安告訴明熹宗，說他的親生母親其實是被李選侍害死的，這件事曾經讓明熹宗有幾分怨恨李選侍，並且稱讚東林黨的忠誠。但是後來在魏忠賢等人的積極追查之下，「眞相大白」，魏忠賢告訴明熹宗：「李選侍辛苦扶養陛下成人，楊漣等人竟然還要讓她蒙受這種冤屈，眞是太可惡了！」

「眞的嗎？那的確應該好好懲處他們才對。」明熹宗聽見這樣的消息，心情很好，他對李選侍的感情其實就和生母無異，於是冊封李選侍爲康太妃，提升她的地位，並且憎惡東林黨，放任魏忠賢對東林黨的無情打擊。

魏忠賢害死了太監王安，又想起王安身邊有個幕僚名叫汪文信，和東林黨人頗爲親近，便讓錦衣衛將汪文信逮捕下獄，嚴刑拷打，烙鐵夾棍齊上，打得他神智不清，隨即拿出一份文書，強迫瀕死的汪文信在上面畫押。

「很好，這下子罪證確鑿啦！」魏忠賢不認識字，等身旁的文官唸給他聽後，拍著大腿說道：「這下子要他們吃不了兜著走。」

文書上寫著趙南星、楊漣、左光斗、魏大中、袁化中等五人與汪文信密謀策劃移宮之事，沒過多久他們便遭到錦衣衛逮捕。

錦衣衛精通各種拷問技巧，任何罪犯都會俯首認罪，但問題是這些人並沒有罪，要他們承認些什麼？

「移宮案確實是我們主使的，那又如何？」楊漣等人異口同聲說道：「若非移宮，皇上現在能當皇上嗎？」

錦衣衛並不理會這樣的辯解，繼續用盡各種酷刑把楊漣他們整治得體無完膚，原來，他們接到的命令只是不斷的折磨他們而已，至於到底要拷問出什麼，並沒有人曉得。

「看樣子，只說他們主持移宮案，並不能讓他們怎麼樣……」魏忠賢對身邊的幕僚說道：「得想個法子置他們於死地，這樣我們才沒有後顧之憂。」

其中一個幕僚在魏忠賢耳邊低聲說了幾句，魏忠賢聽完，高聲笑道：「很好，就這麼辦。」

第二天，錦衣衛的牢房裡，拷問楊漣的吏員忽然改變了詢問的內容：「說，你是不是與侵吞軍款的熊廷弼勾結？吞下去的贓款呢？快點吐出來！」

楊漣的眼睛被乾掉的血黏住睜不開，劈頭被問了這麼一句，根本不知道從何答起：「你說什麼？」

「還不承認？」吏員怒吼，隨即一陣鞭子狂掃，楊漣身上結痂的傷口又迸裂出血，皮開肉綻。

左光斗、魏大中等人都受到了同樣的待遇，硬被攀附他們和熊廷弼同時貪污。

熊廷弼其實也沒有貪污，只是打了敗仗，被定了死罪，以當時朝廷的風氣，只要肯買通魏忠賢的親信，要被放出來，甚至重新起用，都不算難事，只因熊廷弼不願賄賂，竟然就被魏忠賢的黨羽安排了「侵呑軍款」這樣的必死大罪，而熊廷弼之所以被安排這種重罪，只是因爲魏忠賢的黨羽想要利用他陷害東林黨而已。

在明朝，雖然貪官污吏俯拾皆是，貪污罪仍是很重的，這是從明太祖時代就留下來的傳統，一旦貪污定罪，那就是死罪，想要陷人於罪，最好的辦法，除誣賴他叛國，就是指稱他貪污。

朝廷之中任誰都能看得清這個事實，但是敢跳出來說話的，只有前應天巡撫周起元、前吏部侍郎周順昌、前御使高攀龍、周宗建、李應昇等已經退休在家，卻同樣被認爲是東林黨的人物，而這些人，將成爲魏忠賢下一波整肅的目標。

楊漣、左光斗還沒定罪，就已死在獄中，他們的屍身體無完膚，有的胸膛破裂，有的鐵釘貫耳，有的渾身焦黑，悽慘無比，只有趙南星熬過了酷刑，被判充軍，發配邊疆。

他們哪有貪污？楊漣被抄家，抄出的銀子只有幾百兩，他的老母親、妻子和兩個兒子窮到只能依靠乞討爲生，同鄉的人都爭著出來幫助，甚至連賣菜的窮人都願意省下平日拮据的生活用度來協助他們。

「世道不好，楊大人沒能熬過去，總不成讓他的家人也蒙受這種冤屈。」

同情又有何用？是非黑白都已經顚倒了，想要自保，就只有加入魏忠賢的陣營。

看到這種情況，原本就和東林黨處不好的人們，就更賣力地落井下石，有個御使名叫張訥，上書力陳顧憲成、鄒元標等人講學之禍。顧憲成早在萬曆四十年便已去世，張訥仍建議將天下所有書院全部拆毀，講學之人全部判罪。

另一位御使盧承欽上書，列舉一份名單，包括顧憲成、李三才、趙南星、王圖、高攀龍、魏大中、袁化中等數十人的姓名，列爲「東林黨人」，請朝廷將他們的罪名傳遍天下。

魏忠賢一聽說這事，馬上就同意了，他教人把名單抄錄無數份，傳布各省，讓天下人同聲唾罵「東林黨人」，這和北宋末年的「元祐黨人」十分相似，被冠上「東林黨」的名號，就等於犯了滔天大罪。

名列東林黨人的前御使黃尊素與蘇杭織造太監李實有些往來，便有人說黃尊素打算比照當年誅劉瑾的方式，請李實幫忙，除掉魏忠賢。

聽見這種耳語，魏忠賢很懷疑，派人前去詢問，李實的司房孫升聽說以後，非常害怕，前去向魏忠賢的心腹太監李永貞求情。

李永貞笑了笑，「想要免罪嗎？那倒也容易，只不過要請你幫忙了。」

他把心中計議去和魏忠賢說了，找來孫升，取出一份寫了李實的名字卻沒有內容的空白奏本出來，魏忠賢心領神會，對李永貞說道：「你看看該寫些什麼，就盡量寫吧！」

這份以李實爲名上奏的參劾，點名高攀龍、周宗建、李應升、繆昌期、周順昌、黃尊素、周起元等七人，硬說他們貪贓枉法，結黨營私。

當時周宗建、繆昌期已經被魏忠賢以別的理由逮捕，奏章一　，魏忠賢更不猶豫，馬上下令將其他五人一同捉拿進京。

高攀龍在無錫老家裡聽說此事，悲憤莫名，嘆道：「太阿倒懸，國之將亡！我身為朝廷舊臣，實不忍親件見事發生！」留下一封遺書，投水而死。

錦衣衛緹騎前往蘇州逮捕周順昌，當地民眾都很愛戴周順昌，聚集了上萬人，同聲為周順昌喊冤。緹騎們竟然厲聲斥責：「東廠要逮人，你們這些鼠輩膽敢阻撓？」說著把手上的刑具用力摔在地上，叮噹作響。

鄉民們再也忍不住，一起湧上前去，將緹騎團團包圍，錦衣衛拳腳功夫好，左閃右躲地逃掉，但是鄉民成千上萬，仍將錦衣衛打死一名。那天夜裡，蘇州官府出動地方軍隊保護緹騎，趁夜帶走周順昌。

「想造反嗎？」魏忠賢聽說此事，執意要追究亂民，有五人挺身而出，被判斬首，面不改色。

朝廷捉拿黃尊素、李應升的行動，同樣激起了街坊的反抗，並且爆發民變，魏忠賢不但沒有將民眾的反應當一回事，反而繼續嚴厲鎮壓東林黨人，將周順昌等七人毒打至死。

「楊漣、周順昌等人，堅持理想，不畏強權，實在是讀書人的典範啊！」多年以後，稍微有點良知而沒有捲入這場風暴之中的官員們這樣感嘆道，他們稱楊漣等六人為六君子，周順昌等七人為七君子。

魏忠賢有點擔心自己這樣濫殺會遭到反彈，於是和禮科給事中楊所修等人討論一番，制訂《三朝要典》，修訂《光宗實錄》，針對梃擊、紅丸、移宮三案內容重新詮釋，大肆詆毀東林黨人的行爲，使自己的殘酷鎭壓合理化。

從天啓四年到天啓七年這三年間，魏忠賢的閹黨極力迫害東林黨，在監獄中遭毒打而死的官員有十幾人，囚禁或流放的有數十人，削奪官爵的有三百多人，革職貶官的更是多到數不清，朝中善類爲之一空，國家政局糜爛而不可救。

爲了表揚魏忠賢「除奸」的功勞，明熹宗賜給魏忠賢金印一枚，上書「顧命元臣」，對皇帝上奏時可以自稱「廠臣」，而不必報姓名，他的姪兒魏良卿封爲伯爵，同族加官進爵的不可勝數，名副其實的一人得道，雞犬升天。

朝廷官員看見魏忠賢必須行跪拜之禮，稱魏忠賢爲「九千歲」。天啓六年六月，浙江巡撫潘汝禎上奏，替魏忠賢建立「生祠」，好讓天下人都可以膜拜偉大的九千歲，而明熹宗竟然同意。

還有個監生名叫陸萬齡，他上書朝廷，請以魏忠賢配祀孔子，「孔子作《春秋》，廠臣作《要典》；孔子誅少正卯，廠臣誅東林黨！」他這樣說道：「九千歲的恩德，與孔夫子實無二致，應當享受同樣的禮儀。」

孟子說過：「士大夫之無恥，是謂國恥。」値此黑暗紛亂之際，人性的醜惡面往往會毫不保留地展露。

滿清建國

明朝的政局在魏忠賢一黨的胡鬧之下，已經沒有挽救的餘地，消息不斷傳到東北，努爾哈赤擊敗這大帝國的心益發熾烈。

自從以金爲國號之後，努爾哈赤便開始對明朝展開猛烈的攻擊，天啓元年的一場漂亮戰役，打垮了明朝經略袁應泰的十八萬大軍，十天之內，連續佔領了瀋陽、遼陽兩座大城，遼河東岸七十多座城池望風投降。

明朝看見這種情況，深自檢討，認爲當初實在不該把熊廷弼撤換，便又重新起用他擔任經略。

有人對此表示擔心，努爾哈赤笑道：「依我看，這明國早已腐爛到極點，就算來十個熊廷弼也會被他們自己給拖垮。」

果不其然，熊廷弼與王化貞的不合又讓明朝東北方面的經略陷入困境。熊廷弼有能力，卻沒有人緣，王化貞剛好相反，在首席大學士葉向高的強力支持下，王化貞主張聯合兀良哈、插漢部的蒙古人一同前往攻擊滿州人，熊廷弼持相反意見，卻沒有被接受。

努爾哈赤先發制人，領軍攻打廣寧，明軍措手不及，王化貞棄城逃走，廣寧附近四十多座城池跟著投降，熊廷弼保著王化貞以及殘餘的兵力逃入山海關，沿途許多百姓扶老攜幼，都隨熊廷弼安全撤離。

「這場仗打完，我們的地盤終於穩固了。」大貝勒代善說道。

努爾哈赤點點頭，他看著遠方，聽著傳令轉達的前線戰況，嘆息著說道：「這熊廷弼可眞是個人才，如果明朝多派幾個這樣的人才來擋我，恐怕我沒辦法像現在這樣橫行無阻。」

他沒有料到明朝竟然送給他一份大禮，把他眼中的人才關進監牢裡，定了死罪。「這樣的朝廷，竟然親手毀了良將，我也實在不知道該怎麼說了。」努爾哈赤的臉上看不出是喜是悲。

百姓們仍亂成一團，努爾哈赤也沒有對這些百姓太過追趕，「反正你們是明朝的百姓，就讓你們隨著明朝一起滅亡吧！」他心中暗自這樣說道。

他宣布暫時撤退，放棄廣寧，回到遼陽。由此可以看出，滿州軍隊人數不足的問題此時已經出現。

明朝重新拿回了廣寧，派了大學士孫承宗前去擔任經略。

孫承宗爲人老練沉穩，做起事來有條有理，他趁著滿州東撤，逐步收回失土，並在距離山海關二百里地興建了一座寧遠城，城牆堅固，置有戍兵，屯田五千頃。

「罷了一個熊廷弼，來了一個孫承宗，看來明朝的人才的確不少，只是明朝的昏庸皇帝不會用人而已。」努爾哈赤這樣說道。

由於孫承宗的內斂與穩健，讓努爾哈赤往後幾年的擴張速度慢了下來，也正好，趁這幾年軍事行動較少，可以穩固疆土，休養生息。天命十年，公元一六二五年，他宣布定都瀋陽，修建皇宮，替他的後金汗國營造一個鞏固的政治中心。

魏忠賢弄權，孫承宗不願意拍馬屁，遭到魏忠賢記恨，將孫承宗調離東北，改派高第擔任經略。

「換人了嗎？」努爾哈赤苦笑道：「當這種朝廷的敵人，還眞沒什麼值得驕傲的啊！」派人打聽清楚，知道高第爲人怯懦軟弱，不善用兵，便趁機大肆出兵，重新向西進攻，朝山海關前進。

高第果然怯懦，八旗兵向西前進，如入無人之境，高第一口氣丟掉了十幾萬石米粟糧食，放棄關外經營多年的屯庶，撤往關內，沿途民眾死傷遍野，哭聲震天。

努爾哈赤沒預料到這場摧枯拉朽的作戰，竟是他此生遭逢最大一場敗仗的先聲。

寧遠城裡，寧前道袁崇煥正在大動肝火，不久前接到了高第派人送來的撤退命令，氣得把文書丟在地上，怒罵道：「我既然在這裡當官，就要死守寧遠，絕對不離開半步！」

這寧遠城有一半是在他的督促之下完成的，孫承宗給予他很大的權限，「城高三丈二，城樓六尺，城基要有三丈寬，城頂最少也要有二丈四。」袁崇煥立下築城的標準，並道：「少幾吋，我就砍幾顆腦袋！」激烈的性格，讓築城士兵不敢偷懶，這座城池很快成爲關外重鎭。

孫承宗罷官走了，袁崇煥還守在寧遠，高第的無能他視若無睹，只求做好自己本分的工作，但是如今高第的無能已經影響到他，他就不能不有所表示。「寧遠城是我親自督造的，一句話就想教我放棄？」袁崇煥怒道：「就算剩下一座孤城，我也要戰到最後一兵一卒。」

明天啓六年，後金天命十一年，公元一六二六年正月，努爾哈赤率領著十六萬大軍渡過遼河，包圍寧遠。寧遠眞的已是孤城，最近的援軍在山海關，高第龜縮其中，任憑袁崇煥如何求援，高第只是假裝沒看見。

「看來，朝廷打算放棄我們了。」袁崇煥召集將領：總兵滿桂、左撫副將趙率教、朱梅、參將祖大壽、守備何可剛等人，說道：「我要與此城共存亡，你們如果害怕，可以逃跑沒關係。」

「這是什麼話？」將領們說道：「我們願與道台一同死守。」

後金軍到來之前，袁崇煥把城外居民全部撤入城中，堅壁清野，嚴陣以待。

努爾哈赤原本不以爲意，嘆道：「難得還有這樣的血性漢子。」對身邊文書官說道：「寫信給他，勸他投降！」

袁崇煥當然不會願意投降，他一拍桌子，罵道：「該死的韃子，竟敢這樣侮辱我！我袁崇煥會是投降之人？」

正好這時有掌管庫房的官吏向袁崇煥稟報，說庫房之中存有西洋引進的紅夷大砲，還未曾使用過。袁崇煥便說道：「好，就用紅夷大砲去教訓教訓這些韃子。」

城裡還沒人用過這種先進兵器，士兵費了九牛二虎之力把大砲架在城牆上，問了半天，總算有人自告奮勇，點著了引線。

轟隆一聲巨響，天搖地動，讓人以為城牆都塌了，砲口火光伴隨著一陣濃煙，飄散出一股濃重的火藥味，袁崇煥的心差一點跳出來，仍強自鎮定，好生慰問那個自願開砲、臉被嚇得發白的士兵。

「你做得很好……」袁崇煥的耳朵嗡嗡作響，話還沒說完，眼前煙霧已經散去，定神一看，城下的後金士兵竟然已經倒下了一大片，「快！」袁崇煥忘了慰問砲手，大聲叫道：「把所有的紅夷大砲都扛出來！」

城下的努爾哈赤也被這種大炮的威力震懾住了，但他仍不畏懼，命令道：「別怕，繼續攻城……」言猶未了，又是一陣砲擊，這回砲彈落點距離努爾哈赤很近，他的馬隨即立了起來，好不容易把馬兒安撫住，身旁的士兵又倒下一群。

「怎麼辦？難道應該繼續攻嗎？」努爾哈赤開始猶豫了。

滿州勇士的奮戰精神再度展現，因為努爾哈赤的一句「繼續攻城」，他們就勇往直前，不畏砲彈弓箭紛飛，衝到城下，搭起梯子，往上攀爬，城上士兵將第一個砍倒，第二個隨之而上。

看見這種情況，努爾哈赤振作精神，繼續指揮攻城，他要八旗士兵冒死鑿城牆，那裡剛好是大砲的死角，但還是會有弓箭與落石。

厚實的城牆被鑿開了兩、三處好幾丈寬的缺口，仍被守軍堵住，兩軍來來往往，鏖戰三天三夜，雙方死傷皆極為慘重，但是相較之下，攻城的八旗兵還是比較慘烈，連努爾哈赤本人都身負重傷。

「我從二十五歲起兵以來，戰無不勝，攻無不克，居然寧遠一座孤城會打不下！熊廷弼、孫承宗，現在又來個袁崇煥，明朝人才這麼多，我們眞的有辦法打敗他們嗎？」努爾哈赤既灰心又憤怒，領兵退回瀋陽，躺在皇宮養傷，卻越想心情越糟，導致身上的傷口併發惡毒症。

半年之後，這位滿州始祖與世長辭，享年六十八歲。

努爾哈赤有很多兒子，其中長子褚英早死，次子代善、五子莽古爾泰、八子皇太極，還有姪兒阿敏最為勇猛，被封為四大貝勒，原本代善的功勞最大，但是他的品行並不好，居然看上了努爾哈赤的小妾，與之私通，被努爾哈赤發現，從此喪失了奪取汗位的機會。

剩下的貝勒裡最有實力的就是皇太極了，在代善等人的支持下，皇太極順利登基，宣布改明年年號為天聰元年。

袁崇煥打了勝仗，地位並不鞏固，原因是他的官太小，立下了這麼大的功勞，也不過升為巡撫而已。高第的窩囊，朝廷看見了，把他免了職，換來一個魏忠賢的私黨王之臣，又和袁崇煥處不愉快。

形勢比人強，能打仗的似乎只有袁崇煥了，即使是魏忠賢，也不敢再那樣肆無忌憚地任用私人，把王之臣調回京師擔任兵部尚書，把東北軍事全部交給袁崇煥，暫時不設經略之職。

努爾哈赤的死訊傳來，袁崇煥刻意模仿古人，派了使者前去弔喪，順便探聽虛實。而皇太極剛剛即位，一方面得先穩定局面，另一方面又出兵東征朝鮮，無暇全力對付明朝，因此也派了使者前來與袁崇煥會談，表示願意談和。

「和談並非眞心，拖延時間才是眞的。」幕僚們這麼說道。

袁崇煥嘆道：「以目前態勢，即使能拖延一點時間，也未嘗不好，如果能夠和談，讓局面緩和下來，那就更好了。」

雙方使者往來多次，只因爲都沒有什麼誠意，和談始終未成。過了一年，皇太極又縱兵攻打明朝，這回他繞過寧遠，直取錦州，仍然被袁崇煥的紅夷大砲轟了回去。

袁崇煥鎭守東北，明朝就像多了一座長城。

政治黑暗，表現得再好也會被誣賴，袁崇煥從來不理魏忠賢，終究還是激怒了這個老太監，他指稱袁崇煥與滿州議和的舉動是「通敵」，又說袁崇煥駐紮在寧遠，竟沒有出動大軍去支援錦州，只調大砲去，救援不力云云。袁崇煥聽見這些指責，怒道：「奸宦當道，我就算有滿腔救國的熱忱，也總有一天會被陷害致死！」憤而辭職。袁崇煥一走，東北防務又鬆懈下來。

幸好這段空窗期沒有持續太久，這一年八月，整天只知道刨木頭的明熹宗病逝在乾清宮中，年僅二十三歲。他沒有兒子，遺詔傳位於十七歲的皇弟——信王朱由檢。朱由檢即位，宣布明年改爲崇禎元年，這個少年就是後來的明思宗，也是明朝最後一個皇帝。

年少的崇禎皇帝登基之後，馬上做了一件大快人心的事，就是除掉魏忠賢與客氏。他先把魏忠賢最親近的官員兵部尙書崔呈秀免職，表明心跡，但當時大部分官員懾於魏忠賢淫威，不敢輕舉妄動，只有兩名小官和一名貢生上書彈劾。

那貢生名叫錢嘉徵，彈劾的內容異常激烈，列舉魏忠賢十大罪狀：並帝、滅后、弄兵、無二祖列宗、克削藩封、無聖、濫爵、掩邊功、朘民、通關節。

魏忠賢聽說有人嚴厲彈劾他，而他竟不知道內容，覺得有些不安，於是跑到崇禎皇帝面前哭訴：「皇上，廠臣爲人所誣陷，您千萬別聽……」

崇禎皇帝睨了老太監一眼，叫身旁宦官捧出錢嘉徵的奏章，「大聲的唸給他聽！」皇帝說道。

魏忠賢一條一條地聽著，每一條都是殺頭大罪，雙腿越來越軟。他本來不怎麼把這個皇帝放在眼裡，看樣子是逃不掉了，魏忠賢臉色刷白，毫無生氣，跪在皇帝面前，一句話也說不出來。

「這十條罪，依朕看，說得算輕了。」崇禎皇帝說道：「念在你當年照顧皇兄還算忠心，你就別待在京裡了吧！」

魏忠賢被貶往鳳陽，還沒有到達目的地，就聽說皇帝又派遣錦衣衛前來捉拿他，「錦衣衛……」魏忠賢苦笑：「提督了這麼多年東廠，想不到最後竟然要栽在錦衣衛手上……」他想起從前讓錦衣衛折磨犯人的場面，「不行，我怎麼能忍受那些！」一咬牙，就在阜城自縊而死。

樹倒猢猻散，魏忠賢一死，靠著他發達的官員不安於位，崔呈秀第一個自殺，其他的不是被貶，就是自己辭職。奉聖夫人客氏被一群太監抓了起來，扭送到浣衣局去，逼著她洗宮人們的衣物，後來又被活活打死，當作死狗一樣處理掉。各地供奉魏忠賢的「生祠」都被拆毀，那些徒子徒孫，也分別遭到各種不同的處置。

崇禎元年，公元一六二八年正月，皇帝下旨，數說魏忠賢的罪狀，將他的屍身千刀萬剮，客氏與崔呈秀的屍身則被斬首。魏忠賢的黨羽，依照先前所犯罪刑的輕重，將刑罰分為六等：磔、斬、秋後處斬、充軍、坐徒、革職。

當初遭到魏忠賢黨羽陷害的忠臣如楊漣、左光斗等人，都獲得平反，追贈官爵謚號，曾經喧赫一時的閹黨，至此終於被打倒，而東林黨的聲望又逐漸恢復起來。

崇禎皇帝有心要做好皇帝，他算是明朝最近一百多年以來最勤奮的皇帝，每天處理公務，忙到三更半夜，天一亮就主持早朝，與群臣商議大計，可惜他接手的是個爛攤子，光靠勤奮仍無力回天。

「東北局面危急，必須要有能人出面處理，眾位卿家不知可有適合人選？」崇禎皇帝問道。

眾人對望幾眼，異口同聲說道：「前遼東巡撫袁崇煥可以。」

崇禎皇帝點點頭，說道：「朕先前也聽說他是個人才，既然你們齊聲推薦，朕就復起他經略東北。」

袁崇煥自傲得很，他見了皇帝，有條有理的敘述東北的情況，隨即說道：「如果陛下要讓臣守遼東，就要賦予全權之責，不能隨意聽信廷臣的意見。以臣的力量，五年之內，要控制遼東，並不算困難，但是要長治久安，還必須要朝廷配合才行。」

這番話陳述有之，教導有之，又說得信心十足，崇禎皇帝一一同意，並給予袁崇煥十分崇高的地位，「兵部尚書，督師薊遼、登萊、天津三方軍務，賜尚方劍」。

頂著這個頭銜，袁崇煥走馬上任，他讓大將祖大壽駐兵錦州，趙率教駐守山海關，自己則坐鎮最前線的寧遠，從事各項防務及戰備工作。

爲了穩定局面，袁崇煥以尚方寶劍處斬了皮島總兵毛文龍，理由是他囂張跋扈，通敵叛國，其實並沒有什麼直接的證據。這件事惹來朝廷一陣爭議，很多人都覺得毛文龍實在是被袁崇煥給冤枉了，袁崇煥執意要殺毛文龍，實在是很可疑。

崇禎皇帝雖然也感到懷疑，卻由於自己先前曾經答應過袁崇煥，賦予他全權之責，並對遼東將士握有生殺大權，因而沒有多加追究，反而還派人去嘉勉了一番。

那毛文龍是多年以前楊鎬出兵朝鮮之時的一員大將，楊鎬兵敗，毛文龍帶著自己的部隊退居遼東半島以南的皮島，成爲一方之霸，彷彿割據勢力，朝廷後來承認了他的地位，任命他爲總兵。

毛文龍旗下有許多勇將，包括耿仲明、孔有德、尚可喜等人，聞聽毛文龍被殺，感到自身安全受到威脅，索性投降了滿州人。

滿州大汗皇太極的漢化程度比父親努爾哈赤更深，在滿州，人們最瞧不起投降的儒夫，可是皇太極深深知道應當要禮遇降將的道理，這樣可以吸引更多人投降，增強自己的力量。

「你們能夠棄暗投明，很好，很好！」皇太極十分客氣地對耿仲明等人說道：「你們的名位與利祿，我一定替你們保住，將來也希望你們繼續為我金國貢獻心力。」

在皇太極身旁，一名文官頻頻點頭，他是漢人，名叫范文程，是明朝的秀才，祖先世居瀋陽，努爾哈赤時代投靠後金，皇太極對他甚為器重，任何軍國大事都讓范文程參與決策，每當他們一同討論軍政之事，總要討論到半夜，這禮遇降將的道理，也是范文程教給皇太極的。

耿仲明等人退走後，皇太極對范文程說道：「明朝任用袁崇煥，寧遠、錦州一路必定固若金湯，依我看，我們還是繞道科爾沁蒙古，從熱河方面進攻，比較省事。」

范文程只點了點頭，沒說什麼，雖然他對皇太極十分忠心，但如今皇太極所說的畢竟是要消滅他自己的國家，這實在讓他很難回答。

皇太極能瞭解范文程的心，所以也沒再多問，他只是想確認戰略的正確與否而已。

不過，皇太極和范文程都沒有料到，袁崇煥已經比他們早一步設想到這種戰略的可能性，已經有了準備，當袁軍的探子察覺後金軍不穩定的動向，立刻回報。袁崇煥馬上下令：「全軍出動，回師山海關，救援北京。」

因此，當皇太極領著後金大軍穿過喜峰口，攻陷遵化、三河、順義來到北京城郊外之時，映入眼簾的，竟然是整齊排列、高舉袁崇煥帥字旗的大軍正好整以暇在城北門外等著他們。

「這……這怎麼可能呢？」皇太極高聲叫道：「這袁崇煥帶的兵，難道會飛嗎？」

袁崇煥的兵馬並不會飛，只是他料敵如神，行軍迅速而已。一場激戰，金兵在北京廣渠門外慘敗，袁崇煥保護了京師的安危。

這場仗是明朝很少見的以寡擊眾而獲得勝利的戰役，袁崇煥以四千騎兵就把後金十萬部隊打垮，戰果極爲輝煌，不過，他沒有被勝利沖昏頭，按兵不動，等待各路勤王兵馬，還有自己從寧遠趕來的主力部隊。

「待我軍集結完成，就可以從後方截斷滿州兵去路，再加以殲滅。」袁崇煥指著地圖對身邊將領說道：「這一次，皇太極帶了他們全國大部分的兵力前來，如果被我們殲滅，實力必難恢復，我向皇上承諾五年內平定遼東，將可達成。」

他料敵極準，卻沒有辦法料中自己人的險惡。

原來皇太極被打敗之後，迅速收拾隊伍，重新排列，並沒有爲此慌亂許久，隨即他冷靜地想道：「明國朝廷的腐敗，父汗總是不停對我訴說。如今，該要看看他們腐敗到哪一種地步了。」

他使用反間計，故意在俘虜來的明朝宦官耳邊散播謠言，說金兵入關其實是與袁崇煥有所約定，到時候大軍集結完成，袁崇煥就要倒戈相向，攻入北京城云云，隨即將這些宦官放回去。

宦官們回到崇禎皇帝身邊，馬上告訴皇帝這個傳言，還加油添醋地說道：「袁崇煥與韃子兵訂有密約，韃子並非戰敗，而是有意退兵，以便讓袁崇煥要脅朝廷，與韃子訂立城下之盟。」

崇禎皇帝聽完，竟有一種「恍然大悟」的感覺，怒道：「朕就知道這袁崇煥不是好東西，當初硬要殺毛文龍，就是不懷好意的證據，料敵如神什麼的，全是放屁！明明打勝仗，卻不追擊，這不是擺明了圖謀不軌嗎？」

朝臣紛紛勸說道：「此事務必愼重，皇上不要輕信流言，目前敵軍兵臨城下，局勢危急，非平時可比，皇上三思啊！」

大學士溫體仁卻看準了崇禎皇帝的心思，他說道：「袁崇煥以前守寧遠的時候就已經偷偷在和韃子們往來了，毛文龍總兵是韃子的一大阻礙，當然會要求袁崇煥藉公務之便除掉，如今袁督師所作所爲，並不值得奇怪！」

於是，崇禎皇帝藉機召見袁崇煥，讓預先埋伏好的錦衣衛將他逮捕起來，同時派了太監前往城外，對軍營中的袁軍宣布他們主帥的罪狀：「袁崇煥擅主和議，又濫殺朝廷大將，實有通敵叛國之嫌，故加以逮捕，聽候發落，以正朝綱。」

太監的話還沒說完，三軍將士已經亂成一團。他們先是罵聲不絕：「袁督師通敵？皇帝老兒眼睛瞎了嗎？」接著發現事情已經沒有轉圜餘地，開始放聲大哭，領軍的祖大壽一怒，說道：「像這種朝廷，值得我們賣命嗎？」下令拔營，起程返回遼東。

他們在半路遇見東北來的援軍，聽說袁崇煥被捕，憤恨異常，直嚷著說要殺進北京去救袁崇煥，被祖大壽攔下來，「這樣豈不是落入圈套？害得督師更加蒙受不白之冤！」

他們後來做出決議，「回遼東！幫著禦敵可以，要幫著那些陷害袁督師的兇手們守北京，門兒都沒有！」

崇禎皇帝聽說這種情況，覺得慌了，要求全體閣員領著文武朝臣前往監獄，拜託袁崇煥寫信去請祖大壽回來。

袁崇煥慘然笑道：「你們不必來這麼多人，我也願意寫這封信啊！」他所憑藉的，只有一顆赤膽忠心。

使者捧著墨跡未乾的心，快馬加鞭追了出去，等見到祖大壽，他們已經在山海關外了。大軍停下來，祖大壽捧著信朗讀，聲淚俱下，全軍也跟著痛哭。

祖大壽的母親也在軍中，被這哭聲驚動了，問明白狀況之後，說道：「你們會這樣，還不就是為了袁督師嗎？如今袁督師未死，何不回去奮勇殺敵，建功立業，說不定還可以因此請求皇上，救袁督師一命。」

於是大軍在祖大壽、趙率教等人領導下，重新入關，收復了遵化、永平等地，從後金軍手中搶回地盤，保住了北京的安全。

但他們並沒有救回袁崇煥的性命，在此同時，袁崇煥已經被議定了十惡不赦的叛國大罪，處以凌遲極刑。

崇禎三年，公元一六三〇年八月十六日，四十六歲的袁崇煥被綁赴刑場，行刑的過程全部公開，而且極為殘忍。

北京城的居民都瘋了，他們聽信朝廷所宣稱的內容，都認為袁崇煥是個十足的漢奸，他們高聲叫罵、呼嘯，甚至出錢購買從他身上剮下來的肉和著燒酒生吃，藉此表達他們的痛恨。

袁崇煥在被肢解前，神智一直都很清醒，身上的疼痛比不上內心的哀痛，他哀痛的是朝廷的昏庸，是江山社稷的安危，當他的內臟被挖出來，骨頭被吋吋敲碎磨成灰之前，一縷英魂已經悠悠地飄向他心繫的遠方。

聽見袁崇煥的下場，皇太極很感嘆，「這樣的人才，竟然遭受這樣的對待！」他現在終於知道父親的感受，「和這種朝廷為敵，真的不算英雄！」明朝派來接替袁崇煥的，是原任遼東經略孫承宗，但皇太極已經不放在心上，他已決定了新的戰略：先囊闊滿蒙，再對付中國。

他又花了六年的時間攻城掠地，降伏了東北其他地區的部落，還有內蒙古東部的林丹汗，並且擊敗朝鮮。

天聰十年，明崇禎九年，公元一六三六年四月十一日，皇太極端坐在瀋陽皇宮中的金椅之上，貝勒、大臣倒地跪拜，和碩貝勒多爾袞、科爾沁貝勒巴達禮、和碩貝勒多鐸、豪格、岳拖、察哈爾汗之子額哲、貝勒杜杜、都元帥孔有德分別捧著不同顏色的玉璽，敬獻給龍椅上的至尊。

「吾皇萬歲、萬歲、萬萬歲！」

這是皇太極的登基大典，從今天起，他們的國號改爲「清」，年號改爲崇德元年，不再沿用那個已經滅亡的金。

典禮之上滿人、蒙古人、漢人都有，象徵著混同天下，五族一家，一個全新的時代即將來臨。

張獻忠與李自成

大清即將興起，大明暮氣沉沉，龐大的帝國，百年的墮落，內部已被腐蝕掏空，自毀長城的崇禎皇帝雖然力圖振作，仍然無力回天。

崇禎皇帝才二十多歲，當然不會承認自己暮氣沉沉，然而日以繼夜的操勞，竟讓他的耳鬢添了幾絲斑白。

剷除了心目中的「大漢奸」袁崇煥，並沒有讓他的心情好轉，或許在那場瘋狂凌遲的第二天，崇禎皇帝的內心已經開始後悔，但是他從來不向任何人表達內心的想法，只是憑著自己的意志，執拗地跳進一個沒有盡頭的深淵。

早在他即位的第一年局勢便已經惡化到無法挽回，百姓們對這個貪婪無能的政府早已不信任，一有機會便會起而反抗，剛好在崇禎元年，原本就貧瘠的陝西西北地方爆發歷年罕見的飢荒，百姓沒食物，軍隊缺糧草，而官府竟還要徵收各項賦稅，不管百姓死活，於是死者狼藉，罵聲四起。

「大老爺們平常只會從我們這些小老百姓身上剮銀子，現在呢？沒飯吃了，他們到哪裡去了？這種朝廷，百姓都沒辦法照顧好，要它何用？不如……」

「聽說北京城裡的皇帝和大臣每天都吃著山珍海味，哼！想起來就氣，起來把昏君趕走，我們就有飯吃了……」

抗議的浪潮潛伏已久，突然爆發出來，便難以收拾。

這一年七月，陝西榆林衛起了兵變，定邊營有個逃卒名叫王嘉胤，在飢荒嚴重的家鄉延安府府谷縣聚集災民，起來反抗地方官，附近的州縣紛紛響應，民變的浪潮頓時如同野火燎原。

王嘉胤手下有個同鄉名叫張獻忠，足智多謀，跟在王嘉胤身邊起兵，很快成爲軍中最重要的幹部，領有十八路民兵，人稱「八大王」。在此同時，還有宜川王左掛、安塞高迎祥、漢南王梁、白水王二等人的起兵，他們打家劫舍，攻擊官府，進佔村莊田地。

這股力量越滾越大，兩三年後，已經成爲朝廷不敢忽視的勢力，當時負責鎭撫的是西北三邊總督楊鶴，素來很有聲望，爲人也很正直，他對流民十分同情，主張安撫，凡願意接受招撫者，均給予免死的保證。

不少民兵接受招撫，拿了免死保證之後，隨即再度造反，當他又被官府逮捕之時，便會亮出先前開立的保證，說道：「三邊總督的白紙黑字，你可不能拿我怎麼樣！」

如此，動亂益發嚴重。

崇禎三年冬季，王嘉胤一口氣打下了故鄉府谷縣城，殺死駐守當地的游擊李顯忠，陝北地區的流民勢力擴大到山西境內，王和尚、老回回在此地凝聚力量，和王嘉胤相呼應。第二年六月，王嘉胤戰死，王和尚接收了他的徒眾，將山西地區的民兵編為三十六營，自己擔任盟主，流民力量更大。

三十六營之中有不少十分出色的首領，如八大王張獻忠、「闖王」高迎祥，以及高迎祥的姪子「闖將」李自成等人，都是十分具有領導能力的英雄豪傑。

官員看見楊鶴招安失敗，便起而彈劾他，說他辦事不力，朝廷只好下令撤換楊鶴，改派了陝西參議洪承疇接替三邊總督的職位，掌管對付流民起兵的事務。

洪承疇改變策略，主動出擊，他與士兵們同甘共苦，深得人心，擔任總督三年，成功鎮壓多起變亂行動，斬流寇三萬多人，將陝西境內的民變陸續肅清，隨即進入山西，追擊流寇。

張獻忠、李自成等人之所以會有「流寇」這樣的稱呼，是因為他們行蹤飄忽不定，沒有固定的根據地。被洪承疇連番攻擊，傷亡雖然慘重，但也無所謂，他們能失去的就只有性命而已，而在這種世道裡，人命是最不值錢的，所以其實沒什麼損失。在陝西被攻擊，就轉往山西；在山西被攻擊，就跨過太行山，逃進河北，輾轉吸收更多飢寒起盜心的民眾，人數反而越來越多。

河北是京師所在，到處都有重兵把守，這群東拼西湊的烏合之眾根本無法在此立足，只好趁著寒冬河面結冰時渡過黃河，向南逃竄，如同蝗蟲過境，擴散到河南、江西、湖廣等地。

明朝爲了統一軍權，集中火力，任命延綏巡撫陳奇瑜擔任陝、晉、豫、楚、川五省軍務總督，大規模圍剿。陳奇瑜下令各路兵馬緊追不捨，四方剿撫，擊敗了多路民兵。

崇禎六年六月，闖王高迎祥與闖將李自成率領的一股民兵被追得四處逃竄，躲進陝西南部興安州境內的車箱峽，那是一處絕境，沒有出路，四面皆爲山峰，官軍圍堵在出口處，幾萬民兵困在裡面，沒有糧食，沒有足夠的武器，逼到後來只好將爲數不多的馬匹宰來吃，情勢非常危急。

「舅舅，我有個辦法。」李自成對高迎祥說道：「咱們可以和官兵說，咱們要投降啦！只要你們不殺我們就好，等到出峽以後，再找機會翻臉。」

高迎祥有些猶豫，「這樣做能成嗎？」

李自成說道：「不一定能成，但總比困在這裡等死要好一點。」

高迎祥接受了外甥的意見，派人出峽去和陳奇瑜接洽，並且開出條件：「只要發給我們免死證，我們就願意回鄉種田，當一群順民，也會勸告其他各路義軍，讓他們追隨我們。」

陳奇瑜頗同情這些被逼造反的農民，不疑有他，喜道：「如此最好。」

他們約定時間，讓民兵出來受降，不料民兵才剛離開棧道，立刻翻臉，殺掉監督官兵五十人，衝向附近州縣大肆屠殺搶掠，奪取了足夠的糧食物資，讓官軍難以抑制。

明朝末年有個不合理的制度，只要失敗一次，那麼先前的功績全部都會遭到抹煞，陳奇瑜即是如此，他被革職查辦，換來了三邊總督洪承疇接替他的職位。

「一旦戰敗，就要遭到嚴厲懲處……」洪承疇心想：「我要是有個萬一，那該如何？」征討流寇事務繁重，並沒有機會讓他停下來想很久，只因不想被懲處，洪承疇卯足了全力，全力圍剿各路流寇。

崇禎七年冬天，各路流寇受到洪承疇的追剿，開始往河南移動。第二年正月，他們在河南滎陽會師，以闖王高迎祥、闖將李自成、八大王張獻忠等人為天下民兵的首腦。

在這場大會上，許多民兵領袖都覺得局勢不利，表示想要投降，二十八歲的李自成慷慨陳詞，對各路領袖說道：「已經走到這步，難道你們還想回去過苦日子嗎？官兵集中兵力打咱們，咱們集中起來，打不過官兵，就應該化整為零，互相聯繫，分頭抵抗，讓官兵摸不著頭腦！」

民兵首領們接受這項建議，分頭行動。西南方面，抗拒四川湖廣官兵的攻擊；西北方向，抵擋陝西官兵的追剿，李自成與張獻忠則隨著高迎祥往東前進，襲擊安徽、江蘇，十幾天後，他們打下了鳳陽。

鳳陽府是明朝開國皇帝朱元璋的家鄉，地位特殊而且崇高，李自成放了一把火把朱元璋的家廟給燒了，助長民兵士氣。

此時的李自成已經儼然成為闖王底下第一號大將，這讓軍事實力高過李自成的張獻忠覺得有些吃味，但他又不好直接翻臉不認人，於是隨便找了個藉口，帶著自己的兵馬離開高迎祥帳下，自己形成一番格局。

崇禎九年，公元一六三六年七月，闖王高迎祥在陝西的一場作戰之中被陝西巡撫孫傳庭所俘虜，送往北京處以凌遲之刑，官中各路民兵領袖共同推舉李自成繼承「闖王」名號，領導他們抵抗官兵。

崇禎十年，李自成率領部眾從陝西進入四川，一路打下廣元、昭化、梓潼，進攻成都時受到挫折，轉而北返，在崇禎十一年春天走到梓潼，遇上了洪承疇、孫傳庭率領的大軍，雙方一場血戰，李自成部下被殺得片甲不留，只帶著劉宗敏等十八名騎兵逃出重圍，躲進陝西的商雒山中，勉強保住一條命。

在此同時，張獻忠率領的兵馬在河南地區到處流竄，又被當地總兵左良玉擊敗，逼得他只好向官軍投降。

這是農民部隊最爲黑暗的時刻，幾個比較強大的領袖，要不被殺，要不逃亡，要不投降，明朝征討流寇的行動獲得初步的勝利。

但是明朝政府也到了該崩潰的時候，建號稱帝的皇太極在統一滿蒙之後，再度對明朝展開猛烈攻擊，內閣大學士楊嗣昌建議崇禎皇帝調派洪承疇擔任薊遼總督，主持對清兵的抵禦，調孫傳庭擔任保定總督，主管各路兵馬進京護衛之事。當時孫傳庭正在生病，楊嗣昌竟然上表參劾，說他推諉敷衍，無意抗敵，崇禎皇帝聽了楊嗣昌的話，把孫傳庭逮捕下獄。

追剿流寇的兵馬、主將全被調往北方，這讓流寇們有了喘息的空間。商雒山中，李自成原本心灰意冷，多次想要自殺，都被養子李雙喜所救，他們仔細規劃大計，闖入河南，號召當地群眾。

「闖王」的名聲響亮，加入他的人也不僅限於農民，河南地區的讀書人李岩、宋獻策、牛金星等人也紛紛加入闖王陣營，這讓李自成的格局有了全然不同於以往的轉變。

張獻忠接受明朝招撫，只是權宜之計，休養生息一年之後，羽翼又豐，崇禎十二年五月，他聯合羅汝才等十三家民兵領袖一同叛變，向西進兵，大掠四川，又順江竄回兩湖，攻破襄陽，擄獲大量兵器錢糧，聲勢大振。

不過，張獻忠才能雖高，心眼卻小，不能容人，和羅汝才相處不睦，羅汝才憤而投靠李自成。李自成如虎添翼，聚眾五十萬人，規模足夠與官軍抗衡。

「闖王，恕我直言……」李岩對李自成說道：「像從前那樣帶著大軍到處跑，到哪裡搶哪裡，商雒山之困只怕會重演！」

李自成的臉色一變，那是他最痛的記憶，沉聲問到：「你說該怎麼辦？」

李岩說道：「首先當然要穩定民心，讓百姓知道闖王是來解救萬民於水火，讓他們主動迎接，一方面我軍可以省力，一方面可讓地盤穩固。」

「然後呢？」

「接下來當然就是搶下大城，鞏固勢力，進而建立制度、立號稱帝，如此方能名正言順，推翻腐敗的朝廷。」

李自成順著李岩的話去構想，出現在他眼前的是一幅美好的景象：他坐在龍椅之上，接受萬民歡呼……「很好！」他說道：「就照你說的去辦。」

李岩、宋獻策等人共同研商，制訂了一系列吸引民心的政策，均田、免糧、免稅，還編了一系列民謠廣爲宣傳：「吃他娘，喝他娘，吃喝不盡有闖王……」，「不當差，不納糧……」，「朝求升，暮求合，近來貧漢難存活，早早開門迎闖王，管教大家都歡悅……」歌詞俚俗，曲調易懂易學，朗朗上口，沒過多久，河南陝西一帶的農村到處流傳這些歌謠。

崇禎十四年，公元一六四一年初，進入河南攻陷永寧的李自成繼續進兵，一舉包圍河南府洛陽，洛陽守軍早就風聞闖王名號，李岩編的歌他們也都會，於是殺死了指揮官，開城迎闖王。

洛陽是福王朱常洵的封地，當初朱常洵在朝廷一片撻伐聲中離開京師，此後一直居住此地，對待百姓非常苛刻，李自成進入洛陽，第一個就把福王殺了，替百姓出了一口怨氣，並將庫存的數萬石糧食與金銀分給民眾，贏得百姓的支持。

這年冬天，李自成繼續往東進兵，在開封遭到頑強的抵抗，激戰之中，李自成甚至受了重傷，還被流矢射瞎了一隻眼睛。

「可惡，這開封城，說什麼也要打下來！」李自成傷癒之後，憤恨地說道。

崇禎十五年春天，李自成繼續攻城，用盡了各種辦法，甚至拿火藥企圖爆破城牆均未成功。四月，大軍捲土重來，圍攻了五個月，都沒辦法把城打下。

開封方面也很艱苦，長期遭到包圍，糧食耗盡，城中居民以死屍為食，景況淒涼，守城巡撫高明衡想出一個辦法，「開封城外，河面高於地面，只靠著堤防維持，把堤防挖開，就可以用洪水把賊兵沖走！」

這自以為是的招數反而壞事，堤防挖開，大水無法控制，竟然全部湧向開封城，將城牆沖垮，淹死了幾萬名百姓。

連李自成都傻了眼，隨即大笑道：「這真是自己送上門來的肥肉啊！」他下令全體士卒乘坐小船進入城中大肆搶掠一番，不過城裡已經是一片廢墟，沒什麼東西可以搶，民兵在此呼嘯一番，便又撤走。

攻打開封耗費了不少元氣，到後來純粹是出氣而已，破壞太大，打下來也不能用，便在這年冬天前往南陽、攻陷汝寧，進而打下襄陽。

這襄陽曾經被張獻忠攻破過，不過張獻忠並未在此停留，因此李自成打下襄陽時，城池尚稱完備，規模也頗宏偉，與牛金星等人討論之後，決定在此建都，改名為「襄京」，自稱「新順王」，立養子李雙喜為太子，設置官爵名號，大造舟艦以為水戰之用。

當初張獻忠離開襄陽以後，又陸續攻破樊城、新野、光州等地，然而他在河南的進展並不順利，屢次被總兵左良玉擊敗，部眾潰散，到後來剩下幾百騎兵，只好投靠李自成。李自成想要趁機殺死張獻忠，被羅汝才知悉，告知張獻忠，張獻忠乃趁夜逃走，躲進霍山之中。

霍山聚集了不少落草為寇的群眾，張獻忠一來，得到他們的擁戴，成為首領，往後幾年，他又重新崛起，到崇禎十五年秋天，他順著長江西上，向湖北前進，接連攻陷黃梅、廣濟、黃州，隨後打下了漢陽、武昌。

武漢乃是通往中原的重鎮，戰略地位重要，張獻忠有了這番局面，遂自稱「西王」，將武昌改名為「天授府」，設為都城，置六部五府，設立文武官員，開科取士，建立了初步的政權。

於是，李自成、張獻忠兩大勢力分別佔據襄陽、武昌兩地，建立王號，遙遙相對。

李自成找來全體謀士，對他們說道：「我有這番局面，多虧你們幫忙，但是往後的日子該怎麼做，還需要各位多多給些意見。」

牛金星說道：「大軍北上，直取河北，包圍京師，天下可定。」

謀士楊永裕說道：「這個辦法太險，如今應該順江而下，攻取南京，斷絕江南輸往京師的糧道，如此朝廷便會不攻自亡。」

顧君恩說道：「關中乃大王故鄉，形勢險要，當年漢高祖劉邦先入關中而有天下！應當先將關中拿下，建立基業，隨後攻取山西，穩固局面，再進兵京師，方能萬無一失。」

對於漢高祖的往事，李自成瞭解不深，但總知道劉邦也是個平民出身的皇帝，於是說道：「君恩的話中聽，就用這個辦法。」

他領兵北上，朝關中前進，途中遇上重獲起用的孫傳庭，雙方交戰多回，李自成連遭敗績，但是，明軍之中已經很不穩定，自己爆發了兵變，李自成反撲，轉敗為勝，孫傳庭戰死，官軍潰散。

「大夥兒衝啊！」李自成高叫道：「能不能成功，就看這一次啦！」

崇禎十六年十月，民兵大軍攻陷潼關，勢如破竹，一路西進，日行百里，連破華陰、渭南，隨即打下西安，平定關中。

西安就是古時候的長安，明朝重新修築的城池規模遠不如前，但也終究是個象徵。李自成下令恢復長安舊名，定此為「西京」，然後繼續進兵，打下鳳翔、寧夏、慶陽、蘭州等地，穩固了整個關隴陝西的局面。

崇禎十七年，公元一六四四年正月，李自成在長安建立國號為「大順」，建立年號為「永昌」，任命文武百官，置六府尚書，大封功臣，旗下步兵四十萬，騎兵六十萬。

群臣紛紛請求李自成稱帝。李自成笑道：「等打下北京城再說吧！」這是遲早的事，李自成希望能把這份榮耀留在改朝換代的那一刻。

明朝局勢，危如累卵。

衝冠一怒為紅顏

前線吃緊的戰報不斷送來京師，急得崇禎皇帝亂了方寸，國內流寇浪潮如同滾雪球，越鬧越兇，東北方面清兵的攻勢益發猛烈，京師危急，身邊的那一班大臣七嘴八舌，讓他根本不知道該聽誰的，只好憑直覺辦事，哪個大學士推薦的將才立了戰功，就任用他當首輔，只要首輔推薦的人打了敗仗，就將首輔連帶將領一併革職查辦，在位十七年，竟然換了五十名內閣首輔。

聽了楊嗣昌的話，崇禎皇帝下詔讓洪承疇去當薊遼經略，崇禎十四年，滿清皇帝皇太極發動大軍，圍攻錦州，總兵祖大壽派出使者求援，洪承疇調派總兵吳三桂、楊國柱、王樸等八名將領，集結十三萬大軍，前往救援錦州。

錦州是明朝在山海關外唯一的一座大城，四周有松山、杏山、塔山等三座護衛城堡，其中以松山城的戰略地位最為重要。

八月間，皇太極親自領兵，穩紮穩打，從杏山城緩緩往松山城方向前進。

吳三桂與王樸領著主力部隊，在杏山城遭遇清兵伏擊，慘遭敗績，奮力突圍，到了寧遠，又遇上清兵，一場激戰，明軍死傷過半，吳三桂獨自脫逃，救了自己一命，卻讓跟隨他的將士全被清兵屠殺。

洪承疇領著巡撫邱民仰、總兵曹變蛟以及剩下的兵力固守在松山城中，皇太極命令大軍將松山城團團圍住，足足圍了四個多月，城中糧食耗盡，便告陷落。

清兵湧入城裡，一陣廝殺，曹變蛟與邱民仰雙雙殉難，洪承疇卻被俘虜，押往瀋陽。

「你們殺了我吧！」被關在監獄裡的洪承疇叫道：「即使殺了我，大明也會另外派人來把你們打敗的！」

一名相貌堂堂，身著華服，外罩皮裘的中年男子走進牢房，對洪承疇說道：「將軍所言甚是！只不過，大明人才濟濟，你們的皇帝卻不懂得任用，反而處處掣肘，才讓將軍遭此敗績。」

洪承疇冷哼一聲，沒有說話。

一旁士卒喝道：「放尊重點，和你說話的是當今聖上！」

洪承疇瞥了那男子一眼，心中忖道：「這就是皇太極？」

皇太極微笑著制止了士卒的喝罵，說道：「洪將軍心目中的聖上可不是朕，而是北京城裡的皇帝啊！」時值初春二月，瀋陽仍是天寒地凍，他見洪承疇衣物單薄，解下身上的貂皮裘披在洪承疇身上，「關外嚴寒，將軍受冷了吧？」

洪承疇頗感意外，堂堂一國之君竟能如此禮賢下士，想想自己在明朝所受到的對待，一路狂奔，追殺流寇，抵禦清兵，不敢稍有失敗，一旦失誤，就是撤職查辦甚至抄家充軍，哪有如此溫情？「難道……這才是真命天子嗎？」洪承疇心中吶喊著。

皇太極溫和地笑道：「洪將軍委屈您了，您再好好想想，天命究竟在大明，還是在我大清。」

幾天後，洪承疇投降，死心塌地地效忠皇太極。

皇太極大爲欣喜，設下盛宴款待，又賞賜給他許多金銀珍寶。一些八旗貝勒表示不服，他們紛紛說道：「爲什麼皇上要對這麼一個敗軍之將如此禮遇？這樣我們之前的戰功算什麼呢？」

聽見這些怨言，皇太極把貝勒大臣們找來，對他們說道：「太祖先皇當初帶著我們櫛風沐雨，轉戰沙場，爲的是什麼？」

貝勒們回答道：「是爲了得到中原。」

皇太極笑道：「這不就對了嗎？這好比走路，我們都是睜眼瞎子，如今來了一個引路人，我們怎能不好好慶祝一番呢？」

貝勒們心悅誠服，誠心尊敬這位英明的領袖。

洪承疇之降，明朝並不知道，人人都以爲他已殉難，崇禎皇帝還大張旗鼓地替這位壯烈犧牲的大將舉行追悼儀式，等到眞相大白，從皇帝到百官都丟足了臉。

不過這時的朝廷已經不會在乎丟不丟臉的問題了，東北方面，錦州總兵祖大壽聽說洪承疇投降，認爲抵抗已經失去了希望，便也投降清軍。山海關外只留下一座寧遠孤城，由總兵吳三桂鎭守，而皇太極則曾經五次從內蒙古方向進入關內，大肆破壞附近的州縣田莊，斷絕京師後援，使北京城爲一座空城。

就在皇太極準備要大規模用兵消滅明朝的時候，崇德八年八月九日的一個深夜，身體一向不錯的他忽然暴斃身亡，可能是心臟病突發，也可能是腦溢血，但是人們都說那是他的弟弟多爾袞下手害死的。

清宮之中歷經一陣不安，減緩了進兵的速度。皇帝走得突然，繼承人還沒選定，後來幾個重臣商量，決定立皇太極第九子，年僅六歲的愛新覺羅福臨為帝，由多爾袞與濟爾哈朗攝政，定次年年號為順治元年。

這一年同時也是明朝崇禎十七年，正月，李自成在西安建號稱尊，隨即率領大軍進攻山西，接連攻下蒲州、汾州、太原，繼續進兵武寧關，入大同、宣府，只花一個月，便已直驅北京。

「賊兵來啦，賊兵來啦！」

北京城中，人心惶惶，崇禎皇帝下詔罪己，徵調山海關總兵吳三桂入京保衛，並且要求京城中的皇親國戚捐助銀兩以充軍餉，皇親國戚人人愁眉苦臉，沒有一個願意掏腰包。

三月十七日，李自成大軍來到城外，繞著北京九門猛攻，第二天，太監曹化淳打開彰儀門，讓李自成進入城中。

入夜了，崇禎皇帝登上南宮的萬壽山，遙望北京城中火光四起，嘆道：「都是朕的無能，害得老百姓受苦了！」

一旁的太監王承恩說道：「皇上，您可別這麼說……」

崇禎皇帝回到宮中，對皇后嬪妃們說道：「你們各自逃命去吧！」

皇后與袁貴妃哭道：「陛下，您是要我們逃去哪裡呢？」分別自盡。

崇禎皇帝並不傷心，他只是絕望而無助，看著身邊兩個小女兒，忽然長嘆說道：「你們為何要生在我們家？」舉起寶劍，用力揮了下去，砍死了小女兒，砍下了大女兒的左臂，手一顫，寶劍落地，掩面哭泣。

第二天凌晨，李自成尚未進入紫禁城，崇禎皇帝來到上朝之處，空蕩蕩的沒有半個人。平常都會有宦官敲鐘召集，如今連敲鐘的宦官都跑了，崇禎皇帝親自敲鐘，還是沒有一個人前來。

堂堂皇帝理當一呼百諾，如今卻是這種情況，陪在他身邊的只有一個老太監王承恩，崇禎皇帝頹然回到南宮，了無生趣，決心尋死，登上萬壽山，在衣襟上寫下遺詔：「朕自登極十七年，逆賊直逼京師，雖朕諒德藐功，上干天咎，然皆諸臣誤朕！朕死無面目見祖宗於地下，去朕冠冕，以髮覆面，任賊分裂朕屍，勿傷百姓一人。」隨即與王承恩一同自縊而死。

即使到死，崇禎皇帝還是怨天尤人，從來沒想到自己的問題。

正午，李自成意氣風發地進入皇城，來到承天門下，彎弓向門上的匾額射了一箭，剛好射中天字之下，李自成哈哈大笑，說道：「果然天命在我啊！」順手將弓扔在一旁，登上皇極殿。

他宣布禁止搶掠，禁止侵擾百姓，所有前明文武百官限期內入朝，擇定良辰吉日稱帝登基云云。

「闖王，這就對了。」李岩說道：「唯今之計，只有安定人心，才能安定局勢，請闖王持續約束三軍，不要讓他們散漫下去。」

李自成笑了笑，「我知道，我知道！」

他並不知道李岩的苦心，只覺得李岩有點煩，好不容易打下了京師，滅掉了腐敗的明朝，稍微享樂、放縱一下，有何不可？

底下的將士大多抱持著這種看法，鄉巴佬進京城，何時見識過如此繁華壯麗的大城？看什麼都新鮮，看什麼都想要，剛開始還能克制，時間一久，忍不住了，就順手搶了一些東西，並且對被搶的民眾說道：「這是義軍索餉，百姓應該慷慨解囊。」

搶劫的士兵沒有遭到懲處，守規矩的士兵也眼紅，於是大家都開始「索餉」，索取財物，搶奪美女，凡是抗拒的，就說他們反對大順軍推翻朝廷，是明朝餘孽，一刀殺了，再搶奪財物，姦淫擄掠，無所不為。

這些情況李自成都看在眼裡，但他並沒有深究，「大夥兒的苦日子過久了，該享享福了。」他是這麼想的，不過其實最主要的原因是，所有最好的東西都會被送到他這裡來。

一些他從來沒見過的奇珍異寶，在他面前堆得滿滿的，他還沒回過神來，又有將領前來報告：「闖王，找到一樣好東西，您一定得過目！」

「還有什麼好東西啊？」李自成很好奇。

「就是那天下第一美女陳圓圓啊！」

陳圓圓本是秦淮河畔最有名的歌妓，豔冠群芳，名震天下。當初天下局面危殆，崇禎皇帝寵妃田貴妃的父親田畹看在眼裡，覺得心疼，就派人去南方選一些美女送給皇帝，陳圓圓也在其中。

崇禎皇帝不好女色，對美若天仙的陳圓圓視若無睹，第二天就把她送出皇宮，於是，田畹便把陳圓圓收爲自己的侍妾。

山海關總兵吳三桂入朝晉見，田畹招待他，在田畹府中吳三桂看見陳圓圓，立刻被她深深吸引，田畹見狀，主動將陳圓圓送給吳三桂。

郎才女貌，本爲天作之合，奈何前線軍事吃緊，崇禎皇帝頻頻催促吳三桂前往督戰，吳三桂不得已只好將愛妾留在北京，隻身前往山海關抵擋清兵去了。

也因此，李自成入京，陳圓圓就落在他的手裡。

「有那麼美嗎？」李自成沒聽過陳圓圓的名號，說道：「把她送來讓我看看吧！」

一見之下，果然大爲動心，即使李岩一直在旁邊勸說不可，李自成還是將陳圓圓收爲愛妾。

「吳三桂守著山海關，動向未明，如今竟然搶了他的愛妾，這不是自己去找了一個敵人嗎？」李岩唉聲嘆氣地說道。

原本，吳三桂收到父親吳襄的信已經打算向李自成投降，忽然聽說陳圓圓被搶，心中大怒，隨即整肅軍隊，誓師要爲崇禎皇帝報仇，並且派人送信去給清兵，請他們入關協助。

多爾袞看完了信，大爲喜悅，教人回覆吳三桂，請他擔任先鋒，清兵隨後就到。

李自成見吳三桂不肯投降，率領大軍前往山海關，想不到山海關除了吳三桂的兵馬之外，還有一群強悍的辮子兵跟在後面。他這一輩子帶著流寇作戰，只有和明朝的軍隊打過仗，哪裡看過騎術高超、戰力強大的清兵？一場大戰，李自成的二十萬大軍被殺得瓦解冰銷，潰逃返回京師。

繁華的京師令李自成戀戀不捨，但是清兵已經追了上來，沒有戰意的李自成民兵不可能是他們的對手，但這時李自成忽然想起還有一件事沒有做，便於四月二十九日在武英殿宣布即位，成爲大順朝皇帝。

這個皇帝只當了一天，四月三十日，李自成放了一把火，燒掉了宮殿，隨即領著部眾倉皇撤退，沿著原路回陝西。五月一日，清兵進入北京，攝政王多爾袞發布命令：第一，八旗兵入關，是爲了「除暴救民，滅賊以定天下」，爲百姓報君父之仇，因此，勿殺無辜，勿掠財物，勿焚民舍，如有違反，一律依法嚴辦；第二，兵部傳檄各省州郡縣，明朝地方官願意歸順者，如果提供大清錢糧、戶口、兵馬籍冊者，一律加官進爵；第三，替崇禎皇帝發喪，以皇帝禮節葬於陵寢，派兵守衛明朝皇陵。

經過五個多月的整頓，十月初，北京城已經恢復了秩序，多爾袞請順治皇帝移駕北京，定此爲國都，於是，滿清皇帝正式成爲中原的新主人。

第四章：最後的盛世

女真族二度入主中原，掌握全中國，建立清朝，以懷柔與高壓並用的手段統治著人數超過兩千倍以上的漢人，成效甚為卓著。比起先前的明朝，清朝的皇帝素質好得太多，在此基礎下，嚴密的官僚與科舉制度持續運作，讀書人繼續鑽研儒家經典，追求理想中的太平盛世。

康熙、雍正、乾隆，三朝合計一百三十四年，中國歷史上為時最久的盛世，就在少數民族的統治下，成就輝煌的一頁。漢族的讀書人，似乎漸漸忘記「國土淪於外族」的恥辱，而以後腦杓上的辮子為榮。

關起門來和自己比，中國的確進步而繁榮，乾隆皇帝宣布退位之前，中國人口已多達四億，他們牢牢地被綁在土地和制度上，成為這個傳統帝國的小螺絲釘。並沒有人發現，當黎民百姓滿足於豐收的喜悅、科舉及第的榮耀與版圖遼闊的驕傲之時，所謂的興盛與強大已經有了全然不同的定義。

薙髮令

順治元年，公元一六四四年十月初一，北京天壇圍繞著成群的親王貝勒，他們的神情莊嚴肅穆，態度溫文恭謹，身穿銘黃色龍袍的皇帝，虛歲才只有七歲，小小的身軀拖著重重的步伐，一步一步踏上天壇中央，口中喃喃唸著預先準備好的台詞，主持祭告天地的儀式，在他身旁，號稱「九王」的多爾袞神情嚴肅地低聲指點著一切典禮所需的步驟和必須遵守的規矩。

三十二歲的多爾袞，精力充沛，戰功彪炳，從少年時代起就跟隨著父親努爾哈赤打天下，兄長皇太極的事業他也貢獻良多，很多人都認為皇太極死後，多爾袞將會繼承皇位，但是多爾袞並沒有，他說道：「目前雖以立長爲善，但是爲了大局，爲了大清的萬世基業著想，應當要從皇兄的兒子裡推選繼承者，免得我開了惡例，將來大清淪爲當年的蒙古一樣，光爲了爭奪汗位就鬧得不可開交，搞到國家淪亡。」

他說得義正辭嚴，實際上只是因爲沒把握贏過其他幾個競爭者而已。推舉福臨當皇帝，他出力最多，也因此讓他成爲最有力量的親王，這是他的計謀，這樣做名正言順，沒人敢有意見，而他則是實際上的皇帝。

滿清入關之初，一切戰略、規模、制度、律令全都是透過多爾袞制訂的。當時，滿州八旗男丁只有五萬多人，而明朝的漢人卻超過一億。以少數民族統治多數人口，滿清貴族都覺得沒有把握，甚至有人表示：「不如就像當年大金入主中原那樣，與南方政權劃界而治吧！」

這種提案其實極爲可行，除了北京城以外，中國絕大部分的地區都還奉明朝號令，所謂的「南明」已非純粹的政治口號。明朝從成祖以來，就一直有個陪都南京，北京淪陷，南京仍在，文武百官齊備，他們幾經商議，推舉福王朱由崧爲帝，年號弘光，打算成立偏安政權。

這個偏安政權倒也不乏人才，魏國公徐弘基、兵部尚書史可法、戶部尚書高弘圖等人都算頗有能力的人物，重要的是打著明朝旗號，還有一定的號召力，江蘇、安徽以及浙江部分地區都在他的號令之下行事。

除南明之外，還有李自成的大順軍盤據著山西、陝西、甘肅；張獻忠的大西軍稱霸四川；魯王朱以海佔領浙江東部沿海地帶；唐王朱聿鍵統轄福建、廣東、湖南、江西、雲南、湖北等地，零零總總的勢力加起來，約有大軍兩百多萬，實力不容忽視。

「的確，和這些勢力妥協，眞的是最簡單也最快速的辦法。」多爾袞說道：「但是，你我有朝一日都會死去，如果我們只拿下半個中國，有何面目去見太祖皇帝和太宗皇帝？」

「但是……」

「我知道你要說什麼。」多爾袞制止了反對者的言語，說道：「明朝是個早已被百姓唾棄的朝廷，大順、大西什麼的，只是一群比較強大的盜賊土匪，究竟能有多少號召力，還很難說。我們現在必須做的就是防止這些力量結合起來，成爲我大清之敵。該做的，該執行的，都由我負責，皇上御宇北京，我來執行統一天下的方略，如果有敗，天地不容。」

三個月前，多爾袞已經批示了「大清國攝政王令旨」，針對明末嚴苛的稅制進行改革：「自順治元年爲始，凡正額之外，一切加派如遼餉、剿餉、練餉，及召賣米豆，進行蠲免。」

崇禎末年，百姓的最大痛苦，就是在原本要繳納的稅款之外還要另外徵收許許多多的雜稅，許多農民就是因爲被這些雜稅逼得走投無路，不是餓死就是造反，鬧得天下大亂。

多爾袞在滿清佔領區內不斷強調減稅的德政，並且針對一些鬧飢荒的地區實施免稅，讓百姓可以稍微喘息一番，社會漸趨安定。

面對南方的明朝殘餘勢力，多爾袞採取積極強硬的政策，南京方面以史可法領兵鎮守淮陽江北之地，多爾袞寫了一封信給他，說理有之，勸降有之，威脅有之，大體是說清朝爲明朝報仇，趕走了闖賊的勢力，明朝已經壽終正寢，該是改朝換代的時刻，希望南京方面不要螳臂擋車之類。

史可法也回了一封信，婉轉的表示謝意，並且透露雙方之間劃江而治的可能性。老實說，他對自己效力的政權並無信心，那個昏庸的福王比他的父親朱常洵還要糟糕，前方戰況吃緊，旦夕王國的情況下，這個光桿皇帝還要大選淑女，充實後宮，身旁大臣激烈爭吵，他卻不聞不問，只曉得整天縱酒享樂。

面對這樣的腐敗政權，多爾袞當然不會接受史可法的和談請求，於是調動豫親王多鐸的部隊從征討李自成的戰場轉來，全力攻打南京政權。

史可法退守揚州，立下誓言，戰到最後一兵一卒也要保衛家鄉。短小精悍的他整天穿梭行伍之間，籌備防務工作，與將士同甘共苦，有飯士兵先吃，有衣士兵先穿，得到普遍愛戴。

然而，守揚州的兵力，只有一萬多人。多爾袞派來的大軍足足有十萬人不止，史可法多次請求援軍，卻都沒有得到回音，他長嘆一聲，說道：「看來，只有爲國犧牲，讓自己無愧於天地了。」

清軍以優勢兵力先進火砲，對揚州城狂轟濫炸，幾輪猛攻，都被史可法的守軍拚著性命擋了下來，但是，一萬人在這樣犧牲慘烈的戰役之中實在少得可憐，清朝大軍源源而至，還有附近投降的漢人加入，雙方之間強者越強，弱者越弱。

順治二年四月二十五日，清軍火砲轟垮了西北角城牆，大軍湧入，史可法想要自刎，連砍幾刀都不死，要求部將史德威助他一臂之力，史德威淚流滿面，不敢動手。這時，清軍來了，史可法大聲呼喊道：「天朝大臣史可法在此！」

豫親王多鐸想要勸他投降，史可法一口回絕道：「上國之臣，豈能苟且偷生？與城同存亡，我意已決，別再勸了！」大軍如潮水般湧上，史可法死在亂軍之中，連屍體也找不到。

揚州城陷落，多爾袞下了一個殘酷的命令：「城破日起，將士可在城中自由行動十日，任何行爲均不受軍法約束。」

整整十天，滿清以及投降的漢軍，在揚州城裡做出了所有殘酷的行爲，屠殺、強姦、搶劫、放火，繁華的大城變成了人間煉獄，居民死亡數十萬人，屍體堆積如山，臭氣薰天，城池化爲瓦礫，史稱「揚州十日」。

這種殘酷的屠殺也是多爾袞的一種策略，他希望能用這種方式震懾群眾，消弭反抗的意志。揚州失守，南京福王政權也撐不久，清軍在揚州屠城完畢，隨即南下，只花三天時間就打下鎮江，五月十五日，清軍進入南京，福王狼狽逃亡，仍被抓住，押解北京，一年之後處死。

南京政權垮台，閩浙一帶的明朝勢力又分別推舉帝王，唐王朱聿鍵在福州即位，年號隆武，又有魯王朱以海在浙江紹興即位，號稱「監國」，他們各自有不同的擁護者，彼此之間不能合作，更進而相互攻擊。

多爾袞在此時宣布一項重要命令：「全國各地，限十日之內進行薙髮，其有仍存明制，不隨本朝制度者，殺無赦！」

這道「薙髮令」惹來極大的爭議，頭頂剃光，只留三縷長髮，綁爲髮辮，此乃滿人百年來的傳統裝扮，原本清朝對待中國的態度頗爲寬大，並沒有要求漢人追隨滿人裝束。滿清建國以後，大臣上朝，分爲滿班與漢班兩列，各自穿著本身裝束，倒也相安無事，多爾袞執政後，認爲要以少數滿人長久統治多數漢人，必須要讓漢人接受滿人文化，最直接的辦法，就是要求漢人改變裝束。

本來多爾袞並沒有十分堅持，但這時有個明朝降臣孫之獬主動剃髮留辮，希望能夠成爲滿人，當他上朝時，站到滿班行列之中，被滿州大臣排斥，因爲他不是滿人；轉往漢班之中，漢人大臣都說道：「你穿成這樣，還當自己是漢人嗎？」不願與他並立。

孫之獬受到屈辱，憤而返家，寫了一份奏章，指出：「陛下平定中國，萬事鼎新，而衣冠束髮之制，仍與明朝無異，這根本是陛下追隨中國，而不是中國追隨陛下啊！」所有奏章都由多爾袞過目，看了這份奏章，頻頻點頭，忖道：「元朝爲何享國甚短？就是因爲他們沒有要求漢人跟從他們的習俗！滿州想要長久統治，就要強迫漢人剃髮！」

因此，從打下江南以後，清朝開始在各地強制推行薙髮令，這項規定激起漢族人民的激烈反抗，尤其是讀書人，更將這項規定視之爲奇恥大辱，華夏衣冠，淪於外族，士以天下興亡爲己任，讀書人的內心受創最深。

清兵並不管這些，期限一到，凡是還沒薙髮留辮的，全部斬首，所謂「留頭不留髮，留髮不留頭」，就是指這一段時間。

多爾袞的高瞻遠矚在這件事上顯現出來，薙髮令激起的民變雖然很多，但是終究只是一些零星的抗爭，大多數的人還是選擇成爲順民，畢竟這個強迫他們薙髮的政府其他各方面都還過得去，不像前明的苛徵，根本不留給百姓生路，久而久之，辮子成爲中國文化的一部分，甚至成爲中國人捍衛的象徵，滿清的服裝成爲中國傳統服飾的代表，直到現在「旗袍」仍是展現傳統美感的最佳裝扮，這是多爾袞的智慧，也是滿清能夠長久統治中國的重要原因。

多年以後，有個降清的明朝進士金之俊建議朝廷改採較爲和緩的辦法，好比允許老年人不用穿著滿人裝扮，不要強求漢人使用滿人語言文字，婚姻習俗仍可沿用舊制等等，與漢族取得妥協，稍微降低了漢人的反抗意識。

順治三年，清兵繼續南下，攻陷紹興，監國魯王乘船逃入海中，躲進舟山群島，八月，清軍進入福建，唐王倉皇撤退，結果在汀州遭到俘虜，押往福州，絕食而死。

兩個月後，明朝兵部尚書丁櫆楚等人共同擁立桂王朱由榔在廣東肇慶稱帝，年號永曆，展開長期抵抗。

清廷方面則調派降清將領們負責追擊永曆帝，一路往西，廣東、廣西、貴州、雲南，等於他逃到哪裡，清廷就降服到哪裡，嶺南、西南漸次劃入大清版圖。

西北方面，李自成逃回陝西，兵敗如山倒，連長安都守不住，又回到從前流寇的老路子，開始向南方流竄，自藍田、商州經武關退守河南，又經襄陽、承天、德安（今湖北安陸）退至武昌，順治二年五月轉戰至湖北東南各州縣，九月至九宮山附近，被當地民眾包圍襲擊而死。

張獻忠在四川的大西政權也好不到哪裡去，他在四川的殺戮十分嚴重，因此當地民眾並不歡迎他，李自成敗亡後，清朝控有陝西，於是順著關中、漢中南下，順治三年十一月十七日，張獻忠在激戰中負傷身亡，享年四十一歲。

平定各地的戰役，多爾袞大多任用漢人降將，知人善任，不拘泥於民族之別，是清朝能夠成功控制中國的另一個重要原因。

順治七年，公元一六五〇年十一月，多爾袞領著部眾前往北京城外的古北口附近狩獵，順便演練軍事，不愼墜馬受傷，一個月後溘然長逝，年僅三十九歲。

此時的局面已大致穩定，十四歲的順治皇帝親政，原本以皇帝之禮厚葬多爾袞，還贈謚號爲「誠敬義皇帝」，列爲滿清帝王之一，然而兩個月後，即有正白旗首領蘇克薩哈上奏指稱：「多爾袞意圖篡奪大位，僭妄不勝枚舉。」

年輕的順治皇帝，對那個將他當成傀儡的叔父其實並沒有多大的恨意，然而爲了立威，他仍採取了激烈手段，削去多爾袞爵位，牌位逐出太廟，剷平墳墓，摧毀府邸，使這個滿清入關第一功臣變成一個背負著罪惡的名詞。

直到一百多年後，順治皇帝的曾孫乾隆皇帝想起了這個入關有功的祖先，認爲他「定國開基，以成一統之業，厥功最著」，下詔恢復多爾袞爵位，神主重新配享太廟，並且重修墳墓與王府，爲之平反昭雪。

沒了多爾袞，十四歲的順治皇帝並沒有親政，國家大事多半由鄭親王濟爾哈朗、巽親王滿達海、端親王博格、敬親王尼堪，還有漢人大學士洪承疇、范文程等人共同主持。

並不是這些人想要抓權，而是順治皇帝對權力的慾望不高，他生性仁慈，篤信佛教，朝中大事不太過問。不過他並不像明朝皇帝那樣對政事全然不予理會，而是先立下綱領，再讓那些値得他信任的大臣去執行。他經常對戶部官員表示：「國家綱紀，首在廉吏，任何官員都必須公忠體國，以此自律，方能使民休養生息，創立太平盛世。」

除了嚴厲反抗者仍給予鎮壓之外，順治後期漸漸採取寬容政策，當初唐王之立，泉州海盜鄭芝龍出力甚多，但是鄭芝龍對唐王並不忠心，到後來甚至投降了清朝。鄭芝龍的兒子鄭成功就不一樣了，唐王死後，鄭成功領兵繼續抗清，還渡海前往臺灣，將盤據島上的荷蘭人趕走，在東南沿海具有很大的影響力。

順治皇帝對鄭成功相當寬容，允許他擁兵自重，指定漳州、泉州、惠州、潮州四府爲鄭氏的勢力範圍，還封鄭成功爲海澄公。鄭成功並不接受，但他也瞭解自己的力量不足以對抗清朝，於是慢慢把事業重心移往臺灣。

整頓吏治，嚴肅政風，取民有制，休養生息，就是順治年間統治天下的最高指導原則。不過，在此同時，順治皇帝有著一顆感情豐沛的內心，順治十三年，董鄂妃選入宮中，頓時讓順治皇帝寵愛萬分，一個月後晉封貴妃，誰知道僅僅過了三年多，董鄂妃便一病身故，順治皇帝從此鬱鬱寡歡，不再理會政事。

四個月後，順治十八年正月，年僅二十四歲的皇帝忽然下詔罪己，羅列了十四條大罪，痛罵自己治國無道、無德無能、不忠不孝，隨即逝世。

年輕的皇帝從沒生過什麼病，突然暴斃，很多人便開始懷疑皇帝的死因，甚至有人說順治皇帝根本沒死，而是拋棄了江山，到五臺山出家當和尚去了。

朝廷當然不可能把眞相公布，更不可能列入官方文書的記載，於是順治皇帝的結局，成爲清初的一大疑案。

康熙親政

順治十八年，公元一六六一年正月，皇帝無疾而終，由皇太極的妻子，順治皇帝的母親孝莊皇太后主持，選定順治皇帝的第三子，年僅八歲的愛新覺羅玄燁爲帝，定次年的年號爲康熙。

當時滿朝文武並不知道這個八歲的小孩，未來會成爲中國所有皇帝中評價最高、廟號聖祖的千古名君，而他所伴隨的年號，將成爲傳統中國歷史上最長、統治成績最爲輝煌的時代。

孝莊皇太后德高望重，在後宮之中盡心盡力教導小孫子，對他賦予極高的期望，朝中大事，則交給順治遺詔中指定的四位顧命大臣：索尼、蘇克薩哈、遏必隆與鰲拜。

四名大臣之中，以索尼資歷最深，威望最高。剛開始，四位輔臣還能同心協力延續順治年間的德政，輕徭薄賦、安定民生，然而時間一久，四人之間的對立隱然浮現。

引發顧命大臣之間對立的是圈地問題。所謂圈地，是清初一項苛政，當初多爾袞認爲北京附近荒地很多，爲了吸引滿清貴族南下，他放任貴族們任意侵佔土地，不論圈出多少土地，全部佔爲己有，到後來，荒地佔完了，平民百姓的土地也被滿清貴族強佔，而原本的地主就這樣成爲滿清貴族的農奴。

康熙五年正月，鰲拜指出：「順治初年圈地，多爾袞把好的土地都留給他的正白旗，害得我們鑲黃旗只能分到一些種不出糧食的地，應該要更換！」

索尼、遏必隆都是鑲黃旗人，對於鰲拜的主張當然不會有異議，蘇克薩哈是正白旗人，自然堅決反對。鰲拜說道：「四位顧命大臣，有三位贊成，這事還不能定嗎？」

他把更換圈地的事提上朝廷，主管此事的戶部尚書事務蘇納海、直隸山東河南總督朱昌祚、直隸巡撫王登都認爲不可以。蘇納海指出：「土地分撥已久，八旗子弟居住了十幾年，怎會願意更換？況且，康熙三年時曾有聖旨，規定不准再圈民間土地，因此這項提案不能遵辦！」

鰲拜大怒，叫來刑部官員，對他們說道：「蘇納海、朱昌祚、王登三人，跋扈不馴，你們快將他們抓來，嚴加處置！」

刑部官員都是鰲拜的親信，依言將三人逮捕，判定將三人重打一百大板，抄沒家產。

這些作法，十三歲的康熙皇帝看在眼裡，覺得鰲拜實在有些過分，於是將四位顧命大臣召來當面詢問。鰲拜痛陳蘇納海等人的惡劣，索尼、遏必隆也在一旁幫腔，唯獨蘇克薩哈沉默不語。

「皇上，請下旨懲處蘇納海。」鰲拜說得斬釘截鐵。

康熙年紀還小，不曾親自處理政事，遇到這種情況，遲遲不能裁示。鰲拜竟然逕自走出宮外，高聲說道：「奉皇上聖旨，蘇納海、朱昌祚、王登三人違法亂紀，驕傲自恃，處絞立決以正朝綱！」

三個無辜的大臣就這樣被處死，大規模的重新圈地展開，因爲田地被強佔而流離失所的人民多達數十萬。

鰲拜很得意，從此以權臣自居，不把小皇帝放在眼裡。

康熙很生氣，暗自立下誓言：「有朝一日，朕一定要除掉這個老匹夫！」

康熙六年，公元一六六七年六月，老臣索尼逝世，七月初六，良辰吉日，十四歲的康熙皇帝親政，大赦天下，然而在此同時，鰲拜已經廣結黨羽，恣意而爲，繼續專政。

蘇克薩哈看見鰲拜勢大，不敢和他相爭，主動請退，自願前往先帝陵寢守喪，鰲拜卻不肯放過他，蘇克薩哈一走，鰲拜即以皇帝名義降旨，令議政親王貝勒大臣共同研議蘇克薩哈的罪狀，後來，康親王傑書等議定蘇克薩哈的二十四條大罪，擬定革職凌遲處死，其長子內大臣查克旦革職凌遲，其餘子姪判處革職斬立決。

這分明是陷害，而且還要趕盡殺絕，康熙很清楚鰲拜的用意，堅決不准做此處置。「蘇克薩哈功在國家，怎可判此重罪？如此豈非陷朕爲無道之君？」

鰲拜求見，站在康熙前面振臂疾呼，還不時拍桌叫罵：「皇上，先帝命老臣爲輔政大臣，就是擔心皇上拿不定主意，現在，蘇克薩哈罪證確鑿，如果皇上還要縱容包庇，只怕將來大失人心，皇位難保！」

宮殿門外的衛兵是鰲拜安排的，朝廷兩側的大臣是鰲拜任命的，康熙自忖局勢對自己實爲不利，但他仍然堅持己見：「這件事絕不能准奏！」

鰲拜冷哼一聲，說道：「既然皇上不准，老臣這就下去和親王大臣們合計合計，看看有什麼解決之道。」

沒過多久，鰲拜又返回，拿著一份文稿，對康熙說道：「議政親王一致決定，蘇克薩哈勞苦功高，可免凌遲，改判絞立決，其餘眾人各項罪刑一律如同原議！皇上，請您降旨吧。」

年輕的康熙終究被鰲拜跋扈的模樣震懾住，半天沒有說話。鰲拜見狀，立時說道：「謝皇上恩典，願皇上政躬康泰！」退出乾清宮，命令議定刑責立即執行，蘇克薩哈就這樣被處死。

「朕為天下之君，怎能容許這個包衣奴才如此囂張？」康熙皇帝暗自心想：「但是，以鰲拜如今權勢，也不可能說殺就殺，弄不好連朕的命都賠上去，看來，要除掉鰲拜，得用奇計才行。」

聰明能幹的康熙，在孝莊皇太后的調教下允文允武，除了熟讀四書五經，擅長文學書法，雅好天文算學之外，他還練就一身好武藝。他在後宮養了一群摔角手，滿州話叫作「布庫」，經常與他們練習，從這群布庫子弟身上，康熙皇帝看見了剷除鰲拜的契機。

兩年間，鰲拜專權如故，而康熙則徵選大量布庫練習摔角，鰲拜只有冷笑，認為這個皇帝整天只知道玩耍，更不把皇帝放在眼裡，而康熙也刻意放低姿態，對鰲拜禮遇有加，降低鰲拜的戒心。

康熙八年，公元一六六九年五月十六日，皇帝召見鰲拜入宮，請他檢閱布庫訓練成效。鰲拜是勇將出身，武藝高強，曾經立下無數戰功，皇帝為此事召見，自然不疑有他，還頻頻稱讚道：「布庫乃我大清固有傳統，皇上願意致力於此，總比整天讀漢人的什麼四書五經來得好。」

康熙笑道：「請鰲少保多多指點指點了。」

成群布庫在鰲拜面前演練起來，聲勢頗為浩大，鰲拜面帶微笑，以一副長者之姿看著他們，他並沒有注意，到身旁的衛士已經換了人，後宮的大門已經悄悄關上。

「就是現在。」康熙叫道：「讓鰲少保看看你們平日訓練的成績！」

布庫子弟一擁而上，將鰲拜團團圍住，鰲拜剛開始還沒會意，等他發現布庫子弟來意不善之時，已經來不及了，多達數十名的摔角好手將他緊緊壓在地上，如同一隻遭到獵捕的猛獸。

「綁起來！」康熙皇帝厲聲喝道：「鰲少保桀傲不馴，目無法紀，得要將他好好的審問一番才行。」

他命人將鰲拜直接押送大牢，嚴加看管，並且叫來議政大臣，對他們說道：「鰲拜向來不把朕放在眼裡，朕知道你們之中也有不少人很聽他的，如今鰲拜已經伏首，你們好好想想，該判他的罪，還是要自己替他頂罪。」

王公大臣之中見風轉舵的不乏其人，許多鰲拜任用的大臣看見這種情況，立刻跳出來指責鰲拜的不是。五月二十八日，鰲拜的罪責議定，仍由康親王傑書領銜宣布，共有大罪三十條，包括欺君擅權、結黨營私、紊亂國政等等，判處斬立決，而與鰲拜沆瀣一氣的顧命大臣遏必隆，也因軟弱徇私、欺君誤國等罪，判處革職立絞，其他黨羽，分別判了各種等級的刑罰。

康熙本想讓鰲拜凌遲，只判了斬首讓他有些失望，不過此時他的政治智慧適時展現，他宣布道：「鰲拜理應依法處死，但是念在他效力已久，雖然作惡多端，朕仍不忍誅除，著令革職、籍沒並拘禁，而老臣遏必隆並未結黨，令免其罪，革去太師、公爵地位。」又宣布：「朝廷文武官員，因畏懼鰲拜權勢而依附者，均予以寬恕，希望你們以後不要妄加結黨，敗壞朝綱。」

他並沒有因爲自己的好惡大肆殺戮，反而赦免了滿朝依附鰲拜的官員，這讓那些本來以爲即將遭到處置的大臣人心安定，並且把自己的忠心完全轉移到這位年僅十六歲的皇帝身上。

從此，康熙大權獨攬，親自理政，英明有爲的皇帝，即將帶領著誕生不久的大清帝國迎向一個光明燦爛的未來。

赫赫武功

歷經明清之際的戰亂破壞，田園荒蕪，民生凋敝，連年災荒，順治皇帝刻意與民休養，二十餘年來，國庫用度仍然不足，擺在康熙面前的，並不是一個可以輕鬆解決的問題。

除此之外，雖然在清兵刻意征討之下，本來呼之欲出的南明政權並未建立，但是民間反清情緒仍然高張，且因滿州人數太少，無力佔領整個中國，便將南方領土分封給創業有功的漢人將領，貫徹以漢治漢的政策。

這就是「三藩」的由來，當初清兵入關，明朝降將吳三桂、尚可喜、耿仲明及其子耿繼茂等人領軍轉戰各地，立下無數汗馬功勞，消滅大順、大西政權的是他們，肅清南明殘餘勢力的也是他們，也因此分別封王。於是，順治十六年，朝廷下令，命平西王吳三桂鎮守雲南，平南王尚可喜鎮守廣東，靖南王耿繼茂鎮守四川，第二年七月，令靖南王移駐福建。

這幾個藩王擁有自己的軍隊，自己的王府，自己的文武百官，並且可以直接徵稅，不必繳納朝廷，所封之地遍及雲南、貴州、廣西、廣東與福建等省，整個中國南方幾乎都在他們的控制之下，如同國中之國，大清的統一僅是表面上的和平。

三藩之中以吳三桂勢力最大，他的大軍盤據雲貴，雲南的軍事、政治與財經大權完全操縱在吳三桂手中，中央派遣的雲貴總督、巡撫等官員，職銜之上必須冠上「聽王節制」四字，文武官員全由吳三桂選派，稱作「西選」，朝廷吏部無權過問。

西選官員並非僅止於雲貴，吳三桂往往會向朝廷推薦自己的人擔任各省地方官，總督、巡撫、總兵等等，不一而足，導致「西選之官遍天下」的情況。

在吳三桂手底下有精兵五、六萬人，所需要的軍餉不用吳三桂自己支付，卻要朝廷供養。康熙初年，平均國庫歲入白銀三千萬兩，光是平西王的軍餉就要花九百萬兩，其他的雜項開支與平南王、靖南王的軍餉雜支，幾乎把全國的收入完全耗盡。

自從除掉鰲拜，親自掌政以後，康熙皇帝便深感三藩的尾大不掉之勢，總是想著要解決三藩問題，但是總找不到理由與時機。

康熙十二年，公元一六七三年三月，機會來了，年老多病的平南王尚可喜上了一份奏疏，請求帶兵返回遼東故鄉養老，平南王的爵位由兒子尚之信繼承。

原來尚可喜年老多病，尚之信酗酒嗜殺，生性暴戾，不把老父放在眼裡，尚可喜屢次規勸，尚之信完全聽不進去，反而更加跋扈，尚可喜一怒之下，便向朝廷做出以上的要求。

康熙皇帝並未多做考慮即回覆尚可喜的奏疏：「平南王素爲朝廷倚重之臣，廣東一隅安危本望尚藩多加勞心，然而尚藩既然倦勤，朕也不好強留，父子宗族不宜分離，朝廷可以恩准撤藩，著令平南王率領所屬兵丁、家眷全部撤回遼東原籍，安享天倫。」

這等於是下旨撤藩，這讓吳三桂和襲爵的耿繼茂之子耿精忠十分不安，便也故作姿態，上疏請求朝廷撤藩。他們也都是遼東來的，有樣學樣，向朝廷表示希望能告老還鄉回歸故里頤養天年。

接到這兩份同日送來的奏疏，二十歲的康熙皇帝笑了，他把大臣們找來討論，並把兩份奏疏連同尚可喜的一併放在桌前，對大臣說道：「尚可喜想退休，吳三桂和耿精忠也探朝廷意向來了，你們說該怎麼辦？」

大部分的朝臣都認爲不可以撤藩，索尼之子大學士索額圖主張最力：「皇上，既然知道吳三桂和耿精忠是在試探，爲何要給他們造反的口實？」

康熙笑了笑，轉頭問那些沒說話的大臣：「你們怎麼說？」

兵部尚書納蘭明珠說道：「奴才以爲……應當撤藩！」

戶部尚書米司翰也道：「三藩每年耗費國庫十分之九，如果再不撤藩，國家財政恐將難以維持，請皇上堅持撤藩！」

刑部尚書莫洛接著說道：「三藩割據，尾大不掉，若不加以節制，必將鬧出大亂，今日吳三桂、耿精忠既然主動提出撤藩之議，朝廷何不順水推舟，准了他們的請求？」

康熙嘉許地點了點頭，說道：「朕贊成明珠等人的說法。吳三桂早就心懷異志，撤藩，他必定造反；不撤藩，總有一天也會造反，不如趁著今日先下手爲強，或許還能節制。」

納蘭明珠馬上接口道：「皇上，那吳三桂有兒子吳應熊尚在京師，耿精忠的好幾個兄弟也在，就算告知撤藩，他們投鼠忌器，應當也不至於就這樣反了吧？」

康熙又點點頭，隨即下詔准奏，並且嘉勉吳三桂等人主動撤藩乃爲大局著想，無私無我云云。

吳三桂接獲詔書，立時傻眼，「當初先皇是怎麼說的？」吳三桂怒道：「說我就像是明朝的沐英，世代永遠鎮守雲南，如今這個兒子竟然不識好歹地要我撤藩，這還有天理嗎？」

十一月，朝廷派遣雲南巡撫朱國治前往昆明催促吳三桂盡速撤藩，吳三桂早已準備妥當，將朱國治抓起來殺了，率領所屬大軍起兵叛變。他留起頭髮，換上明朝衣冠，自稱「周王，天下都招討兵馬大元帥」，傳檄天下，聯絡耿精忠、尚可喜，請他們共同出兵。

尚可喜不想出兵，被兒子尚之信囚禁起來，尚之信搶了兵權，自己宣布承襲王位，和耿精忠一起加入吳三桂的行列，並且開始訓練部隊，準備和吳三桂一同打著「反清復明」的旗號起兵。

明朝是被這些人徹底消滅的，現在由他們喊出恢復明朝的口號，誰也不會相信，不過，吳三桂終究是漢人，基於民族立場，總比滿州人當皇帝來得好，因此一時之間，許多漢人出身的地方督撫，如雲南提督張國柱、貴州巡撫曹申吉、貴州提督李本深等人，紛紛響應。

吳三桂兵分兩路，一路向西北由大將王屛藩率兵進攻四川，一路向東北由馬寶、吳應麟領軍進攻湖南，兩路兵馬皆勢如破竹，所到之處，守軍望風投降。

康熙十三年正月，大軍進入四川，四川總兵譚洪、吳之茂相繼投降，同時間湖南方面的馬寶也一舉攻下沅州，湖南巡撫盧震駐守長沙，聞聽吳兵前來，倉皇棄城逃走，於是湖南的大城長沙、常德、岳州、澧州、衡陽等地，全部落入吳三桂之手。

二月，廣西將軍孫延齡殺死都統王永年，起兵在廣西攻城掠地，響應三藩。

三月，靖南王耿精忠囚禁閩浙總督范成謨，自任總督兵馬大將軍，出兵攻下延平、邵武、福寧、汀州，佔據福建全省，隨後兵分三路進攻浙江溫州、臺州、金華、衢州以及江西廣信、饒州等地，還派人前往臺灣，邀請承襲鄭成功地位的延平郡王鄭經一同協助。

從宣布撤藩開始，短短四個多月，戰火蔓延整個華南，雲南、貴州、四川、湖南、廣西、福建六省落入三藩之手，天下震驚。

「皇上，局面不妙啊！」大學士索額圖說道：「吳三桂進兵神速，再這樣下去，只怕所有的漢人都要加入他們起來反抗，我們滿人才只有五萬人，可抵受不住這種事啊！」

康熙面無表情地看著他：「那你說該怎麼辦？」

索額圖道：「請皇上將當初主張撤藩的人全部革職斬首，傳視南方，宣稱撤藩全爲這類奸臣所言，現已將其正法，希望三藩能夠退兵，朝廷將不予追究，優渥禮遇如故……」

「夠了。」康熙似笑非笑地看著索額圖，「朕知道你和明珠合不來，也不必用這麼蠢的辦法來排除政敵吧？你想想看，吳三桂已經打進長沙了，把明珠宰了，會讓他退兵嗎？」

索額圖跪地叩首，「是……皇上聖明……」

「是什麼是啊？把明珠宰了是嗎？還是能讓吳三桂退兵？」

索額圖冷汗直冒，「不……不是，皇上……」

「不是什麼啊？朕不夠聖明嗎？」

索額圖不敢說話了。

生性風趣的康熙鬧夠了索額圖，斂起笑容，正色道：「吳三桂會叛變，這是早就預料到的事，朝廷此時千萬不能示弱，否則必定會垮。你說漢人都要加入他們，朕看未必，漢人眼裡，吳三桂是個大漢奸，前明遺老更是把他視爲仇敵，我大清只消滅了李自成，可沒消滅明朝，你說效忠明朝的漢人會幫誰？」

「請皇上降旨，調兵遣將，全力討伐吳三桂！」索額圖終於改口。

「八旗兵已經不太能打仗了。」康熙嘆道：「要平定這場亂事，只怕還是要用漢人的綠營兵才行，對了……」他對一旁的太監說道：「去把明珠找來，朕要問他調兵之事。」

明珠的回答令康熙感到很不安。他說道：「京師附近的旗兵都調走了，綠營所剩也不多，目前的情況，應該算是……京城空虛吧！」

康熙點點頭，揮手趕走明珠與索額圖，仔細思考對策，決定要做做樣子給京師裡的親王貝勒們看：他每天有條不紊地處理各項事務，依照時間上朝，回朝以後定時出遊，練習騎射，停了幾個月的經筵、日講也重新開始。

任誰都看不出來年輕的皇帝每天爲了處理政事睡不到兩個時辰，大家只覺得既然皇帝都能一如往常的生活，那麼三藩的亂事應該不會太嚴重才對，於是京師的王公貝勒們也都放心下來，照常過他們的日子。

京師一穩，天下就穩，清廷統轄的範圍內政令可以順利宣達，人民生活也沒有太大的變化，在南方打得如火如荼的三藩之亂，對其他地區的百姓來說似乎是一件很遙遠的事。

打下長沙，吳三桂進兵的速度就減緩了，他親自前往常德督師，派兒子吳應麟把守岳州洞庭湖口，另在澧州、公安一帶佈下重兵，隔著長江與清兵對峙。

吳三桂的部下們七嘴八舌的建議，有人說應該即刻渡江與清兵決一死戰，有人說應該順流而下，直攻南京，還有人說應該從四川取道關中，走當年李自成打下北京的路線。

這些建議吳三桂都沒有採納，他年紀老了，銳氣不若從前，對於掌握全中國並沒有多大把握，而且他曾經親眼看過滿清八旗軍騎馬射箭有多厲害，自忖沒有力量在北方平原上和他們對抗，派了使者前往西藏和達賴喇嘛交涉，希望藉由達賴的力量要脅清廷，與之劃江而治。

當時達賴五世以密宗佛教統治著西藏，愛好和平，吳三桂的使者說明來意，立即得到達賴的首肯，「能夠盡快平息戰火，當然是好的。」他這麼說道。

誰知道北京的康熙皇帝並不買帳，他對達賴的使者很客氣，卻讓他碰了一個軟釘子，「我們當然希望能夠盡快平息戰火，但吳三桂是個好戰之徒，與他劃江分治，只會讓天下百姓更痛苦而已。」

消息傳回湖南，吳三桂怒不可遏，決定大舉進兵，仍分兩路，一路由四川出兵進佔關隴，一路由長沙出兵往江西與耿精忠會合。

但在這一來一往之間清廷已經布置妥當，荊州部分由承郡王勒爾錦爲寧南靖寇大將軍出馬鎮守，江西方面由貝勒尚安爲靖遠大將軍領兵駐紮，江南方面由簡親王喇布擔任揚威將軍統兵入鎮，陝西方面則由大學士刑部尚書莫洛出任經略，浙江、福建方面，則以康親王傑書擔任大將軍。

吳三桂既已失去先機，想要有所突破便很困難，這時候，他忽然得到一個天大的好消息，清朝陝西提督王輔臣殺死經略莫洛，舉兵響應反清復明，並且已經拿下了甘肅。吳三桂連忙派遣王屏藩進取漢中，自己領兵進駐湖北，打算將主力調往四川，再進入陝西，東向攻取北京。

然而清廷的動作比想像中快，王輔臣叛變起兵，不到一年工夫就被清廷定遠大將軍圖海擊潰，吳三桂還來不及與王輔臣會合，王屏藩等將領以被迫退回四川，經由陝西攻打北京的戰略無法實施，吳三桂只好又退回湖南。

這時已是康熙十五年，廣東尙之信直到這時才眞正起兵響應吳三桂，然而福建方面的局勢又發生重大變化。

耿精忠起兵時，曾經邀約臺灣鄭經，請他協助攻打廣東潮州、惠州，事成之後將割讓福建漳州、泉州給臺灣，鄭經依言出兵在廣東進兵順利，達成了耿精忠的戰略目標，誰知這時候耿精忠突然反悔，不肯割地，氣得鄭經和他翻臉，發兵佔領漳州與泉州。

鄭耿內訌，清廷漁翁得利，這年秋天，康親王傑書率領大軍擊潰耿精忠三路兵馬，長驅直入福建，耿精忠一面對抗清朝，一面與鄭經交戰，腹背受敵，十月間，再也撐不下去，只好率領文武官員投降。

耿精忠投降，對吳三桂來說是一個沉重的打擊，廣西孫延齡的妻子孔四貞看見這種情況，對丈夫說道：「依我看，這平西王根本沒辦法成大事，爲了你自己著想，還是投靠清廷比較妥當。」

孫延齡猶豫不決，不知道該如何是好。誰知道他這種態度竟然被吳三桂的間諜察覺，吳三桂擔心廣西情勢生變，就派人騙孫延齡夫婦前來，將他們拘禁，後來殺了孫延齡，關起孔四貞。

這下子換尚之信不安了，吳三桂每隔幾天就派使者前來催促他趕緊進兵北伐，又動不動就向他索取糧餉，還直接派了軍隊進駐廣州監視尚之信的一舉一動，尚之信是隨便慣了的人，連老爹都不理會，哪忍受得住這個？

康熙十六年春季，尚之信的使者從廣州城悄悄出發，前往江西簡親王喇布駐紮處，對喇布說道：「平南王說了，只要朝廷願意保住他的爵位利祿，他就能幫助朝廷打敗吳三桂。」

此事非同小可，喇布連忙寫了奏疏派人送往北京。

康熙皇帝看了，回覆道：「知道了，以後不管誰要投降，一律准許，並且要加以禮遇，不得濫殺降將。」

尚之信聞訊，拿著剃刀又把留了幾年的頭頂剃得青亮，並將吳三桂委派的廣西總督董重民殺了，開城降清。

往後大半年間，清廷的局面越來越順利，吳三桂的版圖越來越小，到康熙十七年年初，他的地盤只剩下老巢雲南、貴州，湖南一省及四川、廣西的一小部分。

六十七歲的吳三桂，滿頭白髮，老眼昏花，仍想要過過當皇帝的癮，於是從常德來到衡陽，這年三月間，他在衡陽稱帝，建立國號爲大周，年號爲昭武，改稱衡陽爲定天府，設置文武百官，大封功臣將領。

「皇上萬歲、萬歲、萬萬歲！」

聽著群臣稀稀落落的祝賀之詞，看著他們三跪九叩，吳三桂的心裡雖然仍有點不踏實，倒也滿足了一生最大的心願。

沒過多久，他就病倒在床上，但他仍不放棄最後一絲希望，指揮將領與清軍作戰，雙方的戰力差不多，互有勝敗，而吳三桂卻沒辦法更進一步拓展地盤。這年八月，吳三桂病逝衡陽。

吳三桂一死，大臣們擁戴他的長孫吳世璠繼位，人心惶惶，軍隊無意作戰。康熙十八年春天，吳世璠從衡陽退守貴陽，一開始撤退，清軍則展開全面進攻。

康熙十九年春天，陝西提督趙良棟攻陷成都，降服吳三桂的大將汪文元，平涼提督王進寶攻下保寧，吳三桂大將王屛藩戰死。

局勢轉向清廷有利的一面，戰況已經很明顯，康熙皇帝開始拿叛變的將領開刀，這年八月，朝廷以謀反叛逆的罪名逮捕尙之信與他的弟弟尙之節，將兩人處死，稍稍舒緩了心頭一股怨氣。

四川平定，清廷以趙良棟爲雲貴總督，主持各路兵馬揮軍雲南之事，又任命貝子愛新覺羅彰泰爲將，從衡陽出兵貴州，貝子愛新覺羅賴塔從廣西出兵與趙良棟夾攻昆明。

康熙二十年三月，吳世璠從貴州退守昆明，召回各路兵馬，全力保衛雲南，馬寶、胡國柱、夏國相紛紛歸來，固守城池。九月，趙良棟、彰泰、賴塔三路大軍在雲南會師，包圍昆明，城中糧食耗盡，吳世璠自殺，昆明城陷落，馬寶、夏國相等人均遭俘虜。

歷時九年，蔓延十二省，動員兵力近百萬的一場浩大內亂就此平定。

報復行動隨即展開，康熙二十一年正月，耿精忠遭到逮捕，康熙皇帝授意大臣議定重罪，果然沒讓他失望，耿精忠被處以凌遲之刑。不久，雲南傳來消息，詢問應如何處置吳三桂的墳墓，康熙皇帝憤恨地說道：「把他的骨頭挖出來，一塊一塊拆了，傳示天下各省，傳完以後，挫骨揚灰給狗吃了，再把他的墳墓剷平，讓他世世代代不得超生。」

吳三桂這樣的反覆小人，竟然將這個偌大的帝國搞得元氣大傷，也難怪康熙皇帝如此憤恨，幸虧他的處事果斷，成功平服了叛亂，否則萬一不慎讓戰亂擴大，不知道會增加多少生靈塗炭。

比起吳三桂，康熙皇帝對待臺灣鄭氏的態度就溫和得多，一方面他認為臺灣只不過是個化外之地，可有可無，一方面他也不想再啓戰端，令無辜百姓受害。

然而，福建總督姚啓聖、大學士李光地以及明鄭降將施琅不斷上奏，痛陳收復臺灣才能讓海外寧靜，且如今臺灣政局不安，主少國疑，正是趁機出兵的好機會，希望康熙准奏，出兵攻臺。

原來自從鄭經和耿精忠翻臉，打下漳州、泉州之後，兵力無法支持，乃退守廈門、金門，在康熙十七、十八年間派遣大將蔡賓、劉國軒重新進攻泉州、海澄等地，清兵死傷頗重，朝廷乃以姚啓聖擔任總督，主持對臺事務。

康熙十九年，鄭氏放棄金門、廈門，退守臺灣本島，一年之後，鄭經去世，長子鄭克臧與重臣劉永華遭到侍衛馮錫範陷害，擁立鄭經的幼子鄭克塽即位，鄭克塽年僅十二歲，一切政權都操縱在馮錫範手中。

康熙皇帝知道了這些情況，也認為眼下的確是平台的好時機，於是對李光地等人說道：「如果要打臺灣，就要在最短的時間內打下，不准給朕拖拖拉拉的，明白嗎？」

李光地、姚啓聖等人領旨而去，命福建水師提督施琅積極練兵，施琅對於臺灣的情況十分瞭解，提出了澎湖決戰的計畫。康熙二十二年六月，施琅率領戰艦三百艘，士兵二萬人，直攻澎湖軍港，明鄭大將劉國軒迎戰，雙方在澎湖的數百座島嶼之間穿梭交戰，後來施琅打垮劉國軒，殲滅了明鄭水師。

康熙二十二年八月十八日，在劉國軒、馮錫範等人的簇擁下，鄭克塽獻地投降，明朝的最後一絲反抗勢力也被消滅。

康熙本想放棄臺灣，但在施琅等人的堅持下，終於決定將臺灣劃入大清帝國的版圖，設置臺灣府（今台南市）、臺灣、諸羅（今嘉義）、鳳山（今高雄鳳山市）三縣，由福建省管轄。

煌煌文治

在不停調兵遣將之餘，康熙皇帝也十分重視文化方面的活動，他本身就是一個很有學問的皇帝，除了小時候讀得滾瓜爛熟的四書五經，歷史、文學、書法這些傳統文人必備的條件也是不在話下，此外還有數學、天文、星象學，以及從西方傳入的各種新穎學問。

興趣廣泛、精力充沛就是這個皇帝的寫照。

在康熙眼中，沒有什麼事情是不值得學習的，即使是從海外蠻夷之邦傳入的學問，他都能以持平的心態對待，更何況，把所有的少數民族都當成蠻夷，那是漢人的儒家觀念裡才有的道理。康熙是女眞人，首先就不會對異族抱持偏見，再者，康熙的心中總覺得他從小認識的一些所謂番邦蠻夷，溫文有禮，談吐典雅，似乎比天朝上國的百姓看起來更文明。

他依稀記得湯若望的模樣，湯若望是個碧眼金髮的日耳曼人，也是個耶穌會的傳教士，前明天啓二年就來到中國，一直到明朝滅亡，湯若望都在替大臣徐光啓編造曆法，修造大砲。

後來改朝換代，外國人的身分讓湯若望沒有受到太大的影響，順治皇帝和湯若望很投緣，以西洋技術制訂了《時憲曆》，掌管欽天監，賜予「通玄教師」的稱呼，還親筆寫了「微通佳鏡」的匾額高掛在宣武門內的教堂之上。順治皇帝經常對大臣們說道：「湯若望的奏章，言詞懇切，令人動容，不像你們總是用一些虛榮的詞藻。」

由於順治皇帝的信任，湯若望得以在北京傳播天主教的思想，一時之間，蔚爲風潮，陸陸續續又有許多其他的傳教士來華，除了宣揚宗教以外，也帶來許多先進的西方知識。

後來，順治去世，鰲拜專政，有個名叫楊光先的欽天監副監上了一份《請誅邪教狀》，攻擊湯若望傳播天主教，妖言惑眾，違反《大清律》等等，更有甚者，他制訂的《時憲曆》竟然只有兩百年，分明是詛咒大清，應當處斬！鰲拜一介武夫，被楊光先的花言巧語所騙，就眞的把湯若望抓起來定了死罪，幸虧孝莊皇太后盡力搭救，湯若望才沒被害死。

那時候康熙皇帝年紀還小，對於政治鬥爭的詳細內容瞭解不深，只記得祖母對他的諄諄教誨：「湯若望是可以信任的，等你將來親政，要好好重用……」

等到康熙親政，除掉鰲拜以後，湯若望已經病死，但是湯若望生前最得力的助手南懷仁仍在，康熙起用他擔任欽天監副監，讓他參與曆法的制訂。

「《時憲曆》有什麼問題？不就是因爲原本的曆法出了問題才制訂的嗎？只有兩百年？呵呵！」康熙冷冷地對異議的大臣們說道：「只要大清有道，還怕兩百年後沒有人制訂新的曆法嗎？如果大清無道，那就該像前明那樣給人消滅了，免得危害百姓！」

不過他並非毫不保留的信任南懷仁，他讓把持欽天監的楊光先和南懷仁各自計算日蝕的時辰，然後等到日蝕當天，果然是南懷仁的推測比較準，於是康熙才開始重用南懷仁。

這南懷仁是比利時人，比利時在哪裡，康熙並不曉得，但他如果有空，就會向南懷仁請教，南懷仁也會盡自己所能地介紹歐洲列國並立的情況，好比法國的路易十四、英國的克倫威爾，還有新大陸……「原來這個世界這麼大！」康熙很感嘆地說道：「華夏天朝上國，雖無所不有，但若能兼容並蓄，應能更創佳績！」

當時的中國能有這樣的認知，已屬不易，但康熙終究是個傳統的皇帝，在他興趣廣泛、才藝出眾的背後，他仍只是個接受儒家文化薰陶的統治者，即使是至高無上的皇帝，仍無法扭轉已經形成的事實。

宋明以來的儒家仍以程朱理學爲正宗，講究格物致知，涵養用敬，王陽明以後，強調心性的理學流派興起，強調致良知，心即是理，形成了士人束書不觀，全憑內心思索的弊病。

康熙皇帝以執政者的地位，當然比較偏好程朱學派的理學思想，但他必須關心的是如何培養讀書人，如何籠絡讀書人，而不是鑽研理學的內容。康熙十一年，他曾經頒布訓諭十六條：

一曰，敦孝弟以重人倫，二曰，篤宗族以昭雍睦；
三曰，和鄉黨以息爭訟，四曰，重農桑以足衣食；
五曰，尚節儉以惜財用，六曰，隆學校以端士習；
七曰，黜異端以崇正學，八曰，講法律以儆愚頑；
九曰，明禮讓以原風俗，時曰，務本業以定民志；
十一曰，訓子弟以禁非為，十二曰，息誣告以全良善；
十三曰，戒窩逃以免株連，十四曰，完錢糧以息催科；
十五曰，連保甲以弭盜賊，十六曰，解愁忿以全性命。

這是一份樣板文章，不過也顯示出康熙皇帝十分重視傳統禮教，期望建立一個儒家傳統理想社會的企圖心。他注意吏治，嚴申法紀，體恤百姓，不斷減免賦稅，又體認到三藩之外，內政最大的問題就是治理黃河，疏通漕運，任命靳輔進行大規模的黃河治理工程，減少黃河氾濫可能帶來的災害。

同時，康熙皇帝也注意到明朝遺老的反清情緒，刻意拉攏。

康熙十七年，朝廷下詔進行「博學鴻儒」之舉，這是科舉考試之外的特別考試，由京師內外各地官員推舉一百三十四人，由皇帝親自監試於紫禁城體仁閣，錄取第一等二十人，第二等三十人，授予翰林院編修之職，讓他們主編《明史》。

這樣做當然沒辦法眞的讓那些有才學，又以清高自詡的大儒，好比顧炎武、黃宗羲、王夫之等人加入，但也眞的讓不少深受儒家華夷之防觀念影響的讀書人有了另一種出仕的管道。

除了明史，康熙皇帝還以振興儒學爲名，建立會典館，編修《會典》、《康熙字典》、《佩文韻府》等專書，更集合眾家學者之力收集古代著作，取名爲《彙編》，後來被稱爲《古今圖書集成》。

編這些書需要耗費極大的心力，這讓許多讀書人沒有時間去思考反清復明、民族大義的問題，當然也有少數不肯被清廷延攬的士人仍舊盡力鼓吹抵抗清廷的思想，不過，偏偏編書又不是壞事，以此爲理由大肆抨擊，有時反而遭人白眼。

「這也難怪他們不知道該如何是好了。」康熙皇帝嘆道：「孔子強調夷夏之防，說什麼『夷狄之有君，不如諸夏之亡也』，又說『學而優則仕』，我大清乃是蠻夷入主，讀書人抱著孔老夫子的教誨，要他們做一番抉擇，實在很不容易啊！」

他很能體諒讀書人的心態，因爲他自己讀的書比誰都多，所以對那些還在高唱「反清復明」的讀書人並沒有太過苛責。

連一向被視之爲大逆不道的「意圖謀反」，康熙皇帝都能寬大的對待，這位異族皇帝心胸的開闊實在是古今少有，也正因爲如此，才能讓他在處理與過去不同的國際局勢時，能以較有遠見的態度去面對。

平定外患

中國極北之地有個羅刹國，就是今日的俄羅斯，其實從Russia的讀音來看，翻譯成羅刹反而比較接近，只不過「羅刹」乃是佛教經典中吃人惡魔的名稱，用這個名字來稱呼俄國人，可見當時的俄國人有多麼兇惡。

從前蒙古帝國時代曾將俄國消滅，並且在當地建立欽察汗國，當蒙古帝國瓦解，俄羅斯人重新獨立，並且漸漸強大，以首都莫斯科爲中心，向東西兩面拓展，漸漸成爲橫跨歐亞的大國。

明朝萬曆年間，俄羅斯人拓展至西伯利亞，到明朝末年已經先後建立了托木斯克、葉尼塞斯克、雅庫次克以及鄂霍次克等城。順治年間，俄羅斯任命帕息可夫（Pashkov）擔任黑龍江總督，並在黑龍江上游石勒喀河北岸興建尼布楚城（今俄羅斯涅爾琴斯克），派兵駐守，隨即南下進入松花江流域，大肆劫掠屠殺當地百姓。

俄國曾經派遣使者前往北京與順治皇帝交涉，要求通商建交，那是歐洲人的國際平等觀念，因此國書之中將俄國沙皇與中國皇帝列於對等地位，這在中國自古以來的天朝體系觀念下是一種大不敬的行爲，因此順治皇帝並沒有接見俄國使者。

康熙初年，俄國仍不斷侵略中國邊疆，甚至招納東北少數民族爲其附庸，這讓康熙皇帝十分震怒，正式派遣使者與俄國交涉，雙方互有來往，但是由於當時三藩之亂如火如荼，康熙皇帝沒辦法全心全意解決這個問題，而俄國仍繼續南下侵犯，並且沿著黑龍江修築許多堡壘，其中包括雅克薩城。

等到三藩之亂平定，臺灣問題解決，康熙皇帝便開始積極面對北疆問題，他派遣戶部尚書伊桑阿前往東北，修築墨爾根、齊齊哈爾與瑷琿等城池，修造戰艦，訓練士兵，並以狩獵爲名義前往俄國佔領區探查敵情。

等到一切準備妥當，康熙二十四年，公元一六八五年，任命薩布素爲黑龍江將軍，彭春擔任都統，率領水路大軍一萬五千人圍攻雅克薩城，彭春率領的刀斧手專斬哥薩克騎兵的馬腿，將俄羅斯軍隊殺得大敗，退往尼布楚，清軍便放了一把火把雅克薩城燒毀，撤兵返回璦琿。

清兵一走，俄軍又來，先前遭到挫敗的俄將圖爾布青，領軍重新在雅克薩的廢墟之上又興建一座土城，並且運來大量的糧食、兵器，加強防備。

清朝北方守軍發現，立刻將情況通報北京朝廷，康熙皇帝聞訊，便在第二年夏天再度任命薩布素將軍率領大軍攻打雅克薩，這一次雙方都有準備，交戰十分激烈，互相用大砲轟擊對方，連續打了好幾個月，到後來，俄將圖爾布青中彈身亡，雅克薩中的俄國士兵被殺到只剩下一百多人，仍然在副將皮爾頓的率領下堅決抵抗。

當時俄國政情並不穩定，將來大有作爲的彼得大帝還是個小孩，由他的姊姊蘇菲亞擔任攝政，而歐洲局勢紛擾，俄國無暇東顧，聽說雅克薩方面的戰況，便派遣了陸軍大將費耀多羅（Feodor Alexeniuch Golovin，又譯作戈洛文）擔任全權大使，前來中國議和。

康熙聞聽沙皇彼得的情況，想起自己的小時候，也想起父皇的小時候，情況十分類似，不禁起了同理心，於是下令雅克薩前線停止作戰，派遣升任侍衛內大臣的索額圖爲欽差，協同督統佟國綱、尙書阿爾尼、左都御史馬齊、護軍統領馬喇、傳教士徐日昇、張誠等人前往尼布楚，與俄國訂約。

「說實話，朕不大相信羅刹國的誠意。」康熙對臨行的索額圖說道：「你們到了北方，只管記住，不要讓羅刹人予取予求，朕會增派大軍作爲後盾，如果這樣你還被羅刹人要脅，回來砍你腦袋！」

對於和皇帝說話的方式，索額圖已經很能拿捏，磕頭說道：「奴才領旨，必不辱命。」隨即率領著大臣們起程。

在此同時，康熙果然派遣都統朗坦率領水陸精兵一萬人，沿著黑龍江北上增援，成爲和議的武力後盾。

原本費耀多羅的態度頗爲強硬，先提出以黑龍江至海爲界的方案，又提出以牛滿河或精奇里江爲界、以雅克薩爲界等提案，索額圖對這些嘰哩咕嚕的地名根本沒有概念，但他謹記康熙的話，非要把地理位置弄清楚，等他一搞清楚地理位置，立刻拍桌大罵：「現在是你們打敗仗，還要我大清割地給你們？不要欺人太甚，有種的再打一場。」

一名士兵在費耀多羅耳邊嘀咕了幾句，費耀多羅臉色一變，態度忽然軟化，索額圖知道那是大清援軍到了，更無顧忌，嚴詞回絕俄國方面的無理要求，雙方幾經討論，最後終於在康熙二十八年，公元一六八九年訂立中俄《尼布楚議界條約》，內容除了聲明中俄兩國交好貿易，規定邊界人民管理依據以外，最重要的就是劃定兩國邊界：兩國以黑龍江支流額爾古納河、格爾必齊河爲界，再由格爾必齊河發源處沿外興安嶺，直達於海，嶺南屬於中國，嶺北屬於俄羅斯，雅克薩地區屬於中國，城池即行拆毀。

在中國「普天之下，莫非王土」的認知裡，只要是大一統的帝國，就不太有所謂邊界的觀念，這次和議算是一次突破，畫定了一個十分明確的邊界，保障了中俄之間的和平，有些類似北宋的澶淵之盟，卻更具國際尊嚴。

「北海呢？北海在哪裡？」

索額圖返京之後，康熙頻頻詢問和議的結果，索額圖回答得不清不楚。所謂北海，就是現在的西伯利亞貝加爾湖，蘇武牧羊的故事就是在這裡發生，所以康熙認為北海應該要屬於中國，等到好不容易弄來一張地理方位不大明確的地圖，康熙一看就生氣了，「你怎麼把北海劃給羅剎了？朕是怎麼交代你的？」

「皇上，奴才冤枉啊！」索額圖跪著說道：「那北海以南乃是蒙古部族統領之地，此次議和並未論及，奴才沒有把北海劃給羅剎啊！」

「好了好了！」康熙看著索額圖那副緊張兮兮的模樣，覺得有些好笑，不忍心再嚇他，便說道：「就算你把北海劃給羅剎也無所謂，反正不過就是少了一個流放犯人的地方嘛！不過……」他看著桌案前那張簡單扼要的地圖，嘆道：「大清只能靠著這種地圖去和外國議訂疆界，那要不吃虧也難啊！改天得找西洋傳教士幫忙，畫一幅像樣一點的地圖貼在後宮裡，讓朕搞清楚到底管得到哪些土地，這才像話。」

《皇輿全覽圖》直到三十多年後才繪製出來，不過，索額圖的話倒是提醒了他眼前的問題，北方除了羅剎國，還有一個難纏的蒙古，明朝將近三百年的歷史幾乎都在和蒙古對抗，滿清崛起，漸次降服了漠南、漠北的蒙古部落，然而，位於天山北路的衛拉特蒙古四部，卻經常與清朝採取敵對態度。

康熙初年，衛拉特四部中的準噶爾汗噶爾丹結交了西藏最有勢力的桑結，兩人相約領軍夾擊青海，征服和碩部蒙古，又統一了衛拉特四部，入侵回部，將今日的新疆、青海都納入勢力範圍。

準噶爾強大，便開始向東擴展，侵略漠北蒙古的喀爾喀部（今蒙古國），率領大軍三萬越過杭愛山，擊破了喀爾喀土謝圖部，噶爾丹趁機將整個漠北蒙古全部控制，並且向東進攻車臣汗國。

漠北的貴族率領他們的部眾向南逃亡，進入漠南，再遷往中國邊境，人數多達好幾十萬人，他們向康熙皇帝表示：「我們對大清向來忠誠，如今遭到噶爾丹所迫，請大清一定要替我們主持公道。」

那時正值康熙二十七年底，朝廷忙著應付羅剎，不太有時間理會蒙古的問題，康熙皇帝派了使者，以上國姿態前去訓斥噶爾丹，要求他趕緊退出喀爾喀。

噶爾丹已經與羅剎國取得聯繫，得到俄人的口頭承諾，願意幫助他擴張領土，因此根本不聽康熙的話，繼續進兵追擊喀爾喀民眾，並進犯漠南。

康熙皇帝把大臣們全部叫來，對他們說道：「噶爾丹來勢洶洶，朕打算御駕親征，你們覺得如何？」

群臣一陣嘀咕，才剛剛與羅刹國訂立條約，又要親征蒙古，這個皇帝會不會太好戰了一點？不過，滿州人本有好武的傳統，入關以後雖然文弱不少，卻仍以軍事自豪，再加上不久之前康熙皇帝才把結黨營私的大學士納蘭明珠革職，朝臣噤若寒蟬，沒有人敢對康熙的意見提出質疑。

康熙笑了笑，大臣們的想法他早就猜到了，於是說道：「既然你們都沒有意見，朕這就去準備準備了。」

康熙二十九年，公元一六九〇年，青兵大舉出塞，兵分兩路：左路由撫遠大將軍裕親王福全率領，出古北口；右路由安北大將軍恭親王常甯率領，出喜峰口，康熙皇帝親自帶兵，在後方押陣指揮。

右路常甯部隊率先遭遇噶爾丹軍，打了敗仗，軍隊後撤，噶爾丹長驅直入，一直打到距離北京只有七百里的烏蘭布通（今內蒙古昭烏達盟克什克騰旗）。噶爾丹意氣風發，派了使者向康熙提出要求：「把逃亡的土謝圖汗交出來吧！也許這樣，我們準噶爾能考慮放你們一馬。」

康熙並沒有被這傲慢的態度激怒，指揮若定，命令福全反擊。

噶爾丹將數萬騎兵集中在大紅山下，後有樹林掩護，前有河流阻擋，再把一萬多匹背上扛了箱子的駱駝綁住四條腿，用濕毛毯包裹住箱子，擺成一個環形的碉堡，謂之「駝陣」。

準噶爾士兵以駱駝爲城牆，在箱垛中間射箭放槍，阻止清兵進攻。

福全命士兵用火槍瞄準駝陣的一段集中轟擊，砲聲隆隆，震天價響，不久駝陣被打開了一個缺口，福全一聲令下，步兵騎兵一起衝殺過去，與準噶爾士兵進行肉搏戰。

在這之前，福全已經派兵繞過山後，當駝陣前的部隊廝殺得你死我活之際，這支奇兵忽然湧出，把準噶爾部殺得七零八落，紛紛丟了營寨逃走。

噶爾丹見情勢不利，連忙派遣使者來到清營求和，福全下令停止追擊，一面派人向康熙請示。

康熙聽完傳令的描述，覺得其中有詐，連忙說道：「趕快進軍追擊！噶爾丹想逃，別中了他的詭計。」

噶爾丹的求和果然只是緩兵之計，等福全得到命令，下令繼續追擊的時候，噶爾丹已經帶領殘兵逃往漠北去了。

這場「烏蘭布通之役」，是康熙第一次御駕親征。

噶爾丹一路逃到漠北科布多附近，表面上向清廷表示屈服，暗地裡重新招兵買馬，休養生息，補充兵力，培養捲土重來的力量。

康熙皇帝則親自巡幸塞外，至多倫諾爾召見喀爾喀三部以及內蒙各部領袖，舉行了隆重的典禮，編了數十個旗，以「札薩克」爲世襲統治官，加強朝廷對這個地區的控制。

相隔兩年，康熙三十三年，公元一六九四年，康熙皇帝再度出巡塞北，原本他約了噶爾丹會見，打算與他訂立盟約，到了塞北，卻沒有看見噶爾丹的蹤影。

科爾沁部的貴族向康熙皇帝報告說道：「噶爾丹的降服僅是敷衍朝廷，他暗地派人到漠南煽動叛亂，還揚言他們已經向羅剎國借到鳥槍兵六萬，將大舉進攻漠南，以報當年之仇。」

康熙皇帝聽說此事，連忙返回北京，積極部署，康熙三十五年，西元一六九六年，進行第二次親征，大軍分成三路出擊：黑龍江將軍薩布素從東路滿州方向進兵；大將軍費揚古率領陝西、甘肅兵馬，從寧夏出兵，截擊噶爾丹的後路；康熙親自帶領禁軍從獨石口出發，直趨克魯倫河，三路大軍約定時間會師。

中路軍到了克魯倫河，遭遇到了敵軍前鋒，但這時東西兩路尚未到達，軍中有些不安的氣氛，傳說羅剎國將要出兵幫助噶爾丹，隨行大臣感到害怕，紛紛勸康熙班師回北京。

康熙氣憤地說道：「朕此次御駕親征，還沒有見到敵人就自己先退兵，怎麼向天下人交代？別害朕丟臉了。再說，中路軍一退，東、西兩路沒了聯繫，噶爾丹全力對付其中一路，來場各個擊破的遊戲，我大清的子弟兵性命難道不值錢嗎？」於是繼續進兵克魯倫河，並且派使者去見噶爾丹，告訴他皇帝親征的消息。

噶爾丹駐紮在一處山頭，登高一望，見到清軍黃旗飄揚，軍容整齊，士氣高昂，覺得自己不是對手，不由得害怕起來，連夜拔營撤退。

康熙見狀，立即下令追擊，寫了一份手諭，將情況通知西路軍大將費揚古，要他們在半路上截擊準噶爾，並對傳令說道：「你告訴費揚古，朕的這份手諭一定要他遵辦，如果沒照辦，就算打勝了也要砍他腦袋。」

噶爾丹帶兵逃竄五天五夜，到了昭莫多（今蒙古國烏蘭巴托東南），正好遇到費揚古的部隊。

昭莫多當地原是一座森林，林前有一個開闊的空地，歷來是漠北的重要戰場，費揚古依照康熙的手諭指示部署，在樹林茂密處設下埋伏，派先鋒騎兵四百人誘戰，且戰且走，把準噶爾部隊引到預先埋伏的地方，先下馬與之直接交鋒，聽到作爲暗號的號角聲響起，忽然一躍上馬，佔據了山頂。

噶爾丹陣地被搶，心中慌亂，急忙命部眾向山頂進攻，佔據山頂的清軍從山頂射箭開槍，一是仰攻，一是俯攻，局勢優劣高下立判，但噶爾丹也不是省油的燈，即使地形不利於己，仍指揮大軍奮勇作戰。

費揚古仍然照著手諭指示，派出一支人馬在山下襲擊叛軍輜重，搶奪輜重後，便與山上部隊前後夾擊。

準噶爾士兵一個一個倒下，清軍的人數卻越來越多，最後，噶爾丹領著幾名最親信的騎兵奮力突圍，又讓他逃走。

經過兩次大戰，噶爾丹的部眾幾乎潰散殆盡，康熙要求噶爾丹投降，但是噶爾丹繼續頑抗，不肯投降。

「這噶爾丹倒也算一號人物。」康熙的感嘆並非出於讚賞，而是出於厭惡，他說道：「爲了自己的名聲與功業，不顧自己部屬的死活，像這樣的人，若不趕盡殺絕，只會讓天下更亂而已。」隔了一年，康熙帝又帶兵渡過黃河，進入寧夏，三度御駕親征。

這時候，噶爾丹的根據地伊犁以被他姪兒策妄阿布坦佔領；他的左右親信聽說清軍來到，也紛紛投降，願意做清軍的嚮導。康熙趁機傳檄邊疆，要求青海蒙古諸部與策妄阿布坦從西方進兵，又命大將費揚古領兵西征，三路包圍噶爾丹的殘餘勢力。

康熙三十六年，公元一六九七年三月，噶爾丹眾叛親離，走投無路，心灰意冷，於是服毒自殺而死，準噶爾部完全平定。康熙命令喀爾喀部返回漠北，從此成爲大清帝國北方忠誠的藩屬。不過，準噶爾部並未完全降服，直到康熙的兒子雍正、孫子乾隆皇帝統治期間，才陸續將問題解決。

康熙返回北京，迎接他的是滿朝文武以及皇太子愛新覺羅胤礽。御駕親征，太子留守，康熙拍拍兒子的肩膀，對他說道：「辛苦你了，大臣們都說你政事處理得不錯，很好，很好！」

索額圖的姪女赫舍里氏是康熙皇帝的第一位正宮皇后，已去世多年，那是康熙皇帝最爲鍾愛的一位皇后，他把對赫舍里氏的懷念之情都投注在對皇太子的教導與期望之上，算起來索額圖是皇太子的親舅公，看見皇上這般稱讚太子，也覺得與有榮焉。

不料這幅父慈子孝尊君忠臣的畫面，在短短幾個月後便產生天翻地覆的變化，而且鬧得不可開交，成爲康熙皇帝統治天下六十一年裡最心痛的一件事。

阿哥爭位

就在康熙皇帝三度親征準噶爾成功返回北京的同一年九月，皇帝突然下了一份手諭，「膳房人花喇、額楚、哈哈珠子德住、茶房人雅頭私在皇太子處行走，甚屬悖亂，著將花喇、德住、雅頭處死，額楚交其父，圈禁家中。」

膳房人、茶房人、哈哈珠子都是侍奉的下人，處死一些下人，對皇帝而言並不算什麼大事，但是這些下人都是胤礽身邊最親信的人物，康熙皇帝會做出這樣的處置，是因爲他聽說了太多皇太子的劣行敗績。

親征準噶爾之時，胤礽在京城裡的表現並不理想，不但沒有按時上朝，許多公文也加以延宕，還惡行惡狀地責打朝廷命官，威脅其他的阿哥，之所以滿朝文武都稱讚太子，純粹只是因爲索額圖的緣故。

康熙四十年九月，索額圖承受輿論壓力向皇帝請辭，那時他的官爵是領侍衛內大臣、一等公，位極人臣，而皇帝竟然毫不慰留，立刻便批准了他的辭呈。

當年索額圖與納蘭明珠之間分別結黨對峙，有一部分的原因就是繼承人問題，胤礽是嫡長子，卻不是康熙最年長的兒子，康熙精力充沛，前前後後生下的兒女恐怕不下百人，養活的阿哥有三十五人，在胤礽上面還有好幾位格格與阿哥，活下來的阿哥只有一位，那就是皇長子胤禔，也就是納蘭明珠的親外甥。

納蘭明珠一直沒放棄讓自己的外甥成爲皇帝的目標，因此與索額圖對立十分激烈，結成的「長子黨」不斷攻訐索額圖一派，企圖形成輿論，改變康熙皇帝立嫡的決定。

康熙皇帝是何等精明之人，怎會中了明珠的計？但他有信心能夠駕馭明珠這樣有才無德的大臣，等長子黨的勢力快要無法遏止，康熙便將明珠賣官鬻爵的惡行攤開，逼得明珠非辭職不可。

索額圖以爲明珠垮台，即表示皇帝對自己完全信任，因此開始積極籌畫，制定皇太子制度，提升皇太子地位。當時皇太子所用禮儀幾乎等同於皇帝，比如規定皇太子服飾車輦都用黃色，大臣們每日朝拜皇帝之後須向皇太子請安等等，而這全是爲了他自己。他如今已是位極人臣，等到皇太子成爲皇帝，什麼樣的榮華富貴不會等著他呢？

胤礽不會掩飾心思，眞的把自己當成等同皇帝權威的人物，甚至不把康熙向來倚重的能臣看在眼裡，康熙皇帝察覺兒子的愚蠢與索額圖的私心，覺得頗爲不滿，但是還隱忍未發，但終究漸漸疏遠了胤礽。

皇長子直郡王胤禔倒了一個大靠山，卻仍不放棄希望，看見父親疏遠了太子，也開始刻意培養自己的勢力，明珠雖倒，太子黨仍在。

除此之外，皇八子胤禩也有爭奪皇位的野心，他禮賢下士，待人謙虛，在眾多皇子與大臣之間均有良好的名聲，被稱爲「八賢王」，形成「八爺黨」。

康熙四十一年五月，皇帝當著眾多大臣的面訓斥已經退休在家的索額圖道：「索額圖議論國家大事，結黨營私，妄自尊大，這些事情朕都已經知道了，但是那老傢伙背後還說了些什麼不該說的話，朕根本不想知道！」隨即下旨：「著令將索額圖送交宗人府圈禁！」

沒過多久，索額圖就死在宗人府裡。

這是一個象徵性的意義，索額圖向來是太子黨的領袖，對索額圖進行如此懲罰，顯示康熙對太子胤礽已經不再信任，胤礽實是難以安枕。

康熙本來以爲懲罰索額圖可以讓胤礽知道警惕，從此謹言愼行，不再落人口實，想不到這個皇太子實在不大爭氣，舅公死了，仍以爲自己的太子地位穩如泰山，跋扈依舊，甚至口出怨言：「自古以來，哪有像我這樣當四十多年的皇太子啊？」攻擊他的人越來越多，康熙對他失望透頂，人人都說太子總有一天會被廢黜。

果然不出眾人所料，康熙四十七年，公元一七〇八年九月初四，康熙皇帝召見諸王、大臣、侍衛以及文武官員齊集行宮之前，讓胤礽跪在地上，命令太監宣布詔書：「今觀胤礽，不法祖德，不遵朕訓，爲肆惡虐眾，暴力淫亂……」太監一頓一頓地唸著，一旁的康熙皇帝已經悄悄流下眼淚，「僇辱在廷諸王、貝勒、大臣、官員，專擅威權，鳩聚黨羽，窺伺朕躬，起居動作無不探聽。朕思國惟一主，胤礽何德將諸王、貝勒、大臣、官員任意凌虐恣行捶撻耶？」

接著宣布胤礽的罪狀，數說他趁康熙巡幸塞北時的罪狀：「同伊屬下人等恣意乖戾，無所不至，今朕赧於啓齒，又遣使邀截外藩入貢之人，將進御馬任意攘取，以致蒙古俱不心服，種種惡端，不可枚舉。」

胤礽額頭碰地，渾身顫抖，說什麼也不敢抬起頭來。太監繼續唸道：「更可議者，伊每夜逼近布城，裂縫向內竊視，以前索額圖助伊潛謀大事，朕悉知詳情，將索額圖處死，今胤礽欲爲索額圖報仇，結成黨羽，令朕未卜今日被鴆，明日遇害，晝夜戒愼不寧，似此之人，豈可付以祖宗弘業？」

九月十八日，康熙皇帝撰寫祭文，昭告天地、太廟、社稷，圈禁廢太子胤礽於咸安宮，五天之後公告天下。

皇太子一被廢，諸皇子之間的爭奪趨向白熱化。

當時幾個比較年長的阿哥之中，皇長子胤禔封爲直郡王，三子胤祉封爲誠郡王，四子胤禛、五子胤祺、七子胤祐、八子胤禩都封爲貝勒，並且開始協助處理政事，漸漸讓他們擁有爭奪皇位的政治資本。

皇長子直郡王胤禔對自己的野心毫不隱瞞，看見太子遭到廢黜圈禁，滿心以爲自己絕對是下一任皇儲的人選，經常用蒙古喇嘛巴漢格隆詛咒太子早死，甚至對康熙說道：「如果皇阿瑪想要除掉胤礽，實在不需要皇阿瑪親自動手啊！」意思就是說他可以代勞。

康熙聽見這話，勃然大怒，罵道：「你爲了皇帝的位子，竟然要逼朕做出這種傷害倫常之事，存的什麼心？想當皇帝？去和明珠說吧！」立刻革掉胤禔的王位，圈禁起來讓他好好反省。後來康熙查出巴漢格隆的事，更是生氣，將巴漢格隆斬首，並將胤禔等人提交議政處審問。

發生了這件事，讓康熙體認到自己兒子之間的問題已經爲了皇位爭奪鬧得無比嚴重，先前對胤礽的處置，也許反而會更加激化這個問題，轉念一想，又覺得胤礽先前的種種不良行爲也許只是巴漢格隆詛咒所致，情有可原。

於是，康熙四十八年三月初九，康熙派大學士溫達、李光地擔任使節，以十分隆重的儀式重新授予胤礽皇太子身分，冊封其妃爲皇太子妃，詔告全民，大赦天下。

可是，這個舉動並沒有平息阿哥之間的紛爭，康熙的兒子們和他一樣聰明，揣測父親的心思，覺得眼前的太子不過是個幌子，因此競爭反而更爲激烈，且成爲一股檯面下的洶湧暗潮。

皇長子垮了，最受支持的就是八賢王胤禩，他很會籠絡人心，甚至連胤禔都轉而支持他，其他如皇九子胤禟、皇十子胤䄉、皇十四子胤禵等人，也都擁護胤禩。

胤礽好不容易撿回皇太子地位，卻仍然不知道檢點，爲了不讓八賢王和自己分庭抗禮，他也樹立自己的黨派，拉攏四貝勒胤禛，也有一群朝廷大臣和他爲伍。

康熙最恨的就是結黨營私，當年得他信任的明珠、索額圖都是以這個理由被罷黜，發現了兒子們竟然做出他最痛恨的舉動，自然無比震怒。康熙五十年十月，康熙又發覺大臣們爲太子結黨會飲，於是將這些大臣們分別譴責、絞殺、緝捕、幽禁。康熙手諭：「諸事皆因胤礽，胤礽不仁不孝，徒以言語發財，囑此輩貪得諂媚之人，潛通消息，尤無恥之甚。」

康熙五十一年，公元一七一二年十月初一，康熙皇帝手諭：「胤礽狂疾未除，是非莫辨，大失人心，秉性兇殘，與惡劣小人結黨，其雖對皇父無異心，但小人輩若有悖亂，於朕躬有不測之事，則關係朕一世聲名。」再次黜廢皇太子胤礽，圈禁咸安宮內。

胤礽並不甘心，藉著太醫爲其妻石氏診病的機會，用礬水寫信與外界聯繫，希望外面的那些同黨可以救他，被康熙發覺。自此，康熙皇帝十分戒備，再也不提立儲之事，凡大臣上書立儲者，要不就被處死，要不就打入大牢。

對於胤禩，康熙的戒心也很重，他不否認胤禩的才幹，但是他曾私下表示：「胤禩爲了爭奪朕這個位子，和一群亂臣賊子結成黨羽，胤禟、胤䄉那兩個渾小子整天跟在他身邊，密行奸險，還常說朕已年邁，來日無多，等朕死了以後，大臣、阿哥都會保舉他，沒人敢和他爭，這些小人耳語，他們以爲瞞得過朕嗎？」

他針對胤禩底下黨羽進行整治，藉此警告胤禩不要再存非分之想，康熙五十三年十一月，皇帝下旨胤禩屬下雅齊布死罪，第二年正月，停止發給胤禩及其屬下的俸祿。康熙說道：「胤禩靠著結黨謀取皇位，萬一後來真的讓他當上皇帝，他一定會設法酬庸擁戴他的臣子，如此一來，豈不是讓皇權旁落？」

就這樣，胤禩也離皇位越來越遠了，他萬萬沒想到，讓他奪權無望的眞正理由竟然就是他的人緣太好，表現太過積極。

八爺黨垮台，十四阿哥胤禵和四王爺胤禛兩個同母所生卻相互敵對的皇子，似乎將從這場爭奪戰中脫穎而出。

十四阿哥胤禵本爲八爺黨成員，八爺登基無望，黨羽轉而支持胤禵。康熙對於這個兒子十分賞識，年僅二十二歲就封他爲固山貝子，當胤禔被革去王位的時候，康熙把胤禔名下的部族與土地全都分給胤禵；康熙五十七年十月，任命胤禵爲「撫遠大將軍」，領兵駐紮西寧，統領西北各路大軍，征討伊犁的策妄阿布坦叛亂。

胤禵爲人聰穎好學，是諸皇子中唯一被任命爲大將軍的，這其中還有代天子出征的意味，因此，朝中許多大臣都把這件事看成康熙將把皇位傳給胤禵的象徵，稱呼他爲「大將軍王」，刻意巴結。

不過，在年歲漸漸老去的康熙皇帝心目中，四皇子雍親王胤禛的重要性日漸提高，康熙四十八年封爲和碩親王之後，位階已在其他所有親王之上，康熙對他一直十分倚重，因爲他從來不與人打交道，辦事認眞，鐵面無私，即使惹火了親王貝勒大臣，惹來怒罵，他也毫不手軟。

胤禛爲人沉默寡言，喜怒不形於色，素有「冷面王」的稱呼，唯一和他交情比較好的只有十三阿哥胤祥。這胤祥卻是個熱血漢子，做事全憑一股衝動，認爲對的事就會奮勇向前，高興的時候大笑，難過的時候痛哭。這兩個性格全然相反的阿哥會成爲莫逆，也許是一種互補的心態吧！

「人人都說你刻薄，朕看你還眞刻薄！」暢春園裡，老皇帝微笑說著。

康熙晚年過於仁慈，不斷免去地方上的欠稅，還讓一些亟需用度的大臣以借貸方式挪用國庫資金，造成虧空，這個現象延續了十幾年，國庫不足，虧空也追不回來，康熙讓胤禛去執行這項艱鉅的任務。

胤禛以其鐵腕手段，不顧大臣們的叫囂，追回了許多款項，甚至逼死不少官員，當胤禛把欠款清單遞給康熙過目時，康熙這樣對他說道：「……但是，刻薄一點好！當皇子的刻薄，奸邪小人就不會阿附，你瞧那八賢王，眞的賢嗎？朕瞧倒也未必，咱們皇家子弟，刻薄點也許才是『賢』吧！唉……朕老了，這一生也造了不少孽，很多事情朕做不來的，就要靠你去完成了。」

胤禛仍然板著一張臉，他曾經說過自己在雍王府的生活是「天下第一閒人」，想不到如今卻被父皇稱讚爲「賢人」，讓不擅言詞的他一時之間不知道該怎麼回答。

康熙看著兒子，忍不住又笑了，揮了揮手道：「你下去吧！」

促成老皇帝做出決定的，還有一項很重要的原因，那就是雍親王有個聰明伶俐、知書達禮的好兒子愛新覺羅弘曆。

弘曆出生於康熙五十年，是胤禛的四子，六歲的時候就會背誦詩詞，康熙皇帝前往雍王府巡視，看見這個小孫子舉止莊重，儀態端正，非常喜歡他，說道：「這個孩子的福德遠過於朕！」便將小孫子帶進皇宮，好好教養。

此後康熙出巡總是帶著小孫子。木蘭秋獵，康熙帶著弘曆前往承德避暑山莊，讓他跟在自己身旁，狩獵開始不久，康熙射中一頭黑熊，小弘曆很興奮地拿著獵槍要去補上最後一擊，這時，黑熊忽然站立起來，張牙舞爪地撲向小弘曆，嚇得康熙連放數槍才將黑熊擊斃。

弘曆沒有受傷，也沒有受到驚嚇，仍然放了最後一槍，完成自己的任務回到祖父身邊。康熙看在眼哩，十分讚賞，返回行宮後，喜孜孜地對妃子們說道：「這孩子眞是天皇貴冑，福德兼備，你們看，那頭死去的黑熊看見他，還要站起來朝拜哪！」

如果傳位給胤禛，將來這個小孫子就能當皇帝了，康熙這樣想著。當然，這也許並非最重要的原因，卻一定對康熙決定繼承人產生影響。

康熙五十九年，西藏平定；康熙六十年，臺灣朱一貴平定，大清帝國的版圖已經超越了元朝全盛時期的本部，更比漢唐盛世遼闊，國內土地開墾，人丁滋生，當時全國人口接近兩億五千萬，海內晏然，天下太平，又是一番盛世氣象。

「自三代以來，君王御宇，未有過於朕者，朕薄德緲功，竟能成此局面，令人口繁殖，國內大治，這也算是老天保佑吧！」六十八歲的老皇帝十分欣慰地說道。

第二年，也就是康熙六十一年春天，皇帝召集滿漢文武大臣官員以及那些已經退休的老臣，年滿六十五歲以上者三百四十人，在乾清宮中設宴款待，號稱「千叟宴」。

眼前許多老臣，都是康熙一生功業的回憶，康熙與他們一一敬酒，一一問候，臉上的笑容，讓他暫時忘卻了皇子爭位帶來的傷心難過。

然而就在這一年十一月初，康熙病倒了，他仍沒忘記每年年末皇帝的任務，他需要前往遵化皇陵謁見，並舉行郊祀大典，但他的身體狀況眞的不行了，就把這項任務交給了雍親王胤禛。

十一月十三日，康熙皇帝在暢春園駕崩，享年六十九歲，遺詔由理藩院尚書隆科多宣布：「……雍親王皇四子胤禛，人品貴重，深肖朕躬，必能克承大統，著繼朕登基即皇帝位，即遵典制，持服廿七日釋服。布告中外，咸使聞知。」

十一月二十日，雍王正位，繼承大統，把第二年的年號就訂爲雍正，下詔大赦天下，爲諸子奪嫡的紛爭劃下句點。

治國以嚴

比起父親康熙的天縱英明，四十五歲的雍正皇帝才情顯然有所不如，不過，他是個實踐型的人物，史書上把他記載成一個殘酷冷血的獨裁者。事實上，皇帝獨裁的體制早在明太祖時代即已建立，殘酷、冷血之類的說法，只是因爲他很少和大臣們打交道，惹來記載史書的人對他批評詆毀而已。

從他對付政敵的手腕來看，他的確是很殘酷的，對他登基貢獻頗多的大臣，如隆科多、年羹堯等人，他毫不留情的加以剷除，從前和他爭奪皇位的八爺胤禩、九爺胤禟，全都被他整肅。

雍正頗爲迷信，篤信密宗佛教，但這僅止於他的個人行爲，他的雍王府後來改稱雍和宮，內部陳設如同藏傳佛教寺院。

年羹堯進士出身，康熙四十八年任四川巡撫，五十九年掛「平西將軍」印信，指揮大將岳鍾琪，平定準噶爾與新疆策妄阿布坦之亂，累官至川陝總督、撫遠大將軍，接掌十四阿哥允禵的地位，就是因爲他的支持，雍正有了強力的後盾，才能順利即位。

雍正二年，公元一七二四年，年羹堯入京時得到雍正特殊寵遇，加封太保、一等公、賜雙眼花翎、四團龍補服、黃馬褂……高官顯爵於一身，運籌帷幄，馳騁疆場，配合各軍平定西藏亂事，率軍平息青海羅卜藏丹津，立下赫赫戰功，爲雍正初年武人第一。

年羹堯自以爲功高蓋世，行爲驕縱跋扈，任用官員全憑一己之私，接受賄賂，吸引無恥之徒投身門下。僭越身分，送禮給年羹堯叫作「恭進」，年羹堯給人東西叫「賜」，下屬感激稱「謝恩」，接見官員叫作「引見」，吃飯叫作「用膳」，這些用在皇帝親王身上的名詞全被他拿來使用，自然惹來雍正皇帝不滿。

雍正三年二月，有「五星連珠」的祥瑞，年羹堯上表稱賀，想讚頌皇帝「朝乾夕惕」，勤於政事，但是卻不小心寫成了「夕陽朝乾」，惹來雍正不悅，「這傢伙平常不是粗心的人，竟然會把奏表寫錯？分明是不想將『朝乾夕惕』四字榮耀歸於朕吧！」

他下旨奪去年羹堯的爵位、職務，調往杭州，降成一個守城門的三等武官，朝中大臣看見年羹堯垮台，落井下石，紛紛彈劾，雍正便在九月間命人將年羹堯逮捕。

同年十二月初，有一頭老虎鑽入京城，跑進年羹堯的府邸，官兵趕來將老虎殺死。相傳年羹堯出生時有白虎之兆，故他是白虎托生，迷信的雍正皇帝覺得：「老虎死在年羹堯家，是否上天示警，要朕殺了年羹堯呢？」

這時議政大臣已將年羹堯的罪刑敲定，大逆之罪五，欺罔之罪九，僭越之罪十六，狂悖之罪十三，專擅之罪六，貪婪之罪十八，侵蝕之罪十五，妄刻之罪四條。

「這些罪名有三十條該判斬立決，加起來凌遲都不嫌少。」雍正皇帝說道：「不過，念在他過去曾有大功，就讓他自行了斷吧！」

年羹堯之後，又有重臣隆科多。他是雍正皇帝的親舅舅，康熙皇帝託付遺詔的大臣，很受雍正信賴，原爲理藩院尚書兼步軍統領，雍正任命他爲「總理事務大臣」、吏部尚書，封爲一等公，然而，雍正五年他卻突然遭到逮捕，說他「私藏玉牒」，圖謀不軌，當時，他正在俄羅斯境內的恰克圖與羅刹國使者談判邊境貿易與劃界問題。

隆科多沒有被殺，卻遭到圈禁，一年之後，病死在禁所。

在整肅年羹堯、隆科多的同時，雍正也十分無情地打擊政敵允禩、允禟，公開指責：「允禔、允禩、允禟、允䄉等人，雖爲朕兄弟，卻都不知道自己有幾斤幾兩，結爲朋黨，密謀大事！」雍正四年二月，以謀取儲位，愧對祖宗爲由，將允禩廢爲庶民，圈禁起來，過了一個月，把他改名爲「阿其那」，是滿州話裡的「畜生」、「狗」的意思。

五月，雍正以允禟圖謀不軌爲名，將其名字改爲「塞思黑」，滿州話爲「豬」、「低賤庸俗之人」的意思，下令將他押解回京圈禁，還沒進京，允禟就暴斃在半路上。

雍正用一些乍看之下甚至有點可笑的罪行羅織罪名，除掉了和他繼承皇位有關的敵人，又定了「雍王正位」這樣的年號，似乎有點欲蓋彌彰，但是他想掩飾些什麼呢？

民間紛紛傳出耳語，說雍正皇帝其實是以非法手段取得皇位，康熙爺本想傳給當時統兵在外的十四阿哥允禵，但由隆科多竄改遺詔，年羹堯以兵力挾制，允禩、允䄉等人都知道，但是懾於雍正威勢，不敢聲張，最後仍難逃毒手等等。

這些謠言，雍正並不在乎，有時候覺得煩了，就興一場文字獄，企圖讓這些擾人的噪音稍稍減低。

年羹堯之罪就和文字獄有關，後來抄查年羹堯的家，發現浙江人汪景祺《讀書堂西征隨筆》一書，內有「皇帝揮毫不值錢」詩句，還說「功臣不可爲」，雍正大罵：「悖謬狂亂，至於此極！」命人將汪景祺逮捕處斬。

在年羹堯家裡又查出一些詩詞，其中有江南錢名世的句子「分陝旌旗周召伯，從天鼓角漢將軍」，「鍾鼎名勒山河誓，蕃藏宜刻第二碑」，對年羹堯歌功頌德。雍正看了覺得礙眼，痛罵錢名世：「這種文人的無恥鑽營，實在不配成為儒門中人！」親自寫了「名教罪人」四個大字，教人製成匾額，掛在錢名世家的大門上。

雍正四年，禮部侍郎查嗣庭擔任江西會試主考，出題「君子不以言舉人，不以人廢言」、「介然用之而成路，爲間不用則茅塞之矣」、「其旨遠，其辭文，鄭大兒天地之情可見矣」、「百室盈止，婦子寧止」、「維民所止」等等詩經、易經上的文章。

不知道查嗣庭得罪了誰，有人告發他：「此人心術不正，命題乖張」，指出第一題是在諷刺朝庭的保舉制度，第二題不知所云，第三、第四題也有問題，雍正皇帝把題目拿來一看，說道：「出題維民所止，是在譏諷雍正年號嗎？」

維、止二字，剛好把雍、正二字的上半段去掉，砍了雍正的腦袋，雍正很生氣，將查嗣庭逮捕抄家，拷死在大牢之中。

雍正六年，有個湖南生員名叫張熙，拿著老師曾靜的親筆信前往西安，拜見當時正在督師四川藩亂的川陝總督岳鍾琪，對他說道：「總督大人乃是抗金名將岳飛後人，當今滿清朝廷也稱作後金，大人何不舉起大旗，反抗後金，成就祖先大業？」

岳鍾琪生於大清，長於大清，也忠於大清，哪會有成就祖先大業的想法。他不動聲色，敷衍張熙，把事情弄清楚，立刻通報雍正皇帝。

原來曾靜讀了明末大儒呂留良的著作，其中有強調「夷夏之防」的內容，有所感悟，寫了一本名為《新知錄》的書，痛斥雍正「謀父」、「逼母」、「弒兄」、「屠弟」、「貪財」、「好殺」、「酗酒」、「淫色」、「懷疑誅忠」、「好諛任佞」等十大罪狀。

雍正對於曾靜的文章並無太大評語，說道：「只誹謗朕一人，尚無必死之理。」但是對於去世多年的呂留良就一點都不客氣了。呂留良在著述之中有許多懷念明朝批評清朝的句子，也批評康熙的許多措施。

「呂留良辱罵皇考，對我朝不敬，這不是南明永曆的走狗嗎？」雍正冷冷下令道：「把曾靜和他的學生統統抓來，另外找到呂留良的墳墓，開棺戮屍，子孫發配邊疆！」

他並沒有殺曾靜、張熙，逼得他們承認錯誤，要曾靜寫悔過書，曾靜很配合，寫了一篇〈歸仁錄〉讚頌大清，雍正命人將這些審訊過程和文章彙整起來，加上一些他自己的想法，編成《大義覺迷錄》一書，頒行天下，還叫曾靜、張熙等人前往各地宣講，達到嚇阻反抗的宣傳效果。

雍正之所以大興文字獄，無非是希望能藉由這種方式消滅反清思想，同時也讓康熙末年因政治寬大所造成的一些散漫與腐化現象，能在大臣戒慎，百姓警惕的情況下逐漸恢復正常。

作法上也許惹人爭議，成效上卻十分顯著，雍正任用了一批個性和他相似的臣子，或在中央輔政，或在地方辦事，貫徹雍正皇帝的決心與意志，這其中包括了張廷玉、鄂爾泰、田文鏡、李衛等人，從事一連串改革措施，強化朝廷的統治，延續盛世的基礎。

對於大臣的忠誠，雍正特別重視；對於官員的貪污，雍正和前代皇帝一樣厭惡，只不過他採取比較有建設性的辦法來防止貪污，那就是火耗歸公與養廉銀制度。

百姓繳納的地方稅款都是碎銀子，成色不一，地方官上繳中央之前，必須將這些碎銀鎔鑄成錠，在鎔鑄的過程裡會出現損耗的現象，這就是火耗。地方官往往預設火耗的數量，每兩稅銀總要多徵收幾錢，這些多徵收的銀子，通常成爲地方官的額外收入。

有人對雍正皇帝說道：「各種民間雜稅，以火耗最苛，有些省份的火耗銀每兩總要另加四五錢，剝削來的民脂民膏落進地方督撫的口袋，這樣是在累積民怨啊！」

但也有這種說法：「官員徵收火耗銀，其實也不是他們情願的，朝廷的俸祿不高，每年就那幾兩銀子，怎麼夠用？如果不貪污，官員都得當乞丐去了。」

雍正採取折衷的辦法，下令各地火耗銀全部提入省庫，由總督分配，作爲官員們的養廉銀之用，中央也比照辦理。

這個辦法其實是增稅，不過至少有了制度，就不會有不法官員濫興名目加徵額外雜稅，百姓比較能夠接受。

「養廉銀的意思，眾卿得要搞清楚。」雍正對文武官員說道：「讓你們有足夠的銀子花，就不要再貪非分之財，否則，別逼朕把明太祖剝皮實草那一招用在各位身上。」

他緩緩的、冷冷的講出這段話，大臣不寒而慄，雍正一朝，整體而言官員的清廉度比較高。

稅收上還存在一個大問題，康熙五十一年，朝廷曾經下詔：「承平日久，生齒日繁。嗣後滋生戶口，勿庸更出丁錢，即以本年丁數爲定額，著爲令。」以康熙五十年的人丁數量爲基準，以後永不加賦。

這是德政，卻沒把問題想清楚，以人爲單位徵稅必定會有不法，爲了遵守祖訓，雍正不敢加賦，但是他知道地方上有許多大地主逃漏戶籍，或者把戶籍讓佃農去承擔，實際負擔稅賦的是那群貧困的小農。

爲了改善這種現象，雍正皇帝下詔實施「攤丁入地」的賦稅政策，丁隨地起，以土地作爲徵稅的基準，這樣，土地多的人繳的稅就多，土地少的人繳的稅就少，沒有土地的人就不用繳稅，讓賦稅制度變得比較公平。

當時中國西南地區，包括湖廣、雲南、貴州、廣西、四川等省份居住著許多少數民族，從明朝以來，便以世襲的「土司」管理，這些土司頭目如同封建領主，擁有自己的官府，甚至自己的軍隊，對待少數民族也非常嚴苛，經常激起民變。

康熙年間朝廷便已經注意到這個問題，雍正四年，鄂爾泰擔任雲貴總督，他向雍正皇帝建議大規模實施「改土歸流」政策，他說道：「若欲百年無事，則必行改土歸流。」

雍正皇帝很贊成這樣的說法，便把這項艱鉅的任務交給鄂爾泰，將這些地區的土司制度一一廢除，改設州縣，派遣流官治理。

鄂爾泰的策略很成功，他以強大的軍力威脅土司交出領地，如果土司同意，便給予優渥的待遇；如果反抗，便興兵討伐。後來，他又在改土歸流的地區建造衙署，設立保甲，稽查戶口，清理錢糧，丈量土地，修築道路，設置學校和書院，加強清廷在這些地區的統治權威。

雍正年間的軍事行動並不算少，只不過沒有康熙年間那般規模宏大，然而雍正皇帝為了主導戰爭的進行，便於統籌，乃於雍正七年，公元一七二九年設置軍機房，由怡親王允祥、大學士張廷玉、蔣廷錫等人辦理，不再把軍事問題交付傳統的八旗旗主、議政王大臣討論。

第二年，軍機房改稱「辦理軍機處」，設置軍機大臣若干，從大學士、尚書、侍郎之中選派，下轄軍機章京若干，從內閣、翰林院、六部、理藩院之中選任，軍機處的地位日漸重要，完全以皇帝的旨意行事，取代了明朝以來的內閣制度，成為皇帝獨裁體制下的最高行政機構。

雍正皇帝在位僅十三年，即位之初，國庫只有八百萬兩銀子，到了雍正去世之前，庫銀已多達兩千多萬兩，足可應付國家二十年用度，也為下一輪的太平盛世奠定了良好的基礎。

乾隆皇帝

雍正十三年八月十三日深夜，五十八歲的雍正皇帝突然在圓明園內駕崩，廟號清世宗，諡號敬天昌運建中表正文武英明寬仁信毅睿聖大孝至誠憲皇帝，葬於泰陵。

莊親王允祿、大臣鄂爾泰、張廷玉等人依照雍正皇帝生前所訂下來的規矩，在乾清宮正大光明匾額的後面取出了密匣，裡面是雍正皇帝生前擬好的傳位詔書。

毫不令人詫異的，雍正把皇位傳給了四子和碩寶親王弘曆，九月初三日，二十五歲的愛新覺羅弘曆在太和殿舉行隆重的登基大典，成爲大清建國以來的第六位皇帝，定次年年號爲乾隆。

雍正皇帝去世得太過突然，惹人懷疑，因此便有謠言，說呂留良的孫女呂四娘在大義覺迷錄之案中逃脫，拜當代大俠甘鳳池爲師，練就一身飛簷走壁的絕世武功，輾轉進京，趁夜潛入乾清宮刺殺雍正，削下頭顱，提首級揚長而去。

然而，根據張廷玉的說法，雍正皇帝在逝世前幾天已經生病，大約是發燒咳嗽流鼻水之類的症狀，但他不曾休息，仍然秉持著十三年來的一貫作風，挑燈批閱公文，就寢時間不超過一個時辰，天濛濛亮時便又起床參加早朝。

當時並無「過勞死」這種名詞，不過，從雍正皇帝的日常生活來看，他很可能是把自己給累死的。與明朝萬曆皇帝三十年不辦公的故事相比較，雍正皇帝的勤勉實在難能可貴。

年輕的乾隆皇帝似乎對父親的眞正死因不感興趣，從小在祖父呵護教導下成長的他，最崇拜的是康熙皇帝，因此他登基的那天開始，便強調自己「政尚寬大」的作風。

雍正皇帝十三年來的嚴格治國是全國官僚人民有目共睹的，乾隆的這項政策無疑是推翻了父親的治國理念，違背祖制是會遭人議論的，甚至可能會讓這個年輕的皇帝面臨政治危機，對此，乾隆皇帝很巧妙的運用他的政治智慧，化解了可能招來的非議。

他先後下達許多份詔書，不斷讚揚父親嚴以治國的必要性。「治天下之道，貴得其中，故寬則糾之以猛，猛則濟之以寬」，還說聖祖皇帝時「久道化成，與民休息，而臣下奉行不善，多有寬弛之弊，而皇考世宗憲皇帝整頓積習，仁育而兼義正，臣下奉行不善，又多有嚴峻之弊」，此一現象造成了「政令繁苛，每事刻核」，讓官民均深感煩擾。

基於上述理由，乾隆皇帝標榜的「政尚寬大」意義就凸顯出來了，不但可以名正言順的改變雍正年間的嚴厲政風，與民休息，一張一弛之間，國家統治能夠長久，也不會讓有心人士製造流言，說乾隆皇帝不守祖宗遺訓。

與其說他「政尚寬大」，倒不如說他「寬猛並濟」比較恰當，乾隆皇帝事事以祖父的辦法馬首是瞻，但是又發現父親的統治風格比較利於政令的推動。即位的第一年，他就模仿他的祖父舉辦「博學鴻詞科」考試，由他親自主持，希望能替國家找出學問高、人品好，卻又沒有參加一般科舉考試的人才。

在此同時，他又延續父親訂下的「養廉銀」制度，官員們在一般俸祿之外，多領雙份薪水，另外尚有優渥的薪資，目的是希望百官能「保其操守」。

早朝時，乾隆皇帝曾經這樣痛罵貪官污吏：「官員貪污，就如同衣冠禽獸！漢朝賈誼曾經說過，君主要以禮義對待群臣，然而群臣不以忠誠廉潔回報主君的話，就根本不配當個人了！」

他沿用雍正年間提拔的大臣鄂爾泰、張廷玉繼續擔任軍機大臣，鄂爾泰言語端莊，為人穩重，處事明快，勇往直前；張廷玉精明幹練，小心謹愼，待人謙和，從來沒有人看過他發脾氣，在他們兩人的輔政下，乾隆初年承襲康熙、雍正兩代七十餘年累積的厚實國力，繼續發展，延長大清六十年的太平鼎盛。

剛即位的時候，年輕的乾隆皇帝身邊大多是老臣，因此他很能接納大臣的意見，並且學習如何當一個好皇帝，有祖父與父親這兩個好榜樣，乾隆皇帝非常勤奮認眞，每天凌晨就起床梳洗，準備早朝，處理龐雜繁瑣的政務，閒暇時間廣覽多讀，鑽研經典與前朝歷史，瞭解歷代治亂興替的道理，或是欣賞些詩詞歌賦書法繪畫提升自己的文化水準。

「漢人們總說咱們滿州人野蠻，朕要讓他們看看滿州皇帝絕不野蠻！」乾隆皇帝這樣說道：「朕於儒道佛學體會甚深，書法丹青，雖不能說精通，倒也略稱通曉，詩詞章句更是信手拈來！漢人們引以為豪的，朕哪樣不會，還能說朕是蠻夷之君嗎？」

對於「蠻夷」的身分，乾隆皇帝頗為在意，他派人將雍正年間著書詆毀滿清的曾靜、張熙二人逮捕，說道：「此輩庸奴，胡言亂語至於極點，先皇饒他們不死，朕可不能！」命令將他們殺了，還把多次提到滿清是「蠻夷」的《大義覺迷錄》列為禁書。

「眾位愛卿！」乾隆對朝臣們說道：「河東鹽政孫嘉淦上了一份奏疏，寫得很好，他說耳習於所聞，則喜諛而惡直；目習於所見，則喜柔而惡剛；心習於所是，則喜從而惡違。這叫作『三習』，而三習既成，乃生一弊，一弊是什麼？喜小人而厭君子是也！這番教誨，朕時時刻刻牢記在心，親賢臣而遠小人，一國之君才能把事情辦好。」

「皇上聖明！」底下群臣一片歌頌之詞，滔滔不絕。

待稱頌的聲音稍微減低，乾隆繼續說道：「如何才是君子，如何才是小人？朕看得一清二楚！像孫嘉淦這種直言之臣，就是君子。當年他拿『親骨肉，停捐納，罷西兵』三件事直諫皇考，惹得皇考大怒，說要把他逐出翰林院，朱軾說他夠狂妄，卻夠有膽識，提醒了皇考，皇考反而升他當國子監司業！君子只有在政治清明的時候能夠發揮才能，朕以政治清明自誓，必將重用此類賢臣！」

能在早朝上得到皇帝如此毫不保留的稱讚，群臣都很羨慕孫嘉淦，而那篇《三習一弊疏》也被稱爲「大清第一名疏」。

「如今孫嘉淦還不能來上朝，等他將來有一天和各位並列了，記得多和他學學。」乾隆皇帝說道：「什麼是小人，朕已經說過很多次，相信各位也能瞭解，那就是貪官污吏！」

孫嘉淦不斷被乾隆皇帝提拔，從一個鹽政官升爲吏部侍郎、都察院左御史、刑部尚書、監管國子監總務，後來在乾隆三年擔任吏部尚書、直隸總督等要職，這是乾隆皇帝對他心目中的忠臣所表現的信任，另一方面乾隆皇帝對於心目中的小人，懲罰起來絕不手軟，不少貪官污吏因此遭殃。

乾隆六年，公元一七四一年，接連爆發四位大臣的貪污案，山西布政使薩哈諒強制徵收火耗銀，每兩多收四、五分至七、八分銀，贓款一千六百多萬兩；山西學政喀爾欽，賣官鬻爵，還強買有夫之婦當自己的小妾；兵部尚書鄂善，收受賄賂；浙江巡撫盧焯，收受贓款數萬兩。

這些官吏都是方面大員，肩負重責，可是乾隆皇帝毫不寬待，下旨依照大清律處置，結果，喀爾欽斬立決，鄂善命其自盡，盧焯、薩哈諒判處斬首及絞刑，秋後執行。

往後數十年間，還有數十位大臣因為貪污而處以極刑，這當中包括了元勳子弟、皇親國戚、高官重臣、地方大員等等，只要遇有情節重大的案子，乾隆皇帝必定會親自審理，務求水落石出，只要罪證確鑿，必定嚴加懲罰。如此，雖然不能完全杜絕官場裡的貪污習性，但是對於這種惡劣行為仍有相當程度的嚇阻作用。

為了表現自己的愛民，乾隆皇帝在位期間曾經多次下達蠲免百姓繳納錢糧，即位第一年就下詔免除雍正十二年以前積欠的稅款，更在乾隆十一、三十五、四十五年以及嘉慶元年下詔免除全國錢糧，另外還有三次下詔免除南方八省的漕糧，前前後後累積起來減免的稅款多達三億兩白銀。

他說道：「百姓為國之根本，藏富於民，比國家富裕更為重要。況且如今國庫用度不缺，那些繳不出錢糧的省份，何不就此一筆勾銷？」

國庫用度豈止不缺，簡直可說是多到花不完，尤其在繼續推廣雍正年間的「攤丁入地」政策之後，國庫裡白銀、珍寶、糧食的存量，只要用度得當，就算花幾十年都花不完。

百姓繼續滋生，疆域仍舊遼闊，社會安定，民生富裕，乾隆年間的大清帝國，已經達到鼎盛的狀態。

「物極必反，盛極而衰，朕雖承此大業，又怎能不戰戰兢兢，如履薄冰呢？」乾隆皇帝這樣說道。

他總是以康熙皇帝的治國理念爲依歸，並引以爲模仿的對象，而康熙皇帝畢生最大的功業，除了整頓國家經濟，實施仁政，藏富於民之外，最爲人津津樂道的就是平定三藩、收復臺灣、三次親征準噶爾、平定西藏這些雄才大略的軍事行動。

在這一點上，乾隆皇帝是有點寂寞的，因爲他繼承的帝國天下太平，根本沒有這麼多問題，然而這位聰明的皇帝，竟能利用邊疆一些枝微末節的衝突，將它小事化大，然後浩浩蕩蕩的出動大軍征討，一一平定，完成他畢生最自豪的「十全武功」，好讓自己能夠更貼近祖父康熙的雄才大略。

然而這所謂的雄才大略，曠日廢時，耗資鉅萬，其中有許多根本無關痛癢的項目也要大書特書，廣爲褒揚，純粹只是乾隆皇帝的「好大喜功」而已。

十全武功

從乾隆即位第一年起，他就很注意軍事上的問題，雍正皇帝在雲貴執行改土歸流，雖然成效卓著，卻也引來當地土司的激烈反抗，土司世代統治苗人，自然很有影響力，雍正末年終於爆發大規模叛亂，乾隆皇帝下令以張廣泗爲雲、貴、兩廣、川、鄂、湘七省經略，進行大規模鎮壓。張廣泗率領大軍，剿撫並用，對於那些不願投降的苗民殘酷屠殺，六個月內斬首四萬，終於以高壓手段將這場變亂平定。

乾隆皇帝並沒有感受到戰爭有多麼殘忍，大臣向他回報的只有戰勝的榮耀，讓他也沾沾自喜，於是，他開始積極對外用兵，主要的兩個方向就是西北與西南。

西北地區的準噶爾，和清朝之間的恩怨情仇延續數十年之久，康熙皇帝消滅了噶爾丹，興起了一個策妄阿布坦，策妄阿布坦死了，兒子噶爾丹策零繼位，又是一個英明而富有才幹的君主，雍正皇帝曾經多次出兵討伐，都沒有成功，後來只好以和談的方式，暫時讓這個桀驁不馴的民族不要再起挑釁。

乾隆十年，公元一七四五年，噶爾丹策零去世，國內陷入諸子爭位紛爭，一些部落紛紛脫離自稱準噶爾汗的達爾濟，歸附清朝。

這場動亂延續了將近十年，輝特部族長阿睦薩納爭權失敗，率領部眾一萬多人，也來投降清朝，請求乾隆皇帝冊封，乾隆皇帝答應了，封他爲親王，並且藉此得知準噶爾內亂的情形。

「此時若不出兵徹底解決準噶爾問題，更待何時？」乾隆皇帝心知肚明這是趁人之危的作法，但是若不趁機出兵，將來準噶爾強起來，絕對仍然是一大外患，因此，乾隆二十年，公元一七五五年，乾隆皇帝毅然下令討伐準噶爾。

這件事在朝廷之中引來一陣反對聲浪，許多大臣都勸乾隆不要貿然行動，免得遭到二十年前雍正年間用兵慘遭失敗的結果。

「怎麼你們不說康熙年間三次御駕親征的輝煌勝利啊？」乾隆說道：「二十年前我朝失敗，是因爲準噶爾有個噶爾丹策零，現在準噶爾四分五裂，只消我大軍前往，必如探囊取物！」

清廷調動五萬大軍，分爲南北兩路，分別由定西大將軍陝甘總督永常爲南路主帥，降將撒拉爾爲副將；定北大將軍班第爲北路主帥，降將阿睦薩納爲副將，聯合歸附的準噶爾部落民眾，同時出發。

大軍在二月誓師，往西北方向前進，一路之上並未遭到抵抗，僅僅三個月，北路的大軍便攻下準噶爾首都伊犁，那時原本稱汗的達爾濟已被貴族達瓦齊所殺，達瓦齊自稱準噶爾汗，卻不敢與清軍對抗，倉皇逃走，結果被回族藩王捉住，交給清軍。

輕而易舉的勝利，乾隆皇帝十分喜悅，冊封阿睦薩納爲雙親王，並且重新恢復原來居住在準噶爾地區的衛拉特四部，讓他們劃地治理，將準噶爾部改名綽羅斯部，分別重新冊封可汗。

他的用意很明顯，眾建諸侯而少其力，讓衛拉特分化，不讓他們凝聚成一股足以威脅清廷的力量。

對於這樣的安排，阿睦薩納很不滿意，他原本的打算，是協助清朝平定國內動亂，回國擔任大汗，領導衛拉特諸部，想不到乾隆皇帝給了他一個虛有其名的爵位，其他什麼都沒得到，甚至連領地都沒有。」

乾隆的詔令從北京送來伊犁，「令將軍班第、參贊大臣鄂容安，協同阿睦薩納、撒拉爾駐留伊犁處理善後事宜，庶卒五百人駐紮，其他大軍由原路班師！」

阿睦薩納看見這種情況，暗中鼓動伊犁附近的衛拉特民眾，告訴他們：「清廷將我們分裂成好多部落，不希望我們重振成吉思汗的光榮，我們不能輕易上當，要團結起來，和他們奮戰到底！」

駐留當地的清兵發現了阿睦薩納的動向，把疑點報告乾隆皇帝，乾隆皇帝立即發出密詔，要班第、鄂容安找機會下手，殺掉阿睦薩納。

清兵只有五百人，實力單薄，班第根本找不到機會。

阿睦薩納知道乾隆已經不信任他，索性一不做二不休，公然叛變，領導衛拉特部落民眾向伊犁的清兵發動攻擊。

五百人一下子就被消滅，班第、鄂容安雙雙自盡。

當初清軍分兩路進攻，南路大軍屯駐在烏魯木齊，總帥永常聽說伊犁方面的巨變，竟然不主動前往救援，反而將軍隊撤退了數百里，避免和衛拉特交鋒。

「混帳！」乾隆在北京聽說前方戰報，氣得拍桌大罵：「要這樣的主將有何用處？將他拿下，押解進京治罪，另派將領接替他的職務。」

清廷改派策楞爲定西將軍，前去接替永常的地位，揮軍進攻，直往伊犁殺去。

乾隆二十一年，公元一七五六年春天，數萬大軍再度將伊犁打下，阿睦薩納領導的畢竟只是烏合之眾，毫無招架之力，清軍一來，立即四散，阿睦薩納本人向西逃亡，逃進哈薩克境內。

策楞沒有追擊，放任阿睦薩納逃走，又惹火了乾隆，改派參贊達爾黨阿接替策楞地位，另派駐守在附近的滿州正黃旗將軍兆惠前往增援。

清軍入侵哈薩克，沿路作戰，追尋阿睦薩納的行蹤，和哈薩克人打了好幾仗，殺了許多無辜的民眾，卻還是找不到阿睦薩納。

乾隆二十二年，公元一七五七年二月，被改名爲綽羅斯部的原準噶爾地區再度叛亂，聯合輝特部與哈薩克人共同攻擊清軍，阿睦薩納從哈薩克潛回，在伊犁附近的博羅塔拉河畔會合各部領袖，自立爲大汗。

「看這樣子，朕派過去的將領都不成材！」乾隆皇帝鐵青著臉道：「咱們滿人難道都不會打仗嗎？哼！朕就派個蒙古人去，把蒙古人消滅！」

清廷以蒙古親王策零之子成袞札布爲定邊左副將軍，以兆惠爲定邊右副將軍，大舉進攻準噶爾。

也許是上天要亡準噶爾，阿睦薩納的領導能力不如想像中好，諸部發生內訌，互相殘殺，又在同一時間爆發瘟疫，死傷慘重，清軍還沒開到，準噶爾已經死了一大半。

阿睦薩納又逃進哈薩克，這回連哈薩克人也不想保他了，打算將他抓起來獻給清軍，阿睦薩納聞訊，繼續逃亡至羅刹國境內，後來也染上瘟疫病死。

「生要見人，死要見屍！」乾隆說道：「命理藩院行文，要求羅刹國送還阿睦薩納屍首！」停了停，又道：「把成袞札布叫回來，讓兆惠留在伊犁，叫他好好把準噶爾餘孽肅清，告訴他，別讓人瞧不起咱們滿州人！」

兆惠相當盡心的執行使命，以伊犁為中心，派兵四出搜查「叛黨」，只要見到衛拉特部落民眾，不分男女老幼，一律屠殺，原本約有二十萬戶的衛拉特諸部，歷經天災人禍，剩下的不過一萬多戶，幾乎算是滅亡了。

掃平此一心頭大患，清廷便在伊犁、烏魯木齊等地分別派兵駐守，設置伊犁將軍統領，正式將此地併吞。

準噶爾平定後，天山北路已成為清朝版圖，但是天山南路的伊斯蘭教徒居住地區仍是各股勢力割據的局面，這些部落曾經統一，就是令唐朝頭痛萬分的回紇，宋代稱為回鶻，明代稱為畏吾兒，清朝則稱他們為回部，就是今日居住新疆的維吾爾族。

多年以前，回部葉爾羌族首領瑪罕木特與兩個兒子布那敦、霍吉占被準噶爾策妄阿布坦俘虜，囚禁在伊犁，乾隆二十年，阿睦薩納想要起來稱王之時，將布那敦放回去，希望他領導回民，協助準噶爾抵抗清兵。

兩年後，伊犁再度被清朝平定，霍吉占也從伊犁逃出去，一路向南逃回家鄉，投奔他的哥哥布那敦。

那時，布那敦已經憑藉著優異的才能與死去父親的聲望統一了大部分的回部，可是他能力有餘勇敢不足，聽說清朝已將準噶爾消滅，畏懼清廷威勢，打算要主動向清朝輸誠。

霍吉占大表反對，說道：「哥哥，我們有阿拉眞主保佑，不能永遠當別人的奴隸！從前被準噶爾欺負，如今準噶爾被滅，又何必自己跑去當滿州人的奴隸？」

此語一出，布那敦身邊的許多部落領袖還有大臣一致表示贊同，布那敦見狀，也就不再說些什麼。

不久，清廷派遣副都統阿敏圖前來回部招降，霍吉占命人將阿敏圖抓起來殺了，宣布成立巴圖爾汗國，附近數十萬回部民眾伊斯蘭教徒紛紛響應，聲勢浩大，一般人便以回部傳統領袖的稱呼稱布那敦爲大和卓，霍吉占爲小和卓。

這大小和卓叛變的時間，清朝還沒有完全肅清準噶爾，也還不知道阿睦薩納的行蹤，乾隆皇帝連續下達命令，第一，必征大小和卓，只是時間早晚；第二，集中兵力平定準噶爾之亂，擒獲阿睦薩納；第三，回部兵力較弱，朝廷兵力不需動用太多；第四，征回之役訂在乾隆二十三年正月執行。

到了乾隆皇帝所規定的時間，兆惠已經成功肅清準噶爾，也把阿睦薩納的屍首挫骨揚灰，清廷派遣參贊大臣雅爾哈善為靖逆將軍，領兵一萬，圍攻大小和卓居住的庫車城。雅爾哈善是個紈褲子弟，不會帶兵，才打勝一仗，包圍庫車，就以為此役必勝，整天在大營裡飲酒作樂，大小和卓趁夜逃走。

「到了手的勝利，怎麼會讓罪首逃走？」乾隆皇帝問道。

有人告訴他雅爾哈善的行徑，乾隆皇帝大怒，將雅爾哈善革職處死，改命定邊將軍兆惠移師進攻，給他同樣的命令：「肅清回疆！」

皇帝的聖旨裡透露著他對大小和卓的輕視，兆惠對皇帝的旨意從不懷疑，只從伊犁帶了八百人出發前往庫車，沿途收降了一些城池，召集了一些士兵，募集到四千兵力，聽說大和卓人在喀什噶爾，小和卓在葉耳羌城，便往葉爾羌殺去。

葉爾羌城位於戈壁沙漠之中，兆惠帶著兵穿越一千五百里滾滾黃沙，軍馬死得剩下一千多匹，士兵累得不成人形，結果被小和卓領兵團團包圍。

「快！」兆惠找來全營最快的幾匹馬，吩咐士兵：「你們快將此地戰報回報朝廷，請朝廷速派大軍前來救援！」

朝廷聞訊，連忙指派副將軍富德、大臣阿里袞帶兵前去救援，兆惠的四千兵馬在小和卓的猛攻之下死了三千多人，仍然奮力苦戰，好不容易挨到援軍抵達，這才脫困。

這場失敗，乾隆皇帝深感自責，他沒有懲罰作戰失利的兆惠，反而派人前去宣慰：「是朕的輕敵讓你判斷錯誤，只要你再接再厲，必能獲得最後勝利。」

兆惠、富德等人在阿克蘇城整頓休養，仔細檢討，調用了沙漠之中行走方便的駱駝數萬匹，集結大軍三萬多人，於乾隆二十四年秋天再度出征。

這一次，清朝使出全力了，大小和卓不再是對手，棄城逃走，清軍攻下喀什噶爾與葉爾羌，繼續追擊，三個月內，平定回疆，大小和卓逃往蔥嶺以西的巴達克山國，被該國國王殺死。

天山南北路，漢朝以來便稱作西域，一直以來都是藩屬的地位，就算設官治理，時日也不長久，乾隆皇帝平定準噶爾、回部以後，在當地設置官署，駐紮軍隊，將其納入版圖，並在乾隆二十五年將這片廣大的土地定名為「新疆」。

西北新疆的戰事可算順利而光榮，西南的清朝大軍卻陷在大小金川的泥淖之中，難以自拔。

大小金川位於四川、西藏交界之處，高山深谷激流交錯，地勢複雜險要，此地問題由來已久，與雍正年間的改土歸流也有關係，乾隆十二年，被清廷封為安撫司的大金川藏族領袖莎羅奔舉兵叛變，劫持小金川土司澤旺印信，公開與清廷作對。

乾隆皇帝當然第一個就想到從前征苗有功的張廣泗，那時他是川陝總督，接受詔命領軍前往金川，不聽屬下岳鍾琪的意見，採用碉堡戰略對付莎羅奔，不料花了一年多的時間，居然每個碉堡的損失都極爲慘重。

張廣泗因此獲罪問斬，副將納親也被賜死。乾隆改派他最親信的大學士傅恆爲川陝總督，接手張廣泗的工作。

軍中最有影響力的就是四川提都岳鍾琪，他的來頭不小，在雍正年間曾經當過年羹堯的部下，後來成爲朝廷大將，曾經當過川陝總督，立下無數汗馬功勞，也在《大義覺迷錄》一案中扮演關鍵角色，然而在雍正末年因爲征討準噶爾不力，被判了死刑，還沒行刑，乾隆登機，大赦天下，第二年被放出來，從總兵開始做起。

傅恆是文人出身，卻早聽說岳鍾琪的名號，對他完全信任。

岳鍾琪對傅恆說道：「張廣泗的戰略太過保守，拿來用在金川之役並不合適，應以精兵奇襲，直搗黃龍！」

傅恆接納岳鍾琪的意見，一路進擊，連連攻破莎羅奔營寨，軍威大振。

岳鍾琪又說道：「那莎羅奔曾經在我底下當過差，與我交情不錯，讓我去和他談談，說不定能有好結果。」他只帶了幾名隨從，就往莎羅奔所駐的勒烏圍堡去談判。

莎羅奔本來還想繼續抵抗，聽說來的人是岳鍾琪，連忙出寨迎接，熱絡萬分，「聽說岳帥這些年過得很苦……」

「苦不苦是我的事。」岳鍾琪道：「你領兵作亂，苦的是百姓，這我就非得要管一管了！」

「岳帥恕罪，岳帥恕罪！」莎羅奔道：「小的不知道您也在清營之中，如果知道，哪裡還敢造次？」就這樣，岳鍾琪將變亂消弭於無形。

「不戰而屈人之兵，此乃兵法之上上策也！」乾隆皇帝大喜，下旨赦免莎羅奔之罪，封傅恆爲一等威勇公，岳鍾琪爲三等威信公。

後來，岳鍾琪一直在四川領兵坐鎮，擔任提督，處理四川大小事務，乾隆十九年去世，而岳鍾琪死後十七年，金川地區變亂又起。

乾隆三十六年，公元一七七二年，莎羅奔的孫子索諾木聯合小金川土司僧格桑舉兵反叛，第二年清廷以定西將軍阿桂統領建銳營、火器營等精銳，大舉進攻，不料這些部隊在地形崎嶇的縱谷行軍不順，始終難有進展。

阿桂花了好久時間才研究出皮筏運兵的辦法，把軍隊送進崎嶇的山谷當中，清兵的戰力固然強大，面對不熟悉的地區仍折損頗多，朝廷繼續增派部隊進入四川，阿桂才在乾隆四十年打下大金川根據地，第二年二月逼得索諾木投降。

兩次用兵金川耗資都很龐大，多達七千萬兩，遠超過平定新疆的花費，而戰略目的其實並不實際。此後上有攻打緬甸、越南，平定臺灣林爽文之亂，大體都是以極強攻打極弱，反映政府強盛便會欺壓百姓，國際局勢之中以大欺小的特性。

乾隆五十六年，公元一七九一年，廓爾喀（今尼泊爾）侵入西藏，這是他們第二次入侵西藏，八十一歲的乾隆皇帝忍無可忍，在這年冬天派遣大將軍福康安等率兵進入西藏，擊敗廓爾喀兵。

次年五月，清兵進抵廓爾喀境內，八月逼近陽布（今尼泊爾加德滿都），廓爾喀軍自知難以抵抗，便向清軍投降。

福康安領著大軍凱旋返回，老皇帝親自前往慰問，並且回憶他即位之後五十七年間在邊疆地區建立的輝煌事業。

他命令大學士合力撰寫一篇《十全記》，以褒揚他自己的「十全武功」：兩次平定準噶爾、平定大小和卓之亂、兩次大小金川之役、鎮壓臺灣林爽文起義、入侵緬甸、攻打安南及兩次協助西藏抵抗廓爾喀，用滿、漢、蒙、藏四種文字刻在石碑之上，永留後世。

乾隆皇帝因爲這篇文章，給自己取了一個綽號：「十全老人」。

他知道，自己將帶著這份榮耀面見祖父康熙皇帝的在天之靈。

落日餘暉

承德避暑山莊，一片佔地廣大的皇家山水園林，從康熙年間開始修建，到乾隆年間已經大體完工，每年北京酷暑之時，皇帝便與文武百官巡遊至此，在一個比較舒適的環境下處理政務。

乾隆五十八年，公元一七九三年九月十四日，寅時剛過，夜色仍然籠罩著大地，八十三歲的乾隆皇帝早已起床。

「睡不著，陪朕走走。」在一名老太監的陪同下，乾隆皇帝從煙波致爽殿起身，沿著長廊的雕樑畫棟，緩緩散步至文津閣。

推開門，一陣油墨氣息撲鼻而來，點上燈，映入眼簾的，是整齊排列的三萬六千冊《四庫全書》，老皇帝伸手輕撫著書背，嶄新的封面光鮮奪目，抽出一冊來翻閱，字跡工整清麗。乾隆皇帝滿是皺紋的臉上露出滿意的表情，那雙老練而迷濛的眼神裡，充滿的盡是回憶。

「平定準噶爾、平定大小和卓、大小金川之役、平定臺灣之亂、緬甸之役、安南之役、廓爾喀……」他扳著指頭數著自己的十全武功，不知道爲什麼，十隻指頭總是扳不完，不過不要緊，讓他得意的不只武功，還有文治功績，放下手指，臉上仍掛著微笑。

從乾隆二十年起，國庫存銀突破四千萬兩，三十年突破六千萬兩，此後直到乾隆退位，國庫存銀都在六千萬兩以上，長治久安，空前富裕。把新疆、西藏納入版圖以後，大清本部已是中國數千年來最廣闊的疆域，在這片廣大的土地上，養活了四萬萬人口，日出而做，日入而息，豐收連年，笑得合不攏嘴。

眼前這套《四庫全書》，不就是乾隆皇帝輝煌文治的最佳註腳嗎？從乾隆三十七年下詔修纂，在大學士劉統勳、紀昀，名儒戴震等數十位當代學者的合力之下，從啓修到校訂完成，總共耗費二十年的時間，抄寫了八部，分別存放在紫禁城文淵閣、圓明園文源閣、瀋陽文溯閣、揚州文匯閣、鎮江文宗閣、杭州文瀾閣，還有副本存放於翰林院，當然還有眼前這部文津閣四庫全書……

「皇上，您在這兒哪！」

一個熟悉的聲音打斷了乾隆的思緒，那是和珅，軍機大臣、內務府大臣、國史館副總裁，賞一品頂戴，是老皇帝的左右手。

「怎麼了？」乾隆笑著問道：「沒事夜裡出來亂竄，怎麼？和朕一樣睡不好嗎？」

「皇上您說笑了，如今天已亮了，百官們都還等著您早朝哪！」

「天亮了？」乾隆皇帝從門縫向外望去，天色竟已大亮，原來不知不覺間，他已在文津閣待了好幾個時辰。

數十年如一日，八十幾歲的老人還是每天早起處理政務，不知怎地，今日他雖起得早，卻並不是很想早朝，但也不行，他不能像明朝皇帝那樣鬼混，只好強打起精神，往門外長廊走去，順口問道：「今天有些什麼特別的事嗎？」

「天下太平，怎會有什麼特別的事……」和珅頓了一下，又道：「也別說，有樣事皇上一定覺得有趣。」

「什麼事？」

「有個金毛鬼子叫馬嘎爾尼的，說是從什麼英吉利國前來朝貢，帶著使節團來向皇上您祝壽了，現在在萬樹園等著呢！」

聽見馬嘎爾尼的名字，原本心情一直很好的老皇帝突然斂起笑容。這個英吉利國使者的態度很不好，幾個月前當乾隆皇帝聽說有英吉利使者準備了厚禮要來祝壽，還說道：「這些西洋人的東西很有門道，朕倒想早點看看！」因而允許馬嘎爾尼的船可以直接從天津靠岸進港，不必像一般外國使者只能從廣州入境。

想不到馬嘎爾尼一到北京，態度就變了，他竟對理藩院大臣說道：「我代表我的國家，不能向你的皇帝行三跪九叩大禮，如果一定要我這樣做，那中國就必須派一個和我一樣大的官，向我們英國國王的畫像行同樣的禮。」

理藩院一天得接待多少入朝的小邦，怎麼可能接受這種無理的要求？當然一口回絕，原訂晉見的日期只好順延，本來打算在紫禁城晉見的，也因爲皇帝的行程，改在避暑山莊。

和珅當然知道這些，之所以不提，是怕觸怒了皇帝，見皇帝臉色不悅，連忙問道：「要不要小的去回絕他，別見了？」

「見，當然見！」乾隆皇帝說道：「而且朕要先見他們。」

萬樹園裡不只英吉利一國使節，還有許多其他小邦使者，以及朝廷重臣元勳有要事稟報的，但是只有英吉利使節團看上去特別突兀。他們同時下跪，拜伏在地，高呼：「皇上萬歲，萬歲，萬萬歲！」

所有的人都三跪九叩，只有馬嘎爾尼行的是單膝著地之禮。

「沒禮貌的傢伙。」乾隆皇帝心想，不過他並沒有深究。

他刻意忽略馬嘎爾尼等人的存在，等重要事項都稟奏完了，這才轉頭問馬嘎爾尼：「貴國可有要事否？」

透過翻譯，馬嘎爾尼對乾隆皇帝說道：「奉大英帝國喬治三世國王陛下令，特來與大清國交好，請求大清國與英國協定關稅，開放通商，自由貿易！」

乾隆皇帝花了不少時間，才從翻譯那裡弄清楚馬嘎爾尼到底說了些什麼，還順便問了一下英吉利國到底在哪裡，才說道：「開放互市，北有恰克圖，南有廣州，還不知足嗎？」

馬嘎爾尼說道：「清國只開放這兩個地方是不夠的，大英帝國竭誠希望與清國成爲友好貿易夥伴。」

「貪婪無禮，得寸進尺！」乾隆皇帝心裡暗罵，隨即冷冷的回了一句：「天朝物產豐盈，無所不有，原不藉外夷貨物以通有無。」他擺了擺手，不願意再和這個沒禮貌的金毛蕃人多說些什麼。

但是乾隆皇帝仍沒失了風度，他下旨讓馬嘎爾尼由廣州離境，沿途水路陸路所經州縣，地方官員妥爲照應，讓這個外國蕃人看一看天朝上國的物產豐富與人口眾多，好讓這些總想著要大清開放貿易的夷狄能死了這條心。

令乾隆皇帝意想不到的，馬嘎爾尼也沒想到，使節團沿途雖然受到很好的待遇，馬嘎爾尼等人所看到的景象卻讓他們大失所望，原來，全中國繁華的地方只有北京、天津幾個大城，其餘廣大的地區仍然是貧困的農村，百姓們吃不飽，也餓不死，身上的衣裳破破爛爛，倒也十分滿足。

「人家都說中國是個古老而神祕的強國，我看不見得吧？」馬嘎爾尼說道：「原來，神祕的面紗底下，竟然根本沒辦法和我們大英帝國相比！」

十二月九日，英國使節團遊歷了中國許多大城和農村，最後到達廣州，從黃埔港登上軍艦「獅子號」起程回國，英國國王所交辦的任務，完全沒有達成。

隨行團員裡，有個使節名叫斯當東，他帶著自己年僅十二歲的小兒子。這個小斯當東在四十幾年後成爲英國衆議會議員，他大肆鼓吹：「要打開中國的市場，沒有別的辦法，只有船堅砲利！」

這些，乾隆皇帝不會知道，他是個傳統制度下的皇帝，自然會用傳統的方法，把自己放在最頂端，俯瞰這個世界。

乾隆皇帝不知道的事情還有很多，他不會知道自己一輩子強調要剷除貪官污吏，而那個經常跟在他身邊，勤奮忠誠，辦事俐落的愛卿和珅竟然是個前所未見的大貪官。當他去世以後，和珅被他的兒子嘉慶皇帝下旨抄家，抄出來的財產清單一百零九號，總值市價二億二千多萬兩，另有土地八十萬畝，當鋪七十五間，銀號錢莊四十二座，這些加起來，相當於整個大清帝國五年的國庫收入……

乾隆皇帝更不會知道，當他自滿於平定準噶爾、回疆、大小金川之役，命人主編《四庫全書》、鑑賞歷代字畫珍寶，揮灑自如地寫了四萬多首詩來歌頌自己豐功偉業的同時，大帝國之外已經發生了天翻地覆的變化。

明神宗萬曆十六年，努爾哈赤統一建州女眞，英國海軍在直布羅陀海峽擊敗西班牙無敵艦隊，成爲海上霸主，十二年後，東印度公司成立，成爲亞洲地區的前哨站，又過七年，英國開始殖民新大陸……

明思宗崇禎元年，英國提出權利請願書，國會改革，漸漸步向議會政治，朝民主制度邁進，歷經清教徒革命與光榮革命，君主立憲成爲共識。

乾隆三十四年，蘇格蘭大學裡的一個工匠詹姆斯・瓦特經過多年研究實驗，將舊式蒸氣機改良，推動紡織機，從而展開一連串的動力大躍進，汽船、火車，各種機器在短短幾十年間陸續發明出來，日後稱之爲「工業革命」。

乾隆四十一年，新大陸上有一群居民因爲受不了英國壓迫，起來鬧革命，他們發表獨立宣言，推舉喬治・華盛頓爲元帥，歷經七年的努力，終於獲得英國首肯，正式建立美利堅合眾國。當時誰也不曉得，這個新成立的小國，將在兩百年後宰制全世界，制訂這個世間的秩序……

乾隆四十五年，法國大革命爆發，百姓攻破巴士底監獄，釋放政治犯，並且公布人權宣言，成立國民會議，四年之後，這個由百姓成立的統治機構，處死了他們的國王路易十六。
這些，年老的乾隆皇帝都不會知道。
他只知道自己將是中國歷史上最長壽、在位最久、國家最爲強大、文治武功最爲輝煌的帝王之一，關著門和自己比較，乾隆皇帝可以算是千古難得的一代帝王了。
老皇帝想得出了神，太陽斜斜掛在半空被雲彩遮住一半，也不知是要往上升還是要往下降，年紀大了，有時候眞的會分不清楚時間。
「皇上，您還沒上朝哪……」和珅的臉上仍是一片忠誠，他卑躬屈膝地說道：「文武百官都在等著哪……」
「好。」乾隆皇帝說道：「朕即刻便到。」
宮門外，滿漢文武官員並列，已不大容易區分誰是滿人誰是漢人，當他們看見至高無上的皇帝現身之時，口中的歡呼卻都是發自內心的。
「皇上萬歲，萬歲，萬萬歲，皇上萬歲，萬歲，萬萬歲……」

【全書完】

國家圖書館出版品預行編目 (CIP) 資料

被消失的中國史 8: 鄭和下西洋到最後盛世 / 白逸琦著 . -- 二版 . -- 臺中市 : 好讀出版有限公司 , 2022.10

面； 公分 . -- (中華文明大系 ;8)

ISBN 978-986-178-626-1（平裝）

1. 中國史 2. 通俗史話

610.9　　　111014780

好讀出版

中華文明大系 8

被消失的中國史 8：鄭和下西洋到最後盛世

作　　者／白逸琦
總 編 輯／鄧茵茵
文字編輯／莊銘桓
封面設計／鄭年亨
行銷企劃／劉恩綺
發行所／好讀出版有限公司
台中市 407 西屯區工業 30 路 1 號
台中市 407 西屯區大有街 13 號（編輯部）
TEL:04-23157795 FAX:04-23144188 http://howdo.morningstar.com.tw
（如對本書編輯或內容有意見，請來電或上網告訴我們）
法律顧問　陳思成律師

線上讀者回函
獲得好讀資訊

讀者服務專線／ TEL：02-23672044 / 04-23595819#230
讀者傳眞專線／ FAX：02-23635741 / 04-23595493
讀者專用信箱／ E-mail：service@morningstar.com.tw
網路書店／ http : //www.morningstar.com.tw
郵政劃撥／ 15060393（知己圖書股份有限公司）
印刷／上好印刷股份有限公司
如有破損或裝訂錯誤，請寄回知己圖書更換

二版／西元 2022 年 10 月 15 日
定價：280 元

Published by How Do Publishing Co. ,LTD.
2022 Printed in Taiwan

ISBN 978-986-178-626-1